高校大学生心理健康教育与发展研究

桑爱友　著

九州出版社
JIUZHOUPRESS

图书在版编目（CIP）数据

高校大学生心理健康教育与发展研究 / 桑爱友著
. -- 北京 : 九州出版社，2020.11
ISBN 978-7-5108-9759-7

Ⅰ．①高… Ⅱ．①桑… Ⅲ．①大学生－心理健康－健
康教育－研究 Ⅳ．①G444

中国版本图书馆CIP数据核字(2020)第217145号

高校大学生心理健康教育与发展研究

作　　者	桑爱友　著	
出版发行	九州出版社	
地　　址	北京市西城区阜外大街甲35号(100037)	
发行电话	(010)68992190/3/5/6	
网　　址	www.jiuzhoupress.com	
电子信箱	jiuzhou@jiuzhoupress.com	
印　　刷	定州启航印刷有限公司	
开　　本	710毫米×1000毫米　　16开	
印　　张	14.75	
字　　数	260千字	
版　　次	2020年11月第1版	
印　　次	2020年11月第1次印刷	
书　　号	ISBN 978-7-5108-9759-7	
定　　价	59.00元	

前　言

　　大学生这一群体，作为一个国家社会建设的主要储备力量，肩负着祖国和民族未来生存与发展之重任，因此，他们的成长过程和未来发展也总是能够受到较高的关注。在当前我国的发展形势下，社会的方方面面都在经历着日新月异的迅猛变化，因之而产生的一系列问题也给大学生带来了挑战。譬如，学习节奏加快、人才竞争激烈、人际关系复杂、就业形势严峻，等等。这些问题对于大学生的心理健康成长与发展有着极大的负面影响，大学生退学、休学、消极应对学业时有发生。

　　在这一背景下，如何加强和提高大学生心理健康教育的工作效率，便成了建设新时代特色社会主义、完成当代中国梦的一项重要组成部分。为此，我国政府也相继制定了一系列相关政策，包括《国家中长期教育改革和发展规划纲要（2010—2020年）》《教育部办公厅关于印发〈普通高等学校学生心理健康教育工作基本建设标准（试行）〉的通知》等文件。

　　本书在编写过程中，着重根据此类文件的重要精神和指示，紧紧围绕当前社会背景下大学生的心理特点，结合高等院校大学生的实际生活，在注重专业性与科普性的前提下，对高校大学生心理健康教育的问题进行了较为深入的分析。其目的之一便是希望能够为相关教育工作者提供有益的借鉴和合理化的建议与灵感。

　　本书在结构方面层次分明；在内容方面浅显易懂，具有较强的实用性。此外，著者在内容中也参考了我国部分较为权威的专家、学者的一些宝贵研究成果，在此表示诚挚的谢意。然而，限于著者的自身知识限制，其中个别内容难免会有谬误与不妥之处，在此谨请相关专家和深入钻研的爱好者不吝赐教。

目 录
CONTENT

第一章　大学生心理健康导论

第一节　心理与心理健康

一、心理与心理现象

（一）心理的含义

什么叫心理？在汉语中，我们习惯于把思想和感情叫作"心"，把条理和机理叫作"理"。"心"是产生观念看法的物质基础，"理"是精神活动的机理，"心理"就是心思、思想、感情的总称。我们无论从事任何活动，都会产生相应的体验、想法，这都是心理。

从心理学上讲，心理是心理活动、心理现象的简称，是和"物质"相对应的"精神"的东西，是感觉、知觉、记忆、思维、情绪、意志、需要、动机、兴趣、爱好、理想、信念、世界观、能力、气质、性格等心理现象的总称，是浅层次的思想意识。

（二）心理现象

心理现象是心理过程的表现形式，一般是指个体在生活中由切身经历和体验而表现出来的情感和意志等活动。从形式上可分为心理过程和个性心理两个部分。

心理过程是在客观事物的作用下，在一定的时间内大脑反映客观现实的过程，亦是人的心理活动发生、发展的过程。认识过程、情绪情感过程和意志过程共同构成了人的心理过程，它们从不同方面反映了心理活动的不同特征，三者之间相互联系、相互影响。由于个人先天资禀不同，后天的生活条件和所受教育程度有所差别，所以心理过程在每个人身上表现时总带有个人特征，即个性心理，亦称之为人格或个性。它包括个性倾向性（如兴趣、需要、动机、理想、信念等），还包括个性心理特征（如能力、气质、性格）及自我意识系统（自我认识、自我体验、自我调控）。

人的心理过程和个性心理互相联系又有所不同。心理过程侧重于心理现象的组成，它具备发生、变化的过程并具有共性规律。个性心理则是从心理现象在个体的表现来分析，它较稳定、频繁地表现出个体有别于他人的特征，并具有差异性规律。对它们的分析研究是为了深入了解人的各种心理现象，将它们结合起来考察，则是为了掌握人的心理全貌。

二、心理的实质

心理现象是每个人时刻都在体验的、无处不在的、非常熟悉的现象，但是心理现象究竟是怎样产生的？心理与物质是怎样的关系？心理的实质是什么？这是人类思想史上的重大问题，也是唯物论和唯心论长期激烈斗争的核心问题。辩证唯物主义心理观认为：心理是脑的功能，脑是产生心理活动的器官，心理是人脑对客观现实主观能动的反映，这是关于心理实质最基本的正确观点。

（一）心理是脑的功能，脑是心理的器官

在相当长的一个历史时期内，人们曾经有许多不同的观点，比如，认为人的心理来源于人的心脏，心脏才是产生心理的器官，但随着近代科学的发展，人们逐渐认识到心理的产生源于大脑，大脑才是产生心理活动的器官，没有脑就没有人的心理。也就是说，没有大脑的思维是不存在的。正常发育的大脑为个体心理的发生发展提供了物质基础，是最为复杂的物质，是物质发展的最高产物。

1.从物种的发展史角度分析

动物心理的发展是以脑的进化为物质基础的。心理是物质发展到高级阶段才有的属性，它是物质发展到一定阶段才产生的。随着生物的不断进化，当生物有了神经系统就出现了相应的心理活动。在进化的不同阶段，发生相应的心理现象的水平也不同。也就是说，从无脊椎动物只有感觉，到脊椎动物产生知觉，哺乳动物的类人猿开始有思维的萌芽，到人类有了意识，心理现象是随着神经系统的产生而出现，又是随着神经系统的不断发展和不断完善，才由初级不断发展到高级的。因此，从心理的发生发展的过程来看，也说明了大脑是从事心理活动的器官，心理是神经系统，特别是大脑活动的结果。

2.从个体发育史的角度分析

个体心理的发展也是以脑的发展为物质基础的。人的心理的发生、发展是与脑的发育完善紧密联系的。脑科学研究表明，随着个体脑重量的增加和脑皮质细胞功能的成熟，人的心理活动水平也从感知觉阶段发展到表象阶段，从形象阶段发展到抽象阶段。如婴幼儿的大脑虽然在形态、结构上与成人的差不多，但由于重量轻、细胞分支少，其心理活动与成人相比要简单得多。也就是说，人类高度发达的心理活动是以高度发达的大脑为物质基础的。

3.从医学和生理学研究的角度分析

人类对大脑功能的认识过程是漫长而曲折的。生理学家研究发现，心理功能同生理功能一样，每一种心理功能都与脑的某一特定部位相关，如已经被研究所证实的语言运动中枢位于左脑额叶前中央回下方，书写中枢位于左脑额叶额中回后部，听觉语言中枢位于左脑颞上回后部，阅读中枢位于左脑顶叶下部角回等。医学家通过临床观察也发现，大脑左、右两半球的心理功能也有所不同，一定部位的脑损伤在导致生理功能发生改变的同时，也会引起相应的心理功能的丧失。早期的医学、解剖学往往通过研究脑损伤或者脑疾病患者的感觉、行为、能力和人格的改变来了解脑的有关功能。

有研究表明，海马的损伤会使人失去将信息存入长时记忆的能力；枕叶的损伤会使人的视觉功能衰退，甚至失明。还有著名的菲尼亚斯·盖奇案例引导人们深入思考和研究大脑与人的心理之间的关系；神经学科学家保罗·布洛卡通过研究失语症患者，发现大脑左前部的布洛卡区。而今，生物心理学家已经不必揭开人的大脑头盖骨就可以研究大脑功能了。虽然现在所用的研究大脑活动的技术五花八门、各有千秋，但到目前为止，还没有哪一种技术能堪称完美地、直观而清晰地帮助我们了解大脑。随着科学技术的发展和研究的深入，人类对于大脑及其心理活动功能的认识将会更加深入。

心理是脑的功能，脑是产生心理活动的器官，这一正确的认识是人们经历了几千年一代又一代人的不断探索才最终获得的，并且现在已被人们的生活经验、心理发生发展过程、临床事实及脑生理解剖研究的大量研究资料所证实。这说明心理活动与人脑的活动是紧密相连且不可分割的。没有脑或脑停止发育，心理则不可能产生。

（二）心理是客观现实的反映

心理的产生是脑的功能，但也并非有了大脑就一定会有心理。人类的心理活动并不是脑凭空产生的，健全的大脑给心理现象的产生提供了物质基础，但是大脑只是从事心理活动的器官，反映外界事物产生心理的功能，心理并不是它本身所固有的。周围客观事物刺激人的各个感觉器官，经由神经传入人脑，才能产生心理现象。心理是客观现实在人脑中的主观、能动的反映。

1.客观现实是心理活动的源泉

客观现实是指人们赖以生存的自然环境和从事实践活动并进行人际交往的社会环境。自然环境对大脑的刺激是心理现象产生的最根本来源，而社会环境，尤其是人际交往，对人的心理发生发展起着决定性的作用。正如列宁所指出的："没有被反映者，就不能有反映，被反映者是不依赖于反映者而存在的。"

人的心理活动不论是简单还是复杂，其内容都可以从客观事物中找到它的源泉。只有当客观现实作用于人脑时，人脑才会形成对外界的印象，产生心理现象。心理现象是即时发生的和过往经历的客观现实在头脑中的映像。如雨后彩虹是光波作用于视觉而引起的美丽的色彩感觉，美妙的音乐是声波作用于听觉的结果。所有心理活动的内容都是由客观现实决定的，并不是大脑独自产生的。有人把人的大脑比作一座加工厂，客观现实就是加工厂所需的原材料。如果只有加工厂而没有原材料，再好的加工厂也无法生产出产品来。由此我们知道，心理的内容来自于客观现实，大脑若离开了客观现实的刺激，就无法产生心理现象，心理就变成了无源之水、无本之木。由此可见，没有客观现实就不会有人类的心理活动，客观现实才是大脑产生心理活动的源泉和内容。心理活动的复杂多样性是由客观现实的复杂多样性决定的。

2.心理是对客观现实主观能动的反映

在现实生活中，同一客观事物，不同的人也会产生不同的反映。这是源于个体在反映客观现实时，总是受他所积累的个人经验和人格特质的影响和制约，带有个人独特的色彩和明显的主观烙印。事实证明，人对客观现实的反映并不是机械的、被动的，而是积极主动的、有选择性的。心理的反映不是镜子似的消极被动的反映，而是一种积极能动的反映。人们可以根据自己的需要和兴趣，有选择性地进行反映。人脑通过心理活动不仅能认识客观事物的外在表象，还能揭示事物的本质和发现事物之间内在规律性的联系；通过意志的作用，随时纠正错误的反映，支配指导人的实践活动，改造客观世界。

3.社会实践活动是心理产生的基础

人类在认识世界、改造世界方面所取得的一切成就，都是和人心理的存在与发展分不开的。对于人类而言，如果没有人类社会的生活实践，也就没有人的心理的产生，社会生活实践是人心理产生的重要基础。例如，20世纪30年代以来在世界各地所发现的狼孩、熊孩、羊孩、猪孩等，他们的一个共同特点就是出生后由于种种原因，脱离了社会生活，远离人群与动物为伍，分别养成了许多动物的习性。尽管他们都具有健全的大脑，却没有正常人的心理活动。他们所表现出来的行为和心理特征表明，人的心理是由人类的社会实践活动所决定的，与世隔绝的生存环境是造成他们独特的心理和习惯的根本原因。环境可以促使人的头脑发育，也可以阻碍人的头脑发展，而人脑的正常发育才使人的正常心理的产生成为可能。因此，人脑是人的心理的自然物质基础，而人类社会生活实践则是影响人心理产生的决定因素。

三、心理健康

（一）心理健康的定义

心理健康是指人的基本心理活动的过程内容完整、协调一致，即认识、情感、意志、行为、人格完整和协调，能适应社会，与社会保持同步的心理状态。国外学者对心理健康的定义有许多种。英格里士认为，心理健康是指一种持续的心理情况，当事者在那种情况下能做良好适应，具有生命的活力，能充分发展其身心的潜能。这是一种积极的丰裕情况，不仅仅是免于心理疾病。麦灵格尔认为，心理健康是指人们对于环境及相互间具有最高效率及快乐的适应情况，不仅要有效率，也不仅要能有满足之感，或是能愉快地接受生活的规范，而是需要三者兼备。心理健康的人应能保持稳定的情绪、正常的智力、适于社会环境的行为和愉快的气质。高木四郎认为，心理健康是以人的心理方面为对象，预防各种心理疾病的出现，从而以促进心理健康发展为目的的科学研究与实践。松田岗男认为，心理健康就是人对内部环境具有安全感，对外部环境能以社会认可的形式适应的一种心理状态。虽然以上各位学者对心理健康定义的叙述语句不同，但是共同的意欲都是指个体能够适应发展着的环境，具有完善的个性特征，并且认知、情绪反应、意志行为等处于积极状态，并能保持正常的调控能力，在生活实践中能够正确认识自我，自觉控制自己，正确对待外界影响，使心理保持平衡协调。

（二）心理健康的标准

有关心理健康标准的问题是国内外健康研究人员长期探讨的一个问题。国内外不同的机构、研究者根据国家的健康标准及人的身心发展规律的特点给予了心理健康具体标准。美国学者坎布斯认为，一个心理健康、人格健全的人应有 4 种特质：

（1）积极的自我观念；

（2）恰当地认同他人；

（3）面对和接受现实；

（4）主观经验丰富，可供取用。

美国心理学家马洛斯提出判断心理健康的人的 10 条标准：

（1）充分的安全感；

（2）充分了解自己，并对自己的能力做适当的估价；

（3）生活的目标切合实际；

（4）与现实环境保持接触；

（5）能保持人格的完整与和谐；

（6）具有从经验中学习的能力；

（7）能保持良好的人际关系；

（8）适度的情绪表达与控制；

（9）在不违背社会规范的前提下，能适当满足个人的基本需求；

（10）在不违背团体的要求下，能做有限度的个性发挥。

我国黄希庭教授等曾提出判断心理是否健康的 5 条标准：

（1）个人的心理特点是否符合相应的心理发展的年龄特征；

（2）能否坚持正常的学习和工作；

（3）有无和谐的人际关系；

（4）个人能否与社会协调一致；

（5）有没有完整的人格。

北京大学王登峰教授等曾提出心理健康的 8 条标准：

（1）了解自我、悦纳自我；

（2）接受他人、善与人处；

（3）正视现实、接受现实；

（4）热爱生活、乐于工作；

（5）能协调与控制情绪，心境良好；

（6）人格完整和谐；

（7）智力正常，智商在 80 以上；

（8）心理行为符合年龄特征。

叶一舵归纳各种标准，认为确定心理健康标准的具体依据有 7 种：

（1）以统计学上的常态分布作为标准；

（2）以合乎社会规范为标准；

（3）以社会生活适应状况为标准；

（4）以医学上的症状存在与否为标准；

（5）以个人主观经验为标准；

（6）以心理成熟与发展水平为标准；

（7）以心理机能的充分发挥为标准。

总结以上心理健康的标准，我们了解到心理健康标准体现在不同方面，但是发现一个人的智力水平、情绪稳定性、人际关系的和谐、热爱学习、生活和工作、正确认识自我价值是衡量心理健康的主要标准内容。

四、心理健康的影响因素

（一）生物因素

1. 遗传因素

人的心理主要是在后天环境影响下形成和发展起来的，然而，人的心理发展与遗传因素有着密切的关系。根据统计调查及临床观察，许多精神疾病的发病原因确实具有血缘关系。同时，遗传上的易感性在一些人身上也是存在的，以遗传素质为基础的神经类型及各个年龄阶段所表现的身体特征在不同程度上也影响着人的心理活动。

2. 病毒感染与躯体疾病

由病菌、病毒（如脑梅毒、斑疹伤寒、流行性脑炎）等引起的中枢神经系统的传染病会损害人的神经组织结构，导致器质性心理障碍或精神失常。这一点对儿童影响尤为严重，是造成智力迟滞或痴呆的重要原因。

3. 脑外伤及其他因素

脑外伤或化学中毒，以及某些严重的躯体疾病、机能障碍等，也是造成心理障碍与精神失常的原因。

（二）社会因素

1. 生活环境因素

生活中的物质条件恶劣，生活习惯不当，如摄取烟、酒、食物过量等，都会影响和损害身心健康。不良的工作环境、劳动时间过长、工作不胜任、工作单调及居住条件、经济收入差等，都会使人产生焦虑、烦躁、愤怒、失望等紧张的心理状态，从而影响人的心理健康。此外，生活环境的巨大变迁也会使个体产生心理应激，由此带来心理的不适。

2.重大生活事件与突变因素

生活中遇到的各种各样的变化，尤其是一些突然变化的事件，常常是导致心理失常或精神疾病的原因，比如，家人死亡、失恋、离婚、天灾、疾病等。由于个体每经历一次生活事件，都会给其带来压力，都要付出精力去调整、适应，因此，如果在一段时间内发生的不幸事件太多或事件较严重、突然，个体的身心健康就很容易受到影响。

（三）文化教育因素

教育因素包含家庭教育和学校教育。对个人心理发展而言，早期教育和家庭环境是影响心理健康的重要因素之一。研究表明，个体早期环境如果单调、贫乏，其心理发展将会受到阻碍，并会抑制其潜能的发展，而受到良好照顾、接受丰富刺激的个体则可能在成年后成为佼佼者。另外，儿童与父母的关系，父母的教养态度、方式，以及家庭的类型等也会对个体以后的心理健康产生影响。早期与父母建立和保持良好关系，得到充分的父爱与母爱，受到支持、鼓励的儿童，容易获得安全感和信任感，并对成年后的人格良好发展、人际交往、社会适应等方面有着积极的促进作用。

（四）自我强度因素

自我强度是指个体应对内外压力的能力，这种能力与人的身心素质有关。由于遗传和环境条件的不同，人的身心素质在个体间差异很大，例如，躯体健康者能正确感知和判断外界刺激，做出恰当反应；而体质虚弱、精神萎靡者，感知与判断力则会下降，对环境不适应。个性中的气质特征对自我强度有明显影响，如有的人动作灵活，行动迅速果断，对周围环境刺激敏感，可以很快做出反应；而另一些人行动迟缓、反应慢、沉默寡言，或是注意广度和持久性低，反应强烈，手脚不停，易分心，也难以适应环境。另外，性格、能力、兴趣爱好、价值观等都对自我强度产生影响。

综合以上心理健康的影响因素，我们得知，造成心理健康问题的因素是多方面的，不是单一的。因此，我们应从多方面来关注心理健康的问题，进而更好地促进心理健康的发展。

第二节　大学生心理发展状况

一、高校重视程度不足

虽然大学生心理健康的重要性已经引起了全社会范围包括高校在内的广泛关注，教育部也相继出台了有关政策，但相关执行部门的重视程度及贯彻力度依然不够，主要体现在以下几个方面。

第一，在心理健康的目标上，有些高校认为学校心理中心只要保证学生在校期间不要出大事就行。虽然目前我国针对高校大学生心理健康教育经费做出了相应的保障和明确的规定，各地区不同，但在实际经费资源分配上，很多高校对于心理健康的经济支持不够。

第二，在心理健康的理念上，有些高校认为成绩不好的学生必须要严格管教，通常还是秉承"管理学生""教育学生"的理念。

第三，在心理健康机构的配置上，每个学校都配置了心理中心和心理教师，但还存在设置不完善、心理专职从业人员人手不足等问题，远远没有达到国家要求的配比，很多心理工作场所已成摆设。人员配置也不合理，心理工作小组是行政管理领导，既没有专业的精神科医生，也没有心理督导师，导致这些高校的心理健康教育小组只是一个"华而不实"的存在，在大学生心理健康教育方面并未发生实质性的作用。

第四，在高校资源配置上，重点院校、普通本科院校和高职院校在心理健康教育的发展上存在不平衡的现象。一方面，在对心理健康教育课程的评价上，69.2%的重点院校学生、79.5%的普通本科院校学生、67.6%的高职院校学生表示学校开设了心理健康教育相关课程，表明普通本科院校心理健康教育课程的覆盖面更广、普及度更高，这或许得益于行政力量的推动。但在教育形式的多样性上，重点院校优势明显。重点院校在课程形式、心理咨询室开设、心理健康教育活动的举办、网站建设、心理委员设立、大学生心理健康社团成立等方面均优于普通本科院校，普通本科院校在这些方面又都优于高职院校。此外，重点院校的师资力量也更为雄厚。

二、心理健康教育认识存在误区

很多高校教育者对大学生心理健康教育的专业性、特殊性认识不够，把心理健康教育和思想政治教育或道德教育混淆，导致心理健康教育无法达到预期效果。虽然他们之间有着一定的联系，但是存在很大差异：从教育内容上来说，心理健康教育对学生的生活经验和情绪行为比较重视，与学生的日常生活联系比较紧密，属于生活经验型，而思政教育更重视思想政治观点及道德知识的接受和传授，属于知识传授型；从教育方法上来说，心理健康教育反对灌输和强制，强调尊重自愿和平等的沟通，而思政教育是一种自上而下的教导过程；从教育目标上来说，心理健康教育对学生心理健康的问题比较重视，更重视引导学生认识自我，而思政教育对思想品德问题的解决比较重视。当代大学生及学生家长对心理学存在误解。在现在的教育体系下，高校学生很难接触心理学这一学科，导致其本身对心理学了解不够，再加上思维模式的局限，如"心理有问题才会去心理咨询"等观念固化，导致学生有心理困惑时，也会压抑自己，不愿接受心理咨询。另外，中国传统文化强调集体大于个人，导致中国人容易忽略自己的感受，不重视心理欲求。学校心理健康教育的内容除了心理咨询外，还有个体发展性教育。目前还有很多错误的宣传，造成了"有心理问题就去心理咨询"的错误概念，把心理教育等同于心理咨询，把心理咨询等同于心理治疗，导致学校心理中心的职责不明确，边界模糊。实际上有很多心理问题如精神分裂、抑郁症、神经症等是学校心理中心不能处理的，《中国精神卫生法》规定心理咨询师既没有诊断权，也没有处方权和治疗权。学校心理中心的职责在于为在校学生提供全面的心理服务，包括心理健康知识宣传、心理危机干预、心理咨询、团体辅导、学生心理档案管理及教育研究工作。学校心理咨询师应明确工作界限，发现可能有精神障碍的学生，应及时做好转介工作，建议其到符合规定的医疗机构就诊。

三、心理健康教育专业化程度低

心理健康教育的准入门槛低，国家对心理咨询师职业规定拥有大专学历即可，不限专业。这种情况导致很多新问题的出现，很多参加考试的心理咨询者只要接受一段时间的培训，就可以轻易取得资格。另外，我国很多地区教育发展水平不一样，导致监考和面试的力度也不一样，参与考试的人员通过率高，这对心理咨询工作的专业化造成了严重影响。

相关调查数据显示，高校心理健康教育专兼职教师对于自我提升的要求强烈。在专业背景方面，只有30.7%的心理健康专兼职教师在大学时的教育背景为心理学，相关专业的人数比例分别为教育学18.4%，医学2.9%，思想政治教育8.6%，其他专业背景的教师人数比例为39.3%。这表明心理健康教育专兼职教师的专业化水平不高。因此，83%的教师表示自己很需要接受进一步的专业培训。具体而言，大部分教师希望在培训内容上能够将理论与实践相结合，在培训方式上以集中培训的方式进行，并按照每年两周的频率进行培训。

在专业培育方面，我国对高校在岗心理健康教育人员还未进行统一的、专业的继续教育培训，培训的标准和培训的内容有待完善。而且大部分心理健康教育人员在实践和理论方面都有待提高，有些教育人员有着丰富的实践经验，但是没有较好的理论知识；有些教育人员理论知识丰富，但是缺乏实际经验。也正是因为如此，高校大学生心理健康教育工作很难得到有效开展，其中一大部分原因是咨询人员的专业水平程度不高，心理工作缺乏结构化和产业化，认证评估机制不健全。

第三节 大学生心理健康教育的意义和途径

一、大学生心理健康教育的意义

（一）心理健康教育有利于大学生身体健康

人的身心相互作用、相互影响，心理健康和身体健康也是相互依存、密不可分的。身体健康是心理健康的基础，心理健康又能促进身体健康，心理不健康，往往会导致生理异常或身体病变。中国传统医学中提出"七情"可以引起阴阳失衡、气血不和、经络阻死、脏腑功能失常。《黄帝内经》有"怒伤肝、喜伤心、忧伤肺、思伤脾、恐伤肾"一说，即情绪因素会影响身体器官的健康。现代医学研究也证明，心理社会因素或者说心理问题可以导致某些身体疾病。比如，愤怒时，血压会升高，长此以往，有可能引发血压调节机制失常而形成功能性的高血压症。情绪过度紧张可能促发胃及十二指肠溃疡、心肌梗塞、脑溢血等。失眠、头痛、焦虑等症状，都可以找到心理方面的原因。因此，对大学生进行心理健康教育，不但可以促进其身体素质的发展，还可以增强其抵抗疾病的能力，有利于身体健康。

（二）心理健康教育有利于大学生环境适应能力的增强

生物学家曾说：物竞天择，适者生存，适应对于个体的生存和发展具有重要意义。大学生从入校到毕业，再到步入社会都会面临多种多样的适应问题，在学校期间，要适应大学的生活环境，适应大学的学习方法，适应大学的人际关系；毕业步入社会后，要适应工作要求，适应社会竞争，适应婚姻生活等。适应能力强的大学生，能够充分利用环境中的有利条件，改变不利条件，在生存竞争中不断发展自己，实现人生价值；而适应能力弱的大学生，与环境不相容，使自己的发展受限，在生存竞争中往往被淘汰。适应能力强与弱在很大程度上取决于心理是否健康。心理健康的大学生，能够根据环境的变化，相应地调节自己的心理状态和行为方式，取得与环境的平衡与协调，保持良好的适应状态；心理不健康的大学生，心理功能紊乱，调节能力低下，难以与环境保持良好的适应状态。对大学生开展心理健康教育可以提高学生心理健康水平，从而增强其对环境的适应能力。

（三）心理健康教育有利于提高大学生心理素质，预防精神疾病

心理素质是主体在心理方面比较稳定的内在特点，包括个人的精神面貌、气质、性格和情绪等心理要素，是其他素质形成和发展的基础。大学生的心理素质水平不仅影响到其学业成绩、学校中的人际交往和学校生活质量，而且会影响到毕业后的社会生活及个人一生的发展水平。同时，较差的心理素质也会引发各种心理问题和心理障碍，也是精神疾病的重要诱因。高校开展多种形式的心理健康教育对提高大学生心理素质，预防精神疾病的发生具有重大意义。

（四）心理健康教育有利于大学生塑造健康人格和优良的思想品德

大学生心理健康教育的目的之一是培养大学生健全的人格，心理健康教育的开展状况直接影响大学生人格的发展水平。大学生在心理健康教育过程中接受道德规范、行为方式、环境信息、社会期望等来逐渐完善自身人格结构，使自身人格发展上升到一个新的高度。人格由多种因素组成，其中，性格是人格的核心。人的许多性格特征实质上反映了一个人的思想品德，如热爱集体、助人为乐、正义感、公正无私、富有同情心等。所以，性格特征和人的思想品德紧密联系，没有健康的人格很难形成优良的思想品德。因此，要培养大学生优良的思想品德，就必须帮助其树立正确的人生观、价值观，提高其心理健康水平，要达到这一目标，很大程度上要依靠大学生心理健康教育。

（五）心理健康教育能促进大学生智力发展，提高学习效率

进行心理健康教育是开发学生潜能的可靠途径，大学教育的目的之一就是要开发大学生的潜能，良好的心理素质和潜能开发是相互促进、互为前提的。心理健康教育是开发大学生潜能的有效途径，为心理素质和潜能开发的协调发展创造必要条件。心理健康教育通过激发大学生的自信心，帮助大学生在更高的层次上认识自我，最终使潜能得到充分发展。大学生可以通过心理健康教育不断提高自己的心理健康水平，逐步完善自己的心理品质，以使自己的智力水平得到充分发挥，达到提高学习效率和发展创造能力的目的。研究表明，心理健康的人具有轻松、愉快、乐观的情绪，这种情绪不仅能使人的记忆力增强、观察力提高，而且能活跃思维，充分发挥心理潜力，使人精力充沛地去学习，并在此基础上有所发现、有所创造，获得智力的高度发展。此外，在社会活动中，心理健康者人际交往顺利，适应环境能力强，能形成和谐的人际关系，保持心理平衡，从而在智力活动中创造出更高的价值。

二、大学生心理健康教育的途径

（一）切实构建针对大学生心理健康教育的政策保障体系

在我国，目前针对大学生心理健康教育的政策导向有力，但贯彻落实尚未完全到位。政府应当承担更多的责任，有更多的作为。政策是导向，政府不但要有加强大学生心理健康教育的政策举措，更要着力构建落实政策，制定检查、监督的保障体系。

（二）积极营造有利于大学生心理健康教育的社会环境

大学生的心理问题并非是在大学期间形成的。它除了具有遗传、家庭、自我意识形成等因素之外，社会因素也至关重要，要积极营造大学生心理健康教育的良好社会环境，就要求社会首先要对大学生的能力、学识给予认可，对大学生的热情、创造力给予支持。当代大学生应该有历史的使命感、责任感，不断完善自己、发展自己。大学生经过自身的发展与完善，应该被人们普遍接受；同时，当代大学生也要调整好心态，勇敢地面对自我，面对社会。

（三）努力形成"学校—家庭—社会"的互助支持体系

我们知道，任何一种现象的发生都不可能是单一问题引起的。对于目前大学生出现的心理问题，也无法仅仅归结到教育疏忽上，其中还存在着包括社会、家庭等一系列因素。因此，在努力改善大学生心理健康状况的过程中，仅凭心理健

康教育课是远远不够的，在课余时间，我们仍然需要多方面的共同支持和配合，这就是努力形成"学校—家庭—社会"的互助体系。

（四）着实建立大学生心理健康教育的高校内部运行机制

1. 健全组织机构，完善各项管理制度

各级领导要高度重视健全组织机构，教育主管部门要切实落实国家政策，并进行监督、检查，不能流于形式，只有这样，高校才不会忽视大学生心理健康问题。

2. 加强大学生心理健康教育队伍建设

班主任、辅导员是大学生最直接的管理者，负有帮助学生解决包括心理问题在内的责任。我国教育主管部门应当强高校学生工作指导教师对学生心理健康教育方面的培训。

3. 建立大学生心理健康的预防与干预机制

从一定程度上说，大学生是人类心理问题最为集中的高危人群，他们心理尚未完全成熟，心理承受能力较弱，容易产生心理矛盾或冲突。首先，日趋激烈的社会竞争，日益多元化的价值取向，学习、就业的双重压力，各种矛盾纷至沓来，增加了大学生心理问题发生的频率和概率，因此，必须建立学生心理健康的预防与干预机制；其次，各高校应该建立大学生心理健康档案，并定期对大学生进行心理检测，构建实时的、有效的大学生心理问题的诊断体系和预测体系。尤其注意要从大一新生开始加强这些基础工作；最后，教育主管部门应该牵头建立心理辅导与救助系统，如缓解心理压力的热线、网站等，为及时有效地解决大学生心理问题提供良好的服务和社会支持。

（五）务实创新大学生心理健康教育的方式方法

1. 在专业教学环节中渗透心理健康教育理念

教育部应该要求各高校，在新生入学后，即开设生命教育、心理教育等课程，告诉学生怎样珍爱生命、怎样做人、怎样对待他人、怎样对社会负责，提高学生适应压力和面对困难的能力。在大二、大三的课程中，要将必修课、选修课与讲座报告相结合来进行大学生心理健康的普及教育。在必修课中安排心理教育专题，并开设大学生心理健康等选修课、讲座、专题报告，普及心理健康知识和心理调适技巧。

2. 实现心理健康教育与思想政治教育的有机结合

创新学生心理健康教育方式方法，将心理健康教育与思想政治教育有机结合起来，树立以学生为本的理念，强调学生应具有自身的尊严和人格。心理咨询师在心理健康教育中也要密切结合思想政治教育，重视感情因素的作用，要全方位爱护学生、关心学生、充分尊重学生，促进学生的人格完善发展。通过心理健康教育与思想政治教育的有机结合，促进学生心理和谐。这种结合，首先是教育目标和内容上的有机结合。心理健康教育和思想政治工作都是为了促进大学生健康成长，而学生的思想意识、道德品质问题与心理障碍问题往往混杂在一起。我们的心理教育可渗透到思想政治工作中去，并借助德育途径，在意识层次上提高学生的心理素质，实现二者在教育目标和内容上的有机结合；其次是教育方式方法和手段上的有机结合，诸如心理教育和心理咨询应该根据大学生的特点，将自我调适作为解决心理问题的首选方式方法。

3.建立科学的大学生心理健康教育评价系统

大学生心理健康教育的最终目的是引导学生对社会、对他人有正确的看法，对自己有准确的定位。教育主管部门要建立科学合理的大学生心理健康教育评价体系，要适应当代大学生的心理特点，使体系的建立具有科学性、实用性、针对性，并且内容丰富。

4.结合大学生心理特点采用现代化的教育管理方式方法

采用现代化的大学生心理健康教育管理方式方法，要根据我国大学生自身的特点设立心理咨询室，建立健康档案，定期进行心理测试，分析产生问题的原因，从而解决问题。在对有心理疾病或性格过度内向的学生进行教育管理的过程中，要更多地体现平等、公正和关怀。

（六）不断强化适应训练，注重加强挫折教育

在对大学生的心理健康调查研究中发现，作为学生干部，其适应能力比普通学生更强，原因是学生干部在实践锻炼中获得了一种良性循环的内心体验。因为师生的支持、期望引发出学生干部的自信心，这种自信心又转变为对师生的责任心，对自我的要求更为严格，积极进取，进而最终获得赞赏。虽然不可能让每个人都承担一定的工作，但可以据此思路对学生进行强化训练。要不断加强大学生的心理健康教育，就要不断强化大学生的适应性训练，同时要特别注重加强大学生的耐挫折教育。

第二章　大学生心理咨询与测验

第一节　大学生心理咨询

一、心理咨询的概念

（一）心理咨询的含义

心理咨询是专业人员运用有关心理科学的理论和方法，通过解决咨询对象的心理问题来维护和增进身心健康，促进人格发展和潜能开发的过程。严格地说，心理咨询是指运用心理学的知识、理论和技术，通过心理咨询师与求询者的协商、交谈和指导，提供可行性建议，针对正常人及轻度心理障碍者的各种适应和发展问题，帮助求询者进行探讨和研究，从而达到自立自强、增进健康水平和提高生活质量的目的。

心理咨询由来已久，有着漫长的历史。然而，心理咨询作为一种比较成熟的理论和方法，却只有近百年的短暂历史。我国的心理咨询服务始于 20 世纪 80 年代。目前，我国许多医院相继开设了心理咨询门诊。近年来，高校心理咨询活动呈现出蓬勃发展的态势，为广大青年学生进行心理咨询服务，对大学生的身心健康、全面发展产生了积极的影响。

（二）心理咨询正确认知

关于心理咨询的含义，至今理论界尚无统一的界定，但是对于心理咨询的常见误区，心理学家并没有严重的分歧与对立，所以我们需要树立以下基本观点。

1. 心理咨询不同于心理治疗

"心理治疗"一词显然比"心理咨询"有着更浓厚的临床色彩。不仅如此，二者从内容上有更具体的区别，我们可以从以下几个方面进行理解。

从工作对象上看，心理咨询以正常人为主，而且基本是轻、中度的个人适应与发展方面的心理冲突，而心理治疗则主要面向心理障碍者。

从工作内容上看，心理咨询主要处理人际、情感、家庭、环境适应、职业选择、生涯等常见问题，而心理治疗则主要治疗神经症、人格障碍等。

从工作时间上看，心理咨询虽然也是一个过程，但是咨询次数一般为一次到几次不等，而心理治疗的时间跨度比较大，由几次到几十次，甚至持续数年。

2. 心理咨询不同于一般的人际交往

心理咨询比一般的人际交往更具有要求性和专业性。它与一般人际交往相比更具特殊性，我们可以从以下几个方面去理解。

从双方关系上看，心理咨询师与来访者是一种特殊的人际关系，这种人际关系要求整个咨询过程以保密性为前提，以平等为基础，以咨询师的处理方式为桥梁，谈及的是来访者内心深层次的内容。这与强调表面性和礼节性的一般人际交往有很大差异。

从交往地点上看，心理咨询过程必须在专门的心理咨询室进行，而且心理咨询室是简洁、温馨、舒适、安全的。相比之下，一般的人际交往既可以在公共场合也可以在私人场所，是不固定的。

从交往目的上看，心理咨询过程以来访者为主，是帮助来访者认识自我、接纳自我、发展自我、完善自我的助人自助过程，这不同于一般人际关系的交朋寻友。

3. 心理咨询师不可以对来访者进行批评指责

心理咨询特别强调对来访者的尊重。所谓尊重，就是无论来访者所谈论的内容是否为咨询师所接受，他都要以客观的眼光去接纳来访者。在心理咨询过程中，批评和指责的出现都说明咨询师的同理心不够，其尚且不能设身处地站在来访者的立场上感受和思考问题，所以这是不接纳、不尊重来访者的表现。在咨询过程中，如果我们不同意来访者的看法或发现他有不当之处，也只能在咨询关系中坦诚适当地表达、讨论和澄清。

4. 心理咨询不仅仅是安慰人的过程

心理咨询过程中会用到安慰和开导的方法来帮助来访者，但是如果只有安慰和开导，就不是真正的心理咨询。在日常生活中，我们常用安慰的言语来帮助别人，但若在咨询过程中只有安慰，则是一种回避问题的表现，它会使来访者压抑自己的感受，甚至否定自己的感受，同时会使来访者避免问题本身，从而阻塞了重要的"宣泄"途径。所以在心理咨询中，咨询师要帮助来访者解决问题，重点要帮助他能勇敢地面对自己的感受，面对自己的真实问题，然后进一步做出积极处理。

5.心理咨询所强调的"同理心"不同于同情

同理心，又叫共情，即咨询师能够设身处地地站在来访者的角度思考问题，从而真正地对来访者的问题有认同感与接纳感，这是一名合格的咨询师必须具备的基本素质之一，在整个心理咨询过程中是必不可少的。但是同情的态度和行为并不表示对他人问题的认可与接纳，仅仅是我们出于一种善意，为了宽慰他人的情绪所表现出来的，所以如果在咨询过程中，咨询师采用的是同情而不是共情，那么只会强化来访者的消极情绪与不良认知，不利于咨访关系的进一步发展。

6.心理咨询不是为别人解决难题

心理咨询强调的是"助人自助"，即运用专门的理论与技术，引导、梳理来访者的思路，使来访者自己发现问题并调整自己、解决问题的过程。如果心理咨询是为别人出谋划策，一次次地解决问题，那这种"头痛医头，脚痛医脚"的治标不治本的做法不会从根本上解决来访者的问题，反而会使来访者把咨询师当成"保护神"，遇到问题就来咨询，这也有悖于心理咨询的目的。

二、心理咨询的作用与意义

心理咨询是帮助人们自我指导的高度艺术，在心理咨询工作者与咨询对象的合作过程中，能够促进咨询对象的身心健康发展，是一种有效的治疗方法，心理咨询具有重要的理论和实践意义，已经为越来越多的人所认可。

（一）促使行为变化

来访者通常会出现各种各样的心理问题，于是改变来访者的不良行为就成为咨询的重要目的之一。通常情况下，心理咨询人员首先需要了解来访者适应不良与异常行为或疾病产生的原因；心理咨询人员与来访者共同确定其适应不良与异常行为或疾病的主要症状表现，作为治疗的目标，即确定需要矫治的不良行为；心理咨询人员可以采用专门的心理治疗技术或配合必要的药物进行治疗，把治疗方案付诸实施，达到改变来访者不良行为的目的。

（二）提高决策水平

心理咨询的一个根本目的就是协助来访者做出适合自己的决定。然而来访者往往由于认知偏差或强烈的内心冲突而无法做出决定，因此，通过咨询纠正来访者的认知偏差和减轻来访者的内心冲突便可提高其决策水平。

（三）改善人际关系

一名称职的心理咨询人员本身应该具有健全的心理特征、富有同情心，还应具备良好的助人技巧，善于倾听、与来访者进行心与心的真诚交流。尽管心理咨询人员并非完美的人，但他（她）能给来访者提供一种安全的、健康的、带有帮助性质的关系。咨询所提供的这种新型人际关系对来访者可以产生榜样作用，对来访者的日常人际交往产生潜移默化的影响，从而改善来访者的人际关系。

（四）激发个人潜能

心理咨询的一个重要方面是协助来访者全面认识自己并评价自己，从而能够更好地适应社会和生活。当来访者能够较为全面地认识自己后，他（她）也就认识了自己的需要、态度、动机、自身的优点和缺点。一旦能够全面认识自己，就可以合理安排自己的生活，使之能够很快获得心理上的安慰，个人幸福感明显增强。

（五）了解真实的自我

心理咨询不仅能让来访者全面认识自我，也能促使来访者加强自我内省，找出真实的自我或解除对真实自我的困惑，使之对自己的了解进一步加深。这种认识促使来访者更有自知之明，表现在逐渐深入理解自己的情感和社会环境，而不是简单地从相同的角度重复地思考问题。同时，这种理解不是思维定势的情感体验和固定的行为模式，而是伴随着自由的情感活动和行为的反应。

三、大学生心理咨询的内容

大学生不再局限于"教室—宿舍—食堂"三点一线的生活模式，校园生活开始多样化，同时大学时期也是青春期步入成年期的转变时期，所以大学生心理咨询的问题也逐步广泛，大学生活的适应问题、恋爱问题、学习问题、自我探索问题、就业问题、家庭不和谐问题等是常见的咨询问题。此外，还有少部分涉及神经官能症、人格与性心理障碍等内容。概括起来，我们可以从四个方面加以理解。

（一）以心理发展为中心的咨询内容

埃里克森认为12—18岁是个体形成自我同一性的时期，即青少年在成长与发展过程中，对多种影响因素经过由内而外的整合而逐步形成自己的人格或品质。但是随着高学历的普及化，青少年在个人生活、职业的选择和承诺方面在时间上有了延迟，当进入大学或者研究生阶段后个体才形成自我同一性。所以本应由初高中完成的自我同一性却在大学阶段提上日程。大学生寻求心理发展的咨询是为了更好地认识自己，开发潜能，提高学习、工作和生活的质量，追求更完善的发展。这方面的内容包括：大学生的心理特点、大学生的学习目标、大学生的能力训练、大学生的情绪指导和大学生的个性塑造等。

（二）以校园适应为中心的咨询内容

进入大学之前的学生生活可谓单调，学生的精力基本都放在了学习上，烦恼也就相对较少。可是步入大学后，学习环境已经由以教师为主导变成以学生为主导，由熟悉的伙伴同乡变成来自五湖四海的同学，由固定的学习科目到丰富多样的大学课程，由单纯的"三点一线"变成多姿多彩的校园生活，由懵懂的中学生变成走向成熟的大人，如此多的变化给大学生带来了挑战，使他们应接不暇，需要调整自己来提高自身的适应能力。这方面的内容包括：大学新生入学适应的心理问题、大学生学习的心理机制与帮助策略、大学生不良学习方法的纠正、考试焦虑的分析与排解、引导大学生正确与异性交往、大学生人际冲突的妥善处理和大学生人际交往的技巧等。这些问题都是大学生生活适应中遇到的常见问题。

（三）以升学就业指导为中心的咨询内容

大学阶段是多数学生的最后一个学生时期，所以在他们踏进大学校园时，未来前景如何规划的事情已经萦绕在心头。大学生的抉择单靠职业生涯规划这一门课程是不够的，就业与升学的相关问题会伴随着他们大学生活的始终。目前，高校毕业生采取双向选择、自主就业的政策，但对学生来说，如何选择有效的职业、如何选择适合自己的职业、如何考虑职位的发展前景等问题都是重点和难点。当然还有部分学生会选择继续求学，那么是否继续自己的专业、如何选择合适的学校、如何进行准备等问题都会成为考研学子的焦虑所在。心理咨询师并不会为大学生做出相关选择，他们的职责是引导大学生进行明确的自我定位，梳理思路。一般来说，以升学就业指导为主题的咨询内容包括：升学就业前的综合心理调整、学生能力性格与职业兴趣的评估、专业选择问题和毕业求职的技能技巧等。

（四）以心理问题处理为中心的咨询内容

有一部分大学生的心理咨询属于障碍咨询。这类咨询对象具有不同程度的心理障碍或患有某种心理疾病，而且他们正常的生活与学习已经受到影响。他们想要通过心理咨询师专业理论与技术的应用来克服心理障碍，缓解问题症状，恢复心理平静，实现心理健康。一般来说，以处理心理问题为主的咨询过程更长，必要的时候需要寻求家庭、学校、医院的配合。其内容包括：各类神经症（神经衰弱、恐怖症、强迫症、抑郁症、焦虑症等）的矫正干预；大学生行为问题（刻板行为、多动、不良习惯等）的矫正干预；大学生人格障碍（反社会人格、偏执型人格、分裂型人格等）的矫正干预。

四、大学生自我心理调适方法

（一）自我激励

自我激励是一个人精神活动的动力源泉之一。主要是用崇高的理想、榜样的事迹或高尚的思想观念来安慰、激励自己，调整好自己的心态。不自卑，不自傲，永远要对自己有信心；学会从零开始，坚信未来是美好的；在学业上要追求学无止境，在生活上要知足常乐。

（二）情境迁移

在遇到苦闷或愤怒的情境时，可以把注意力从消极的方面转移到积极方面，尽量避免或减轻精神创伤，使自己的情绪稳定。比如，听音乐、散步、和知心朋友聊天、逛公园等。这对消除烦恼，缓解紧张的情绪大有裨益。

（三）敢于咨询

当遇到困惑和挫折时，可以咨询老师、父母、同学、朋友，也可以到专业的心理机构去咨询，向他们诉说内心的困惑，以求得帮助和开导。切忌出现心理问题后自己承受，时间长了容易产生心理疾病。

（四）转移注意力

当与别人发生冲突时，不妨暂时避开对方一段时间，这么做并不是软弱无能的表现。或因某种事情导致出现不愉快的情绪时，设法使自己的注意力转移到更有意义的方面，重新投入到一件新的、更高尚的、更有意义的事情上去，以冲淡感情上的不愉快。

（五）进行合理宣泄

宣泄是一种释放，其作用在于把压抑在内心的焦虑、烦恼、憎恨、愤怒等各种消极情绪加以排解，消除不良心理，达到精神的解脱。合理宣泄就是利用或创造某种条件、情境，以合理的方式把压抑的情绪倾诉和表达出来，以减轻或消除心理压力和负面情绪。个体在产生痛苦、忧伤时，可以通过适当的方法、渠道进行宣泄，以达到减轻痛苦的目的。宣泄的主要方式有以下几种。

1. 倾诉

倾诉强调人们把心中所有事情诉说出来，比一般说话要更彻底，特别是失恋和遭遇挫折、失败的人，往往非常需要向人倾诉。倾诉对象一般是最亲、最信赖、最理解自己的人，否则就不能畅所欲言。倾诉对象可以找父母、老师、朋友、同学等。在倾诉的过程中，可能因情绪失控、过度悲伤等因素，说话唠唠叨叨，表达不清，说过头话，甚至发牢骚，对此倾听者要给予理解、同情和安慰，并适时予以正确引导，排解倾诉人心中的郁闷。

2. 运动

运动是一种涉及体力和技巧的由一套规则或习惯所约束的活动，通常具有竞争性。当学生有了消极情绪，闷坐在房子里可能"剪不断，理还乱"时，建议到室外去打打球、下下棋、跑跑步或爬爬山，呼吸一下新鲜空气，心情就会开朗起来。

3. 哭泣

中国有句老话，叫"男儿有泪不轻弹、只是未到伤心处"，意思是男儿本不应轻易流泪，可是人总是有血有肉有感情的，包括男儿也会在伤心时流泪。其实，不管是男人还是女人，在伤心的时候都会流泪，流泪也是一种宣泄，不管是偷偷流泪还是号啕大哭，都能将消极情绪排泄出来，从而使不愉快的情绪得到缓解，减轻心理压力。

4. 写作

用写信、作诗或写日记等方式，使那些因各种原因而不能直接对人表露的情绪得到排解。如写日记，自己对自己"说"，想"说"什么就"说"什么，没有任何顾虑，许多不良情绪在字里行间中就可以化解掉。

（六）加强身心放松训练

放松训练与人的生理活动及心理活动密切相关，它是为了达到肌肉和精神放松所采取的一类行为疗法。放松训练就是通过肌肉松弛的练习来达到缓解与消除心理紧张的目的。研究证明，放松训练对于缓解紧张性头痛、失眠、焦虑、不安等生理心理状态较为有效，有助于稳定情绪、振作精神、恢复体力、消除疲劳，对增强记忆、提高学习效率、增强个体应付紧张事件的能力也有一定效果。

1. 一般身心放松法

放松训练又称松弛反应训练或自我调整疗法，是一种通过机体的主动放松来增强自我控制能力的有效方法。当压力出现时，负担不断累积，个人压力不断增大，持续数分钟的完全放松，比睡一个小时的效果还要好。常用的身体放松的方法有散步、做操、游泳、洗热水澡等；常用的精神放松的方法有听音乐、静坐、看漫画等。

2. 想象性放松法

在指导做想象性放松之前，应先轻松地坐好、闭上双眼，然后给予言语性指导，进而自行想象。常用的指示语是："我静静地俯卧在海滩上，周围没有其他的人，我感受到了温暖阳光的照射，触到了身下海滩上的沙子，我全身感到无比的舒适……"在给出上述指示语时，要注意语气、语调的运用，节奏要逐渐变慢，配合进行呼吸调整。

3. 精神放松练习法

这一练习法就是通过引导注意力集中在不同的感觉上，达到放松的目的。比如，可以把注意力集中在视觉上：细心观察一件物品的细微之处；集中在听觉上：聆听轻松舒缓的音乐；集中在触觉上：触摸自己的手指，轻抚额头或面颊；集中在嗅觉上：慢慢享受花的芳香等。也可以闭上眼睛，试着将生活中的一切琐碎和不愉快的事情忘掉，刻意去想象恬静美好的景物，如山涧的溪水、飞泻的瀑布、蔚蓝的大海、金色的沙滩等。

4. 深呼吸放松法

当在某些特殊的场合感到紧张，而此时已无时间和场地来慢慢练习上述的放松方法时，可以教给你最简便的放松方法，就是深呼吸放松法。这和日常生活中人们自我镇定的方法相似。具体做法是让需放松者站定，双肩下垂，闭上双眼，然后慢慢地做深呼吸。配合他们的呼吸节奏可以给予以下指示语："呼……吸……呼……吸"，或"深深地吸进来，慢慢地呼出去……"不断重复这样的动作。这种方法也可以自行练习，只要掌握了呼吸的要领，就会收到良好的效果。

心理咨询并不是只对有心理疾病的学生开展的活动，它是运用心理学的方法，对在心理活动方面出现问题并试图解决问题的当事人提供心理援助的过程。在社会的不断进步和发展中，心理咨询逐渐变得科学和完善。心理咨询在我国学校教育中虽然起步较晚，但已经引起人们的高度关注，并且从长远来看，有广阔的发展空间。

需要指出的是，心理咨询作为外在解决机制在应对问题的时候只是一种有限的力量，而真正能够帮助个体提升生活质量、面对人生问题的路径，则要靠个体自身的修复和完善能力来完成。在面对心理问题的时候，需要每个大学生都能够充分调动自身的力量，学会珍爱生命，为生命之完美和谐不懈努力。

第二节 大学生心理测验

一、心理测验概述

（一）心理测验的释义

所谓心理测验，是通过对一个人少数且极具其个人典型性的行为，以及对反映在此人行为活动过程中的心理特征，依据特定、确定的原则进行合理化的逻辑推论和综合分析的一种科学手段。由于心理现象是内在存在的，并且通过行为表现出来的也较为隐晦，相比于自然的、客观存在的物理现象更为复杂，因此测量起来会有相当大的难度，由此可见，心理测量具有其独特的特性和本质。譬如说，心理测量是间接的，只能根据接受测验者在此过程中做出的自然反应来进行其心理特征的逐步猜测、推断，继而进行最终的统一和确立；心理测验具有一定的相对性特征，所以可以确定的是，并没有绝对的标准可以拿来衡量一个人的心理及行为特征，而只能选取一个较为大众性的行为来作为经验进行参照；心理测量具有客观性，它从对测验题目的编制、施测、记分，乃至对分数的换算、解释等一个系统且科学的标准程序，从而可以确保测得的结果的可靠性和客观性。

综上所述，心理测验虽然较为隐晦，但并不是那么神秘，它是一种用以检测人类的心理和行为特征的较为有效的、方便而快捷的手段。而我们也应该由此清醒地认识到，单纯地认为测验万能或测验无用的思想都是不可取的。

（二）心理测验的分类

心理测验是一个较为宽阔的范畴，涉及的方面不同，分类就会大相径庭。譬如，按测验内容进行分类，其具体为：智力测验、反应力测验、能力测验、学习成绩测验；人格测验如明尼苏达多相 MMPI、艾森克 EPQ、卡特尔的 16PF 等。再或者按测验表现形式，可分为纸笔测验和非文字测验。按测验的对象特点，又可分为团体测验和个别测验。按测验的目的，可分为描述性测验、诊断测验和预测性测验。按测验的时间，可分为速度测验和难度测验等。

心理测验最根本的功能是测量个体差异或行为反应，从理论和实际应用的角度来看，又有许多具体功能。先从理论研究方面来看，心理测验可以有效地帮助我们收集资料与相关数据，如通过智力测验了解个体的智力差异，其次是提出和验证假设，最后是实验分组，就是根据测验结果对被试进行分类，以满足各类实验设计的需要。从实际应用的方面来看，它的功能则首先是选拔人才，其次则是岗位的安置，最后是诊断、评价和辅助咨询。

对于大学生的心理健康和心理咨询来说，我们则主要是运用各种智力测验、人格量表和诊断测验，快速有效地准确掌握他们现阶段的心理发展水平、特点和心理健康状况。在咨询与心理治疗过程中运用各种心理测验时，一般应注意以下几个方面。

1. 选择正确的测验材料

从上述心理测验分类的阐述可知，任何心理测验都有其特定的适用范围，如此才能保证其测验的可信度和有效性。

2. 审慎使用心理测验

心理测验并非唯一选择。原因有二：第一，若我们在实施诊断的过程中，已经可以对接受测验者产生明确的看法，就可以不再使用心理测验了；第二，在治疗过程中，如果过多地使用心理测验，会破坏过程中的自然氛围，直接阻碍了之后治疗的顺利推进。

3. 应严格遵照相关测验方法的规定实施测验，保证测验结果的可靠性

如，要在专业人员的监督指导下进行检测；过程中，按标准的指导语、答案及统一的记分方法进行施测；尽量打消被试者的所有顾虑，比如，如实地完成测验项目等。

截至目前，我国的心理咨询中被使用频率较多的心理测验方法有三种：智力测验、人格测验和症状评定测验。

（1）智力测验方面，对于儿童的智力测验用的是比内—西蒙量表；对于成人的智力测验则用的是韦氏成人量表。它们的实施，一般是在来访者的自己要求下，或者怀疑其有智力障碍时才会使用。

（2）人格测验方面，明尼苏达多相 MMPI，共涉及了 14 个分量表，即疑病、癔症、精神病态、抑郁、男子气、女子气、精神衰弱、精神分裂、妄想狂、轻躁症、社会内向、诈病分数、说谎分数、校正分数及不能回答分数，其中，最后四个量表则用于对效度的测验；艾森克 EPQ 量表，主要设计的范围包括神经质、内外向及精神质、掩饰性 4 个人格维度；卡特尔 16PF，包含了成熟安静、支配攻击、热心健谈、乐群性、聪明度、谨慎固执、敏感优柔、莽撞厚皮、焦虑不安、豪放淡泊、批评实验、自负自决、世故圆滑、克己严格、兴奋紧张、多疑善嫉等16 个人格维度。

（3）症状评定测验主要有：精神病评定量表、躁狂状态评定量表、抑郁量表、焦虑量表和恐怖量表等。

二、几个重要的心理测验

接下来着重阐述三个重要的心理测验，它们都是目前在社会上流传较为普遍的自评量表，在咨询中广泛用于相应的心理特征的测量。而其目的是试图帮助大学生们了解心理测验的一般构成和使用方法，并通过实际的自测，达到对相应的心理特征有准确的、可靠的了解。

（一）症状自评量表

此表的编制作者为德若盖狄斯。它包含的精神病症状学内容十分广泛，有思维、情感、行为、人际关系和生活习惯等。

下面我们列一下它的具体结构。

1. 评定时间

可以评定一个特定的时间，通常为一周左右。

2. 评定方法

按5级评分，0为从无，1为轻度，2为中度，3为相当重，4为严重。

3. 分析统计指标

第一，总分：

（1）总分即90个项目得分之和；

（2）总症状指数，我国普遍称为总均分，其公式为总分除以90（＝总分 +90）；

（3）阳性项目数是指评为1~4分的项目数，阳性症状痛苦水平具体指总分除以阳性项目数（＝总分 + 阳性项目数）；

第二，因子分：

SCL-90共9个因子，其中，每一个因子都可以反映出病人在某方面的症状痛苦情况，因子分可以通过下式计算得到：因子分 = 组成某一因子的各项目总分 + 组成某一因子的项目数。9个因子含义及所包含项目（见表2-1）为以下几项内容。

（1）躯体化：包括1、4、12、27、40、42、48、49、52、53、56、58，共12项。该因子主要反映的方面有身体不适感（包括心血管、胃肠道、呼吸和其他系统的主诉不适和头痛、背痛、肌肉酸痛）和焦虑的其他躯体表现。

（2）强迫症状：包括3、9、10、28、38、45、46、51、55、65共10项。主要指那些明知没有必要但又无法摆脱的无意义的思想、冲动和行为，还有一些比较一般的认知障碍的行为征象也在这一因子中有所反映。

（3）人际关系敏感：包括6、21、34、36、37、41、61、69、73，共9项。它的主要指向为，现实生活中一些人的不自在感和自卑感，并且当此类患者处于与他人相互比较的情境中时会变得尤为突出。这些症状的主要原因是，在人际交往中的自卑感、表现出的明显不自在、心神不安，自我意识较强、常处于消极期待等。

（4）抑郁：包括5、14、15、20、22、26、29、30、31、32、54、71、79，共13项。其代表症状为情感和心境的苦闷，它的主要特征包括一个人对生活动力的缺乏、兴趣的减退和活力的丧失，让人出现有关死亡的思想和自杀观念。它反映的是人的失望情绪、悲观观念等一切与抑郁相联系的认知和身体方面的感受。

（5）焦虑：包括2、17、23、33、39、57、72、78、80、86，共10项。一般情况下，焦虑患者的具体表现为生活中的坐立不安、神经过敏、烦躁没耐心、紧张，肢体方面主要表现如震颤等。而本因子的主要测定内容便在于此，概括为测定游离不定的焦虑或惊恐发作症。

（6）敌对：包括11、24、63、67、74、81，共6项。敌对主要包含三个方面，即思想、行为、感情。这三个方面的具体表现为：厌烦、摔物、与人不可遏制的争论到脾气爆发等。

（7）恐惧：包括13、25、47、50、70、75、82，共7项。恐惧的内容包含了人在日常生活中的方方面面，譬如，出门旅行、一个人待在空旷场地、热闹的人群中，乃至公共场所的交通工具。除此之外，还有反映社交恐惧的一些项目，在此不做赘述。

（8）偏执：包括8、18、43、68、76、83，共6项。本因子是围绕偏执性思维的基本特征而制订的，主要指投射性思维、敌对、猜疑、关系观念、妄想、被动体验和夸大等。

（9）精神病：包括7、16、35、62、77、84、85、87、88、90，共10项。反映各式各样的急性症状和行为，有代表性地视为较隐讳、限定不严的精神病性过程的指征。此外，也可以反映精神病性行为的继发征兆和分裂性生活方式的指征。

除上述种种外，此次仍有19、44、59、60、64、66、89等7项未归入任何因子，我们在进行正式分析时，可以将它们作为一个附加项，即第10个因子，从而使之相加之和等于总分。

当得到因子分后，便可以用轮廓图分析方法去了解各因子的分布趋势及评定结果的特征。

表 2-1

其中 0 为无，1 为轻度，2 为中度，3 为相当重，4 为严重。

病痛或问题	1	2	3	4
1. 背痛				
2. 神经过敏，心中不踏实				
3. 头脑中有不必要的想法或字句盘旋				
4. 头昏或昏倒				
5. 对异性的兴趣减退				
6. 对旁人责备求全				
7. 感到别人能控制您的思想				
8. 责怪别人制造麻烦				
9. 忘性大				
10. 担心自己的衣饰整齐及仪态的端正				
11. 容易烦恼和激动				
12. 胸痛				
13. 害怕空旷的场所或街道				
14. 感到自己的精力下降，活动减慢				
15. 想结束自己的生命				
16. 听到旁人听不到的声音				
17. 发抖				
18. 感到大多数人都不可信任				
19. 胃口不好				
20. 容易哭泣				
21. 同异性相处时感到害羞、不自在				
22. 感到受骗，中了圈套或有人想抓住您				
23. 无缘无故地突然感到害怕				

续　表

病痛或问题	1	2	3	4
24. 自己不能控制地大发脾气				
25. 害怕单独出门				
26. 经常责怪自己				
27. 腰痛				
28. 感到难以完成任务				
29. 感到孤独				
30. 感到苦闷				
31. 过分担忧				
32. 对事物不感兴趣				
33. 感到害怕				
34. 您的感情容易受到伤害				
35. 旁人能知道您的私下想法				
36. 感到别人不理解您、不同情您				
37. 感到人们对您不友好，不喜欢您				
38. 做事必须做得很慢以保证做得正确				
39. 心跳得很厉害				
40. 恶心或胃部不舒服				
41. 感到比不上他人				
42. 肌肉酸痛				
43. 感到有人在监视您、谈论您				
44. 难以入睡				
45. 做事必须反复检查				
46. 难以做出决定				
47. 怕乘电车、公共汽车、地铁或火车				
48. 呼吸有困难				

续 表

病痛或问题	1	2	3	4
49. 一阵阵发冷或发热				
50. 因为感到害怕而避开某些东西、场合或活动				
51. 脑子变空了				
52. 身体发麻或刺痛				
53. 喉咙有梗塞感				
54. 感到前途没有希望				
55. 不能集中注意力				
56. 感到身体的某一部分软弱无力				
57. 感到紧张或容易紧张				
58，感到手或脚发重				
59. 想到死亡的事				
60. 吃得太多				
61. 当别人看着您或谈论您时感到不自在				
62. 有一些不属于您自己的想法				
63. 有想打人或伤害他人的冲动				
64. 醒得太早				
65. 必须反复洗手、点数目或触摸某些东西				
66. 睡得不稳不深				
67. 有想摔坏或破坏东西的冲动				
68. 有一些别人没有的想法或念头				
69. 感到对别人神经过敏				
70. 在商店或电影院等人多的地方感到不自在				
71. 感到任何事情都很困难				
72. 一阵阵恐惧或惊恐				

续　表

病痛或问题	1	2	3	4
73. 感到公共场合吃东西很不舒服				
74. 经常与人争论				
75. 单独一人时神经很紧张				
76. 别人对您的成绩没有做出恰当的评价				
77. 即使和别人在一起也感到孤单				
78. 感到坐立不安、心神不定				
79. 感到自己没有什么价值				
80. 感到熟悉的东西变得陌生或不像是真的				
81. 大叫或摔东西				
82. 害怕会在公共场合昏倒				
83. 感到别人想占您的便宜				
84. 为一些有关性的想法而很苦恼				
85. 您认为应该为自己的过错而受到惩罚				
86. 感到要很快把事情做完				
87. 感到自己的身体有严重问题				
88. 从未感到和其他人很亲近				
89. 感到自己有罪				
90. 感到自己的脑子有毛病				

（二）气质类型自我测定置表

对于气质类型的自我测定，笔者选列了共 60 道小题来作为测验标准，接受检测者需如实回答不得隐瞒，如此才大致有可能确定出气质类型的属性。在回答时，可以用分数的方式进行记录，符合自己情况的记 2 分，比较符合的记 1 分，介于符合与不符合之间的记 0 分，比较不符合的记 1 分，完全不符合的记 2 分。

（1）行事稳妥，做事之前准备充分。

（2）心直口快，遇到不平事就怒不可遏。

（3）喜欢独来独往，不喜欢和很多人一起做事。

（4）能够很快适应新环境。

（5）生活中十分反感较为尖锐的噪音或电影中的危险镜头。

（6）锋芒毕露，与人争论喜欢先发制人，主动挑衅。

（7）喜欢在安静的环境中独处。

（8）擅长与人交际。

（9）羡慕那种可以很好地控制自我感情的人。

（10）生活自律，按时作息。

（11）乐天派，对于多数事情能够保持乐观的心态。

（12）在陌生人面前感觉十分拘束。

（13）遇到气愤的事情可以很好地保持沉默。

（14）精力旺盛，做事积极主动。

（15）遇事瞻前顾后，当断不断。

（16）在人群中从不觉得过分拘束。

（17）干事受情绪支配，情绪高昂时十分积极，情绪落寞时能拖则拖，所有事情对自己失去吸引力。

（18）精神一旦集中，不会受其他事情的扰乱。

（19）头脑活跃，理解问题快于他人。

（20）缺乏安全感，每当处于危险情境中便被极度的恐怖感包围。

（21）热爱生活，对自己的学习、工作、事业怀有很高的热情。

（22）性情坚韧，可以担任枯燥且单调的工作岗位。

（23）符合兴趣的事情干起来劲头十足，否则就不想干。

（24）性格敏感，任何小事都能引起情绪的波动。

（25）害怕承担较为细致的工作。

（26）能够自然大方地与任何人交往。

（27）喜欢在热闹的氛围中工作。

（28）喜欢阅读情感细腻、对人物心理活动描写较为深入的文章。

（29）长时间处于工作、学习状态会感到烦闷。

（30）实干派，不喜欢花费太多时间在某个问题上纸上谈兵。

（31）为人正直，喜欢正大光明的与人交谈，而厌恶背后窃窃私语。

（32）别人说我总是闷闷不乐。

（33）理解问题常比别人慢些。

（34）工作疲惫时，只需要短暂的休息调整，就能够重新投入工作。

（35）遇到困难喜欢自己思考解决，不愿求助他人。

（36）确立某个目标后就迫不及待地想尽快实现，不达目的誓不罢休。

（37）学习、工作同样一段时间后，经常感觉比他人更为疲倦。

（38）性格大大咧咧，做事有些莽撞，欠缺对后果的考虑。

（39）接受他人的知识传授时，总希望对方讲的再慢一些，多重复一些。

（40）能够很快忘记那些不愉快的事情。

（41）总是花费比别人多的时间去完成一件工作。

（42）喜欢运动量大的剧烈体育活动，或参加各种文艺活动。

（43）不能很快把注意力从一件事情转移到另一件事情上去。

（44）被分配任务后喜欢速战速决，希望尽快完成任务。

（45）保守派，秉持按规则行事比冒险有保障的观念。

（46）心思活跃，可以同时兼顾多件事务。

（47）当我烦闷的时候，别人很难使我高兴起来。

（48）爱看情节大起大落、令人振奋的小说。

（49）工作态度认真严谨、始终如一。

（50）很难融入集体，与伙伴关系处不好。

（51）喜欢复习学过的知识，重复已经掌握的工作。

（52）喜欢挑战变动大、花样多的工作。

（53）小时候会背的诗歌，我似乎比别人记得清楚。

（54）别人说我"出语伤人"，可我并不觉得这样。

（55）在体育活动中，常因反应慢而落后。

（56）反应敏捷，头脑机智。

（57）喜欢有条理而不麻烦的工作。

（58）兴奋的事常使我失眠。

（59）对于新知识、新概念常常很难悟出，但一旦悟出就记得很牢。

（60）若所处的学习、工作环境枯燥乏味，那么自己的情绪也会因此受到感染。

气质类型测量计分方法：把每题按表2-2各行所列题号相加，算出相应各栏总分。

表 2-2

气质类型	题号														总分
胆汁质	2	6	9	14	17	21	27	31	36	38	42	48	50	54	58	
多血质	4	8	11	16	19	23	25	29	34	40	41	46	52	56	60	
黏液质	1	7	11	13	18	22	26	30	33	39	43	45	49	55	57	
抑郁质	3	5	12	15	20	24	28	32	35	37	41	47	51	53	59	

得分解释：若表 2-2 中某一栏得分超过 20 分，而其他三栏得分较低，则为该栏目的典型气质类型。如果某一栏得分在 10—20 分之间，其他两栏目得分较低，则一般认为属于该栏目的气质类型。如果有两栏得分明显超过另外两栏的得分，并且两者分数较接近，则为两种气质的混合型。如果一栏得分很低，其他三栏得分都不高，但很接近，则为三种气质的混合型。

（三）性格倾向性自我测量表

请根据下列问题回答"是"或"否"。

（1）可以独断独行。是（否）。

（2）快乐的人生观。（是）否。

（3）喜欢安闲。是（否）。

（4）对人十分信任。（是）否。

（5）规划 3—5 年以后的事。是（否）。

（6）遇到集体活动宁愿待在家里也不愿参加。是（否）。

（7）能安心在大庭广众中进行工作。（是）否。

（8）常做同样的工作。是（否）。

（9）觉得集会乐趣与个别交际无异。（是）否。

（10）三思而后决。是（否）。

（11）喜欢自主思考，不愿别人提示。（是）否。

（12）喜欢热闹的娱乐活动。是（否）。

（13）不喜欢旁边有人盯着自己工作。是（否）。

（14）厌弃呆板的职业。（是）否。

（15）宁愿节省而不愿耗费。是（否）。

（16）不会对自己的处事动机进行经常性的思考。（是）否。

（17）喜好冥思苦想。是（否）。

（18）做自己擅长的工作时愿意人在旁观看。（是）否。

（19）发怒时不会克制自己。（是）否。

（20）喜欢受到鼓励，工作等也会因之而明显改善。（是）否。

（21）喜欢兴奋紧张的劳动过程。（是）否。

（22）常回想自己的过去。是（否）。

（23）可以接受自己成为群众运动的领导者。（是）否。

（24）公开演说。（是）否。

（25）使梦想成为现实。是（否）。

（26）很讲究写应酬信。是（否）。

（27）做事马虎粗糙。（是）否。

（28）深思熟虑。是（否）。

（29）能将强烈的情绪（喜、怒、悲）表现出来。（是）否。

（30）不拘小节。（是）否。

（31）关心、关切他人。是（否）。

（32）能和与自己观念不同的人自由联络。（是）否。

（33）时常猜疑。是（否）。

（34）轻信人言，不做思考。（是）否。

（35）不愿做实际工作，却喜欢读书。是（否）。

（36）好读书，不求甚解。（是）否。

（37）常写日记。是（否）。

（38）在公共场合中喜欢保持沉默和消失状态。是（否）。

（39）不得已而动作。（是）否。

（40）不愿回想自己的往事。（是）否。

（41）工作起来有条理、有计划。是（否）。

（42）常变换工作。（是）否。

（43）麻烦事能躲则躲，不承担相关责任。是（否）。

（44）重视谣言。是（否）。

（45）很容易相信别人。（是）否。

（46）非极熟悉的人不轻易信任。是（否）。

（47）愿意研究别人而不研究自己。（是）否。

（48）休假期间会选择安静的地方放松，避免到热闹的场所。是（否）。

（49）意见常变化而不固定。（是）否。

（50）愿意参加任何场合的演说。（是）否。

此表计算和评定的方法为，先统计回答结果中带括号的"是"或"否"的总数，即外向性反映总数，然后计算向性指数，其公式为：

向性指数 =[外向性反映总数 +（未回答题数）/2]/25 × 100

一般而言，向性指数为 70 以上者为外向性格，分值越大越外向；向性指数在 70 以下为内向性格，分值越小越内向。

第三章 大学生常见的心理问题

第一节 大学生常见的心理问题分类

大学生正处于青年期，其心理发展水平正处在迅速走向成熟而尚未完全成熟的过渡阶段。他们一般还保留着浓厚的少年时期的心理特征，诸如独立性不够，对家长有较大的依赖；对社会了解有限，过于理想化；对自我的认识不清而难以准确定位；遇到生活环境的变化、交际圈的更新、学习内容和方式的改变时，往往出现一系列冲突，这些冲突如果得不到及时调整，则可能引发一些心理问题。大学生中最常见的心理问题来自以下八个方面。

一、学习心理问题

对于学生而言，众多心理问题的产生过程中，"学习心理问题"必然是首当其冲的一项，尤其是大学阶段，学生对于知识、社会等的接触面逐渐变得多元化，因此产生此心理问题是一种必然。这正如怀特海所说："在中学阶段，学生伏案学习；在大学里他需要站起来，四面观望。"[①] 诚如斯言。可知，学生进入大学学习，并不能简单将其视为从中学的门槛跨进了另一个门槛，而应当将其定性为从中学的"台阶"登上了大学这一更高的"台阶"。学生们处在这一"台阶"上，则必须要对其具有的特点和规律有清楚的认识和准确的把握，从而可以帮助自己更好地完成相关学业。如此，便需要学生对努力过程中策略的把握和努力过后产生的结果有所心理准备，而这就产生了学习心理问题。这些心理问题可以总结为如下几种。

---

① ［英］艾尔弗雷德·诺思·怀特海.教育的目的[M].福州：福建人民出版社.2018：88.

（一）学习动力动机的欠缺

因教育体制及其他多种因素影响，导致我国当今学生总是不能避免"为了学习而学习"这一误区。譬如，学生学习知识，最大的一个目标便是应付学校考试，把考试通过视为真理，即"60分万岁"的现象。在这一因素的影响下，学生除了对学习的必要性缺乏科学、正确的认知，还导致其缺失了对未来理想的追求，从而使得自己总是不能进入良好的学习状态，并逐渐发展成为一种压力，成为典型的被动式学习，最终痛苦不堪。

（二）学习适应困难

1. 学习适应困难

大学校园对于学生的学习生涯来说，是一个完全独立自主的阶段。在此阶段中，学生需要用高度独立的姿态和能力去处理和解决自己在学校中的一切事物。抛去校园生活，如何更好地进行知识的"学习"自然不可避免地成为大学生需要面临的一项主要事件。若大学生不能很好地把握大学的学习特点和规律，不能根据自身情况有效规划学习目标，不清楚自己应该着重于哪些课程，抑或者在学习中忽视"理论结合实践"的道理，缺乏适合自己的学习策略，此时这一心理问题便会出现。

2. 学习挫折

大学校园"卧虎藏龙"，许多刚入校的大学新生一时无法适应这种"人外有人"的学习对比环境，从高中时期的"尖子生"瞬间变得"泯然众人"，成绩总是不理想，由此便会产生一种努力过后的挫败感，自信心、自尊心受到打击，导致无心向学。

3. 考试焦虑

考试焦虑一般的表现特征为担忧心理。所谓考试焦虑，则指的是学生在面临考试来临的时候，学生受到自身评价认知能力欠缺、性格缺陷或其他个人人格因素的影响，导致其会产生一定程度的身心焦虑感，一度想用逃避的消极方式来对待考试。

二、校园人际交往问题

关于人际交往问题，是出现在人们日常生活中最为重要的一个方面。中国现代心理学家丁瓒先生就曾说过："人类的心理病态主要是由于人际关系的失调而引发的。"由此可见，人际交往问题的重要性。在大学生涯中，学生随着年龄的增长，见识的增多，需要进行的社交也变得更为广泛。此时正是处于大学生人生阶段第一次真正独立的时期，便会产生各种各样的人际交往问题，导致许多心理问题。关于"人际交往"的心理问题，大致可以总结为如下几点。

（一）人际孤独

即人际交往中的孤独感。它不同于正常人际交往中的"我行我素"，恰恰与之相反。"我行我素"的人都有较强的自信和自负感，而引起人际孤独心理问题的却是一个人的自卑所造成的。大学生在校园生活环境中，一旦无法适时突破无依无靠、孤单烦闷的心理障碍，便会陷入无法自拔的孤独泥潭中，严重影响其个人的全面发展。

（二）人际冲突

这一心理问题的产生，对于大学生而言，常常是由于个体之间的价值观不同而产生。大学生年轻气盛，有着较为强烈的自尊心和叛逆心，因此便淡化了相互之间必要的尊重和理解，很容易在某些方面产生分歧，造成情感上的攻击性，引发人际关系的冲突。

（三）人际关系失调

此一项主要表现在原本处于正常人际关系中的大学生，在长久的相处中渐渐由于某些细节问题而逐步积累成不可调和的矛盾，从而导致关系的破裂。譬如，有些大学生习惯了心直口快，但可能会无意间泄露同学的个人隐私；又或者有的学生在某些方面锋芒毕露，缺少必要的内敛和谦逊，于是某些同学便会受到伤害，成为嫉妒者，等等。

（四）人际交往恐惧

人际交往恐惧这一心理障碍，大致由两个方面的原因造成。第一，可能是某个个体对自己缺乏自信心，认为自己处处不如人，忧思多虑，担心在大众面前出丑，被人嘲笑，所以内心十分抗拒与他人进行交往；第二，某个个体曾经在人际交往中有着十分失败的经历，造成心理阴影，因此害怕再次受到伤害，主动进行心理封闭，久而久之，便更加不敢与人交往。

（五）人际沟通不良

所谓人际沟通，即在一个大的集体当中，个体之间使用语言而进行的信息交流，包括个人价值观念倾向、个人兴趣爱好、个人理想等方面的表达，由此促进相互之间的了解，增进情感关系。而这一切的前提便是沟通的有效性，在大学中，同学们来自全国乃至世界各地，他们可能会有着迥异的文化习俗和表达方式，如果沟通不够深入和有效，则往往会适得其反，引起误解，从而形成严重的人际交往问题。

三、校园环境适应问题

对于环境的适应能力因人而异，学生的独立能力越强，适应速度也就越快。在当今时代，我国独生子女现象已经成为普遍性，从小受到家庭的保护甚至溺爱，从而造成多数大学生独立生活能力较弱的后果。这也表现在一些相关的调查数据方面，如北京某大学对某届新生做了相应统计，结果显示有24%的学生有心理素质差、自理能力弱、严重缺乏社交能力的问题，十分不利于对新环境的融入。由此可见，校园环境的适应问题，在高校大学生的心理问题中是一个普遍的共性问题。而关于环境适应的范畴，大致有以下三个主要方面。

（一）生活环境的改变

大学生生活相对于高中、中学等阶段的生活，是迥然不同的一个新境界。在这一阶段中，从生活方面来看，一切需要独立规划和处理；同时也完全处在了一个集体当中，还需要不断寻找与他人共处的合适方式，从此要慢慢学会体谅、包容和理解他人，万般滋味需要自己慢慢消化和融解。若此时大学生无法有效改变自己，便会在适应生活环境的方面产生不必要的问题。

（二）学校管理的改变

大学校园的管理模式相对宽松，比之于高中、中学阶段学校方面严格的学习制度，这一阶段则主要依靠学生本身的自律来进行知识的学习和掌握。而高校相对宽松的管理模式很容易给大学生带来错觉，从而对自己的要求也相应放松，在各个方面失去了主动性和积极性，进而造成环境适应慢的问题。

（三）社会要求的改变

近些年随着我国经济的飞速发展，各行各业对综合性人才的需求也逐渐严格，除了技术能力方面，个人素质包括政治正确、思想端正、创新意识、承受能力等，都有着较高的考核要求。这就导致了高校大学生需要在克服这一心理压力之外，还要更好、更快、更为深入地去理解和适应此类社会要求，从而保障自己能够在走出大学校门之后，可以更加有效的融入社会，为自己以后的发展打下良好的基础。

四、自我意识问题

自我意识指的是个体对自我身心活动的一种探究，简言之，即对自我的认识。大学生一般处于青年中期阶段，此时的他们，在自我意识发展方面已经进入了一个全新的阶段，受大学环境的影响，自我意识会向着分化、矛盾、统一及转化而发展。细细分析下来，可以认为，当大学生在进行自我探究时，会产生两个"我"，一个是理想中的自我，一个是现实中的自我。这一分化过程，标志着大学生自我意识发展正在朝着成熟的目标进行过渡。通过这一"自我意识"的行为，可以有效促进大学生思维主体性的形成，从而成为处事客观的个体。此外，需要注意的问题是，当大学生在进行自我审视、自我分析和评价时，自然会看到理想中的自我和现实中的自我的较大差距存在，而这一差距也非短时间内可以消除的，如此便有可能导致其产生自我意识的矛盾感。在这一矛盾下，会导致人产生焦虑、懊恼、迷茫甚至失望的情绪，给其发展带来阻碍。

五、大学生恋爱与性心理问题

高校大学生处于生理成熟期，在恋爱与性心理方面是一个成长的必然需求，而这一阶段由于其年轻缺乏人生经验，是最容易出现问题的根源所在。

在恋爱问题上，大学生大多数不能很好地将学业和恋爱划分出正确的界限，无法适当处理二者的关系。恋爱有时可能成为催化剂，让大学生在得到情感满足的同时，学业方面也能够得到极大的推动力，形成"共赢"状态；与此同时，若恋爱一旦产生问题，也会迅速影响学业的进展，在恋爱受挫后会形成苦闷、悲观、堕落的状态，使得学业乃至生活的方方面面都收到消极影响。

在性心理方面，青年时期的高校学生正处在一个"蠢蠢欲动"的阶段。对性的好奇和渴望占据了相当大的部分。此时，一边是学业的正常进行，一边是对恋爱和性的迫切需求，另一边则还多少包含了道德方面的因素，从而形成了大学生对性的矛盾心理。在这一前提下，若一旦无法进行适当的调试，很容易使大学生对性产生行为及心理上的偏差。

六、不良行为

当今社会是一个多元化的开放型社会，高校大学生可以在大学阶段拥有更为丰富的接触面，一旦当其自身没有更好地自制力和正确的价值观时，便会难以自觉抵制一些不良诱惑，导致不良行为的产生。在我国，近年来出现频率较多的一些大学生不良行为现象，包括旷课、酗酒、论文抄袭、沉溺网游、语言污秽、行为粗鄙等。这些不良行为若长期得不到纠正，便会严重影响大学生个人的前途发展，给其今后无论是在生活中抑或是工作中，都造成不可估量的后果。

七、个性心理问题

个性心理在高校大学生的成长和发展中有着十分重要的作用，对于帮助大学生将来在社会中的正确走向具有不可忽视的意义。从心理学方面来讲，个性心理则主要包括两个方面：个性倾向性与个性特征。前者涵盖了动机、兴趣、理想、信念、世界观；后者则涵盖了能力、气质、性格等。这些内容，同时也是组成大学生个性心理的重要因素。大学生作为一个接受高等教育的青年群体，会由于知识的摄入，同时在个性倾向与个性特征方面呈现出千差万别的现象，譬如，能力较强便会产生自负心理、理想目标设定过高无法达成便会产生消极心理，诸如此类，若没有合理有效的调整方式，则很容易积累成心理认知问题。

八、精神障碍

一个人如果长期处于消极或激烈的情绪状态下，如烦恼、冷漠、焦虑、抑郁、暴躁等，就会造成情绪障碍。在这种情况下，正常的心理和生理活动会受到影响，出现很多异常的心理和行为，若不及时采取各种调节措施，就可能导致严重的后果。

第二节　大学生常见心理问题产生的原因

一、大学生常见心理问题成因分析

上一节对大学生常见心理问题进行了归类，在这一基础上，根据相关调查和研究分析，其形成原因可以概括为如下几个方面。

（一）客观方面

1.社会大环境因素的影响

社会大环境是导致大学生产生心理问题的首要原因。当前社会经济制度的变革，给大学生带来了巨大的心理压力。对大学生来说，社会、家庭对他们寄予了很高的期望，然而这种高期望给他们带来的压力也是巨大的。所有这些都会让他们感到压抑、苦闷、茫然。

2. 负面家庭、学校环境的影响

我们的家庭教育中仍存在着诸多不利于孩子健康成长的因素。其一，应试教育使"望子成龙"或"望女成凤"成为许多中国家长期望值的代名词。家长的期望值过高或过低，对孩子的健康成长都是不利的。其二，家庭的贫困、变故，家庭关系的不和谐与家庭的不完整等因素，都会影响大学生健康心理的形成。大学学习生活的紧张、单调，也易使他们产生压抑感，从而缺乏生活乐趣，而学校如果在这方面对他们缺乏有效的指导，会引发大学生心理问题的产生。此外，大学里一些不健康的校园文化，尤其是网络文化的表面化、庸俗化、虚拟化，也对大学生的心理产生了一些不良的影响。

3. 学业压力

研究表明，考试与学业负担已成为很重要的应激源，对大学生的身心健康构成较大的威胁。一部分大学生所学专业非己所爱，缺乏学习兴趣，学习动机不明，长期处于冲突与痛苦之中，被动学习；还有就是来自课程负担，所学课程门类多、内容杂，加上学习方法不当，产生对学习的恐惧或倦怠；另外，还有参加各类证书考试及考研所带来的应试压力等。精神长期处于高度紧张的状态下，极可能导致大学生出现心理障碍。高校中盛行的经商热、读书无用论也直接冲击着大学生的学习动机，容易导致他们学业荒疏，从而产生心理障碍。

4. 就业创业压力

在诸多的人生选择中，职业选择是人生的重要选择。选择一个职业从某种程度上说就是选择未来，择业的结果在相当程度上影响到个人的前途和幸福。近年来，随着市场经济的发展、社会分工的细化、职业数量的增多、人才竞争的激烈，给大学生的就业创业增加了难度。特别是近些年，由于高校扩招，社会竞争加剧，就业市场不景气，初始创业艰难，毕业时的就业创业状况和入学时天之骄子的心理预期差距太大。大学生找工作或找比较理想的工作越来越困难，这对大学里众多高年级学生造成了很大的精神压力，使他们因焦急、自卑而失去安全感，许多心理问题应运而生。

（二）主观方面

1. 个体因素的影响

不良的个性是个体产生心理问题的根本原因。个性在很大程度上决定了个体的心理承受能力，也决定着个体为人处世的方式，即决定了个体的思维与行为的方式。因此，它影响着个体的心理健康。某些大学生不能进行正确的自我评价，也未能合理地进行自我选择，甚至无法正常地与他人进行交往，因而产生了这样或那样的心理问题。概括而言，引发大学生心理问题的个体因素主要包括遗传、身体健康状况、先天神经系统、人格和心理素质等。

2. 情感危机

大学生的情感危机主要有两方面，一方面因友谊、恋爱造成，恋爱失败往往导致大学生心理变异，有的人因此走向极端，甚至酿成悲剧；另一方面由于父母离异、亲人伤亡等突发的不幸或挫折，使一些人感到精神上难以承受，导致心理障碍。马斯洛认为，人的行为是由不同社会文化产生的，变态行为都是个人文化生活的反应，个体受意外事件打击严重受挫或受挫积累过多，就会引起心理、躯体和行为发生病态。美国华盛顿大学教授霍尔姆等人对5000多人进行了关于生活事件对疾病的影响的调查研究，也发现社会生活事件会影响人的身心健康。

3. 网络依赖

大学生的思想往往充满理想主义色彩，在现实生活中，他们不仅感触敏锐、反应强烈，有时甚至愤怒、绝望；而网络是他们尽情释放、营造美好、逃避现实的地方。网络的虚拟世界可以让他们获得心理满足，继而被网络的精彩所吸引，依赖性越来越强，每天花大量时间泡在网上，沉湎于虚拟世界，封闭自我，不与人面对面交往，与现实生活产生隔阂，久而久之，影响其正常的认知、情感与心理定位，还可能导致人格分裂，不利于健康性格和人生观的形成。迷恋网络还会使人产生精神依赖性，在日常生活和学习中举止失常、目光呆滞、精神恍惚、胡言乱语、行为怪异等。

4. 经济压力

目前，我国高校在校生中有15%～23%是贫困生，其中5%～7%是特困生。长期以来，贫困大学生的经济救助一直是社会关注的焦点，其实他们的精神求助同样不容忽视。据北京高校学生心理素质教育研究课题组的一项调查显示，北京市有16.5%的大学生存在中度以上的心理卫生问题。其中，农村学生高于城市学生，来自边远山区的学生存在心理问题的比例最高，为19%。他们中有些人在经济贫困的压力下，总觉得穷是没面子的事，与同学相处时敏感而自卑，采取逃避、自闭的做法，有的甚至发展成自闭症、抑郁症而不得不退学，令人惋惜。

5.交际困难

"踏着铃声进出课堂，宿舍里面不声不响，互联网上诉说衷肠。"这句顺口溜实际上反映了相当一部分大学生的交际现状。有调查表明，目前交际困难已成为诱发大学生心理问题的首要因素。现在的大学生大多为独生子女，幼年家庭教育不当造成了一些负面影响，其主要表现为不会独立生活、不知如何与人沟通、不懂交往的技巧与原则。有的有自闭倾向，不愿与人交往；有的为交际而交际，不惜牺牲原则随波逐流。由于交际困难，大学生产生自闭偏执等心理问题，同时又由于无倾诉对象，更加重了他们的心理压力。

除了以上的诱因之外，一些突发事件也可能导致大学生产生心理问题，如身患重病突患急病、家庭变故、恋爱遇挫、考研考公务员未成、求职失败、创业受阻等。

二、大学生心理问题应对方法

有鉴于大学生心理健康问题的影响，如何对其进行有效应对的重要性也早已受到各方面的高度关注。最早在 2001 年，《教育部关于加强普通高等学校大学生心理健康教育工作的意见》（教社政〔2001〕1 号）中就明确指出："高等学校培养的学生不仅要有良好的思想道德素质、文化素质、专业素质和身体素质，而且要有良好的心理素质。在马克思列宁主义、毛泽东思想、邓小平理论指导下，大力加强大学生心理健康教育工作是时代发展的需要，是社会全面发展对培养高素质创新人才的必然要求。它对于提高大学生适应社会生活的能力，培养大学生良好的个性心理品质，促进心理素质与思想道德素质、文化素质、专业素质和身体素质的协调发展，提高高等学校德育工作的针对性、实效性和主动性，具有重要作用。"

2005 年 1 月，《教育部卫生部共青团中央关于进一步加强和改进大学生心理健康教育的意见》（教社政〔2005〕1 号）进一步加强大学生心理健康教育，明确指出："加强和改进大学生心理健康教育是新形势下全面贯彻党的教育方针、推进素质教育的重要举措，是促进大学生健康成长、培养高素质合格人才的重要途径，是加强和改进大学生思想政治教育的重要任务。"

此后，在 2006 年至 2010 年间，我国教育部在前五年重要文件的办法基础上，实地组织全国各大高校认真开展关于大学生心理健康的教育工作的相关交流活动，进而对大学生心理健康教育队伍建设的经验进行总结与推广，并成功涌现了一大批典型示范高校。除此之外，在近些年逐渐得到普及的新课程标准中，亦将此项内容列为大学生的公共必修课，为其进一步的完善奠定了良好基础。鉴于以上内容，对于大学生心理问题的应对方法，可分为下列几项。

（一）发挥课堂教学在大学生心理健康教育中的主渠道作用

目前，各高校大学生心理健康教育课程已经全面开设，形成了必修课与选修课相结合的课程体系，但作为教育的主渠道——课堂教学在心理健康教育中的作用却没有得到所有高校教师的足够重视。在一些高校形成了这样的模式：一方面由于教师教育行为不当或其他原因引发学生心理问题的产生，另一方面又去开展咨询辅导想办法补救。在积极推进心理健康教育的今天，应高度重视并充分发挥课堂教学在心理健康教育中的主渠道作用。这就要求每一位教师首先要有正确的心理健康教育观念和健康的心理素质，树立"两全"意识，即全体教师共同参与的意识和面向全体学生的意识，学校心理健康教育应将面向少数学生开展的补救性的心理咨询、辅导和矫治性工作与面向全体学生开展的积极促进心理健康发展的预防和发展性工作结合起来，心理健康教育的对象应是全体学生，而不仅仅是对少数问题学生的矫正，亡羊补牢不如防患于未然。同时，教师要注意自身心理的健康，用自身的影响力和正确的教育行为为学生心理健康发展提供积极的促进作用。

（二）建立一支规范化、专业化的心理健康教育教师队伍

高校要建设一支以专职教师为骨干，专兼结合、专业互补、相对稳定、素质较高的大学生心理健康教育和心理咨询工作队伍。所有教职员工都负有教育引导大学生健康成长的责任，要根据学生的思想动态和心理状况，在教学、管理和服务中，有意识、有针对性地做好教育引导工作；要重视大学生思想政治教育工作人员，特别是辅导员和班主任在大学生心理健康教育中的重要作用，加强培训，使他们了解和掌握心理健康教育的基本知识和方法，帮助大学生处理好学习成才、择业交友、健康生活等方面遇到的具体问题，提高思想政治教育的针对性和实效性。

（三）积极开展心理健康宣传教育活动

高校要充分发挥学校广播、电视、校刊、校报、橱窗、板报及校园网络的作用，大力宣传心理健康知识，充分利用每年的"5·25"大学生心理健康日组织大学生心理健康宣传日或宣传周活动，通过心理剧表演、心理电影赏析、心理知识竞赛等形式普及心理健康知识，也可以开办网上心理健康栏目，定期或不定期举办有针对性的心理健康讲座。学校要支持大学生成立心理健康教育社团组织，通过心理咨询，发挥大学生在心理健康教育中互助和自助的重要作用。

（四）做好大学生心理疏导工作

有人说，兴趣是最好的老师。也有人说，只要是爱好的事，做一天好像才过了一小时，不感兴趣的事，做一个小时像过了一天。这话一点儿也不假。爱好，可以帮助我们调节紧张的情绪，缓解各种压力，增添几多欢乐，甚至可以助我们陶冶性情，脱离低俗，提升修养。大学有丰富的资源，比如，各种社团活动和兴趣爱好小组，大学生也有足够的自由安排自己的课余时间，这些都为学生发展各种兴趣爱好提供了充分而便利的条件。在课余时间，你可以走进大自然，或登山览胜，或临海弄潮；可以笑傲运动场，在竞技中尽情挥洒汗水；也可以投身书海，在淡泊人生中诗意栖居；还可以寄情音乐，享受天籁之音带来的美好等。高校要充分发挥学校广播、电视、校刊、校报、橱窗、板报及校园网络的作用，大力宣传心理健康知识，通过心理咨询，发挥大学生在心理健康教育中互助和自助的重要作用，从而促进大学生心理疏导工作更为有效的开展。

（五）加强校园文化建设，创造良好的外部环境

校园文化建设是一所大学外观形象和部分内涵的体现，也是影响学生心理发展的外部环境，良好的校园文化会潜移默化地优化学生的心理品质，如团结友爱的校风是学生形成群体凝聚力、集体荣誉感的土壤，有利于人与人之间保持和谐的人际关系，促进同学之间相互沟通、相互帮助。丰富多彩的校园文化活动有助于培养学生乐观向上的生活态度和健康愉悦的情绪特征。因此，高等院校应该加大力度抓好校园文化建设，开展丰富多彩的文体活动和各种学术活动，形成健康向上的氛围、宽松理解的环境，使学生从中深化自我认识，充分发展个性，改善适应能力。

做好大学生择业、就业指导，解决后顾之忧。

在新的就业形势下，一些大学生可能会同时围于家庭经济的困难和如何就业焦虑的双重压力，此时便需要学校积极做好这方面的指导工作，为其实现心理上的转变提供帮助。譬如，校方可以根据现有就业市场的需要，对课程进行灵活的调整，增加学生的实践综合能力，为其自身竞争能力的增强打下基础，如此，便可以帮助学生学会以积极的心态、高昂的情绪去面对相应的挑战。

第四章　大学生的人格发展与教育

第一节　人格概述

每个人都有自己在能力、情绪、需要、动机、态度、价值观、气质、性格和体质等方面不同于他人的心理因素以及相应的认知方式、情感反映方式和行为方式。这些心理因素及相应的认知方式、情感反映方式和行为方式组成了一个人心理活动和行为表现各个方面的特征。例如，有的人助人为乐，有的人损人利己，有的人说到做到，有的人口是心非。在我们的生活中，总是免不了与不同的人打交道，总是要与人建立各种各样的联系，在现实生活中，许多人由于不了解与之打交道的人，往往吃了不少亏。因此，认识自己和了解他人，在大学生的人际交往和日常生活中具有很重要的意义。

由于人格是一个人的心理活动与行为表现的复杂统一体，一旦形成就具有相对的稳定性。因此，它是一个人的心理活动及行为方式的习惯模式，人们在学习、工作和生活中总是自觉或不自觉地接受其影响和制约。如果一个人形成了良好的人格，则工作、学习效率高，心理健康，生活幸福；如果形成了不良的人格，则工作、学习效率低，心理不健康，生活不幸福。因此，从某种程度上说，一个人的人格决定了他的命运。

一、人格的内涵

（一）什么是人格

人格是一个含义丰富的词，可以指人的道德品质，也可以指人的尊严或价值，但在心理学中，人格是指人所具有的比较稳定的心理特征的总和，包括思维特征、情绪情感特征、能力特征、气质特征、性格特征、行为特征等。简单来说，人格就是一个人独特的生活模式。

人格一词源自古希腊语 persona。persona 最初指古希腊戏剧演员在舞台演出时所戴的面具，与我国京剧中的脸谱类似。后指演员本人，一个具有特殊性质的人。现代心理学沿用 persona 的含义，转意为人格。其中包含两个意思：一是指一个人在人生舞台上所表现的种种言行，人遵从社会文化习俗的要求而做出的反应。即人格所具有的"外壳"，就像舞台上根据角色的要求而戴的面具，反映出一个人的外在表现。二是指一个人由于某种原因不愿展现的人格成分，即面具后的真实自我，这是人格的内在特征。

社会心理学中讲的人格即指人的个性。它是个体在先天生理素质的基础上，在一定社会历史条件下，通过社会交往而逐渐形成和发展起来的个人稳定的心理特征总和。它是在长期的社会实践中形成、发展起来的，主要包括以下四层含义。

第一，人格是构成一个人的思想、情感及行为的特有的综合模式，这个模式包含了一个人区别于他人的稳定而统一的思想品质。

第二，人格是指稳定的行为方式和源于个体内部的人际过程。

第三，人格是使个体的行为保持时间的一致性，并且区别于相似情境下的其他个体行为的比较稳定的内容因素。

第四，人格是"稳定的""内部的""一致的""区别于他人"的心理品质。人格存在于个体内部，并不等于外部行为。

一般认为，人格包含气质、性格、能力、兴趣、爱好、需要、理想、信念等方面的内容。换言之，人格涉及四个方面：全面整体的人、持久统一的自我、有特色的个人和社会化的个体。人与人之间显著的差别就在于人格。

（二）人格的特征

1.整体性

人格的整体性是指人格是一个完整的统一的结构，每种心理特征有机地结合在一起，它们之间相互联系、相互制约，共同组成一个有机的整体。人格的整体性表现为内在协调统一，人格的统一性是人格健康的标志。个体能够正确地认识和评价自己，协调主客关系，及时调整内心的矛盾、冲突，使其动机和行为保持和谐一致。个体的人格一旦失去了内在统一，可能引发各种心理冲突，其行为由几种相互抵触的动机支配，最终导致人格分裂。

人格的整体性首先表现在各种心理成分的一致性。一个正常人总是能及时地调整人格中的各种矛盾，使人的心理和行为保持一致，如果没有这种一致性，人们就会长期处于对立的动机、价值观、信念的斗争中，一个人的内心冲突就会激烈，其行为就会严重失调，从而形成多重人格。人格的整体性还表现在构成个体人格的各种成分中，有的是主要的，起主导作用；有的是次要的，起辅助作用。起主导作用的成分决定了个体人格的基本特征。

（1）稳定性。人格的稳定性表现为两个方面：一是人格的跨时间的持续性。在人生的不同时期，人格持续性首先表现为自我的持久性。每个人的自我，在世界上不会存在于其他地方，也不会变成其他东西。昨天的我是今天的我，也是明天的我；过去的我透过现在的我，影响着我的现在和将来。虽然未来不能决定现在，但自我对未来的洞察力能决定现在的我。这就是自我的持续性。二是人格的跨情境一致性。所谓人格特征是指一个人经常表现出来的稳定的心理与行为特征，那些暂时的、偶尔表现出来的行为则不属于人格特征。例如，一个外向的学生不仅在学校里善于交往，喜欢结识朋友，在校外也喜欢交际，喜欢聚会，虽然他偶尔也会表现出安静，与他人保持一定距离。

人格的稳定性并不排除其发展和变化。人格的稳定性并不意味着人格是一成不变的，而是指较为持久的、一再出现的、定型的东西。人格变化有两种情况。第一，人格特征随着年龄的增长，其表现方式也有所不同。如同是特质焦虑，在少年时表现为对即将参加的考试或即将考入的新学校心神不定，忧心忡忡；在成年时表现为对即将从事的一项新工作忧虑烦恼，缺乏信心；在老年时则表现为对死亡的极度恐惧。也就是说，人格特性以不同行为方式表现出来的内在秉性的持续性是有其年龄特点的。第二，对个人有重大影响的环境因素和机体因素，如移民、严重疾病等，都有可能造成人格的某些特征，如自我观念、价值观、信仰等的改变。不过要注意，人格改变与行为改变是有区别的。行为改变往往是表面的变化，是由不同情境引起的，不一定都是人格改变的表现。人格的改变则是比行为更深层的内在特质的改变。

（2）独特性。在现实生活中，个体都有别于他人的整个精神面貌。我们经常所说的"人心不同，各如其面"就是指人格具有鲜明的个体特征，人格的差异铸就了个体千差万别、千姿百态的心理面貌。个体的人格是在遗传、成长环境及教育等先天或后天多种因素交互作用下形成的。不同的遗传特性、生存及教育环境，会形成各自独特的心理特点。而生长教育条件的不同，也会使同一人格品质在不同人身上表现出不同的特点。

（3）生物性和社会性。生物因素为人格的发展提供了物质前提，是人格形成的基础，影响着人格发展的方向和方式。因此，人格的发展具有生物性。

人一出生就在一定的社会条件下生活，人的成长过程也是一个社会化的过程。社会因素将人类发展的可能性转化为现实。社会环境、社会制度、文化氛围、社会地位、民族、家庭等一系列社会问题影响着人格的形成。一个人的人格必然会反映出他生活在其中的社会文化特点及所受的教育影响。人格是生物体和社会体的统一体，生物因素是人格形成的物质前提和基础，社会生活环境是人格形成的决定性条件。

5. 功能性

人格决定着一个人的生活方式，甚至有时会决定一个人的命运。人们经常会使用人格特征来解释某人的言行及事件的原因。面对挫折与失败，坚强者发奋拼搏，懦弱者一蹶不振；面对悲痛，一些人可以将悲痛化为力量，而另一些人则表现为消沉。人格功能正常时，其表现为积极而有力，支配着一个人的生活，决定着一件事的成败；人格功能失调时，一个人就会表现出懦弱、无力、失控，甚至变态。

6. 统合性

人是极其复杂的，人的行为表现出多元性、多层次的特点。人格的组合千变万化并非死水一潭。各种人格结构的组合千变万化，因而使人格表现得色彩纷呈。在每个人的人格世界里，各种特征并非简单的堆积，而是如同宇宙世界一样，依据一定的内容、秩序与规则有机组合起来的动力系统。人格的有机结构具有内在一致性，受自我意识的调控。当一个人人格结构的各方面彼此和谐一致时，就会呈现出健康的人格特征，否则就会出现各种心理冲突，导致"人格分裂"。

7. 可塑性

虽然人格是稳定的，但不是不可以改变的。每个人的人格都可能随着现实环境的多样性和多变性而或多或少地发生变化。青年期和成年前期的人格正在形成和定型中，还不稳定，容易受外界因素影响而发生变化，因而可塑性较大；而成年人的人格比较稳定，可塑性较小，但也并非不能改变。大学时期是人格形成的最后阶段，因此，大学生在大学期间要有意识地培养自己健全的人格。

二、人格的结构

人格是由不同成分构成的结构系统，不同成分从不同侧面反映个体的差异。一个人的人格是复杂而多面的、多层次的统一体，它包括个人的人格倾向和人格心理特征两个相互联系的方面。

（一）人格倾向性

人格的倾向性是人格结构中最活跃的因素，是决定个体发展方向的潜在力量，是人们进行活动的基本动力。它决定着人对现实的态度，决定着人对认识活动的对象的趋向和选择，是人格结构中的核心因素。人格倾向性主要包括需要、动机、兴趣、信念和世界观等心理成分。在人格心理倾向中，各个成分之间彼此不是孤立的，而是相互联系、相互作用、相互制约。需要是个性积极活动的源泉；动机、兴趣和信念是需要的表现形式；世界观居最高层次，决定着一个人总的思想倾向，是人们言论和行动的总动机。下面为上述几项心理成分的具体分析。

1.需　要

需要是个体和社会的客观需求在人脑中的反映，是个体行为积极性的源泉，通常以动机、兴趣、信念等形式表现出来。马斯洛的需要层次理论把人类的需要分为基本需要和成长性需要两类。基本需要包括生理需要、安全需要、归属和爱的需要及尊重需要，成长需要包括认知需要、审美需要和自我实现需要。

2.动　机

人的需要产生以后，希望得到满足，而这一需要就要通过某种行为、活动才能得到满足。动机就是在需要的基础上产生的，是激发个体朝着一定目标活动，并维持这种活动的一种内在的心理活动或内部动力。动机可能是有意识的，也可能是无意识的。

3.兴　趣

兴趣是个体力求认识某事物或从事某活动的心理倾向。它是以认识和探索外界事物的需要作为基础的，是推动个体认识事物、探索真理的重要动机。它表现为个体对某种事物或从事某种活动的选择性趋向和主动探索的积极态度。心理学家皮亚杰提出："兴趣，实际上是需要的延伸，它表现出对象与需要之间的关系。我们之所以对一个对象产生兴趣，是由于它能满足我们的需要。"

4.信　念

信念是个体对某种思想坚信不疑并身体力行的心理状态，贵在坚持思想不动摇。信念表现为个体确信某一理论、观点或某项事业的正确性和正义性，对它坚信不疑，并确保变为现实。信念具有稳定性、主动性和积极性。例如，文天祥的诗句"人生自古谁无死，留取丹心照汗青"，就是个人信念的体现。

5.世界观

世界观是人格倾向性的最高层次，是人对世界的根本观点和总看法。世界观包括自然观、社会观、人生观、价值观、历史观等。它是个体行为的最高调节器，制约着个体的整个心理面貌。

（二）人格的心理特征

人格的心理特征是指一个人身上经常地、稳定地表现出来的心理特点。它是人格结构中的另一个重要组成部分，是人的多种心理特点的独特的结合，因此，它集中地反映了人的心理面貌的独特性，包括能力、气质、性格三个方面。完成某种活动的潜在可能性特征即能力；心理活动的动力特征即是气质；对现实环境和完成活动的态度上的特征即是性格。其具体分析如下。

1.能　力

能力是直接影响活动效率，保证活动顺利完成的人格心理特征。能力和活动联系紧密，两者的关系主要有两方面：一方面，能力在活动中发展并表现在活动中，能力存在于活动中，离开了活动也就无所谓能力；另一方面，从事某种活动必须以某种能力为前提，能力是完成某一活动最基本的必备条件。此外，能力在发展过程中也有许多不同类型的界定，分别是能力、才能和天才。例如，顺利完成某种活动所需要的心理条件是能力；具备了能力所需要的各种心理条件称为才能；一个人不仅具有才能，而且能力所需要的各种心理条件达到了完美的结合，又给人类做出了杰出贡献的称为天才。

2.一般能力和特殊能力

这是按能力所表现的活动领域的不同来划分的。一般能力是指在各种活动中必须具备的基本能力。它保证人们有效地认识世界，即认识能力，也称为智力。智力包括观察力、记忆力、思维力、想象力和注意力等成分。特殊能力是指完成某种专业活动必须具备的能力。如音乐能力包括区别旋律曲调特点的能力、节奏感和音色辨别能力等。

3.认知能力、操作能力和社交能力

按能力所涉及的领域来划分，可以把能力分为认知能力、操作能力和社会交往能力。认知能力是获取知识的能力，即智力；操作能力是支配肢体完成某种活动的能力，如体育运动、艺术表演、手工操作的能力；社交能力是从事社会交往的能力，如与人沟通的言语交往和言语感染力、组织管理能力、协调人际关系的能力等。

4.模仿能力、再造能力和创造能力

这是按照活动中能力的创造性大小进行划分的。模仿能力是指仿效他人的言谈举止而做出与之相似的行为的能力；再造能力是指在活动中顺利地掌握别人所积累的知识和技能，并按现成的模式进行活动的能力；创造能力是指在活动中创造出独特的、新型的、有社会价值的产品的能力，如科学发明、小说创作等。

第二节　大学生常见的人格问题

人格障碍是指人格特征显著偏离正常，形成了特有的行为模式，对环境适应不良，常影响其社会功能，甚至与社会发生冲突，给自己或社会带来消极影响。人格障碍不是精神疾病，但是如果得不到及时有效的矫正，往往持续终生，并容易引发精神疾病。人格障碍常开始于幼年，青年期定型，持续至成年期或者终生。人格障碍有时与精神疾病有相似之处或易于发生精神疾病，但其本身尚非病态。[①]

目前，大学生常见的人格障碍问题有以下九种。

一、偏执型人格障碍

偏执是指根据错误或不全面的信息，产生不恰当的观念，秉持错误的思维方式，并且固执己见，不讲道理，认为只有自己是对的。如果经常出现偏执的状态，有可能存在偏执型的人格障碍。其主要表现为：①猜疑心理严重，常将他人的无意过失甚至友好的行为误解为敌意、歧视，因此会有很强的防卫心理；②容易嫉妒，对别人的身份、地位，以及受到的表扬或奖励心生不满，总觉得不公平、看不惯；③喜欢与人争辩，不遗余力地追求不合理的"权利"和利益；④总是把问题的责任推给别人，忽视或拒绝与自己想法不吻合的客观事实，很难讲通道理，固执己见。

二、分裂型人格障碍

有这类人格障碍的人的思维常常僵化，他们在与别人的对话中不理解对话的

---

① 张驰.一口气读遍心理学常识 [M].北京：中国商业出版社 .2016：73.

上下文，对举一反三的事例缺乏联想。有奇异的信念，或与文化背景不相称的行为，如相信透视力、心灵感应、特异功能和第六感官等，或在独处时感到了另一个人的存在。奇怪的、反常的或特殊的行为或外貌，如服饰奇特、不修边幅、行为不合时宜、习惯或目的不明确。言语怪异，如离题、用词不当、繁简失当、表达意见不清，并非文化程度或智能障碍等因素所引起。对人冷淡，对亲属也不例外，缺少温暖体贴。表情淡漠，缺乏深刻或生动的情感体验。多单独活动，主动与人交往仅限于生活或工作中必需的接触，除亲属外无亲密友人。

三、自我型人格障碍

随着自我意识的发展，大学生越来越感到自己内心世界的丰富多彩和独一无二，他们也因此将更多的精力投入到了对自我的关心方面，将重心投向自我，尤其是部分本身拥有较强自信心、优越感、独立感和自尊心的大学生，相较于他人就显得尤为万事以自我为中心。据一些调查资料表明，某所学校内存在有 57.9% 的男生和 40.3% 的女生表现为以自我为中心的倾向。一旦这种倾向与一些不良思想意识结合，譬如，偏执的个人主义、病态的自尊心、自信心等，便会直接导致大学生出现人格的扭曲。

四、强迫型人格障碍

强迫是指经常不由自主地产生某种想法或行为，即使知道这样做没有必要，也无法控制自己去想去做。强迫型人格障碍主要表现为强迫性的观念和强迫性的行为，在日常生活中表现为：总是感到一种莫名的不安全，如锁上门后还反复检查是否锁好等；过于追求完美，却常常因过于执着琐碎细节导致整件事情失败；做事刻板，过于循规蹈矩，不懂得变通，难以适应变化；对于环境是否整洁过于敏感，洁癖严重；不仅对自己过于刻板，也常用自己的特殊癖好来要求别人。

过分谨小慎微、严格要求、完美主义及内心有不安全感。过高的标准使得他们对自己和别人都要求完美，成绩很优秀，却很少对自己满意，而且很难达到自己的预期要求。往往把事情放到最后，致使完成重要任务的时间所剩无几。当需要别人对自己的工作和成果给出评价时，往往会过分拘泥于条条框框。很难表达自己的感情，在别人眼中往往是一本正经的、严肃的、过于谨慎的和守纪律的。缺乏想象，不会利用时机，做事过分谨真与刻板，事先反复计划，事后反复检查，不厌其烦，犹豫不决。

五、抑郁型人格障碍

抑郁型人格障碍是一种不以环境为转移的强烈的消极情绪状态在个体整个生命周期中占据主导地位的情感型人格障碍，又被称作情感低落型人格障碍。比较有代表性的是《红楼梦》中的林黛玉。这一书中的角色将"抑郁"一词展现得淋漓尽致，其中黛玉葬花的悲天悯人、遇事极易悲泣的性格特征、整日喜欢悒悒不乐的心境等，是最为典型的抑郁型人格表现。有抑郁型人格障碍的人，沉默寡言、忧心忡忡、萎靡不振，对任何事的承受能力都十分有限，在日常的生活中常常莫名倍感压力，对事情结果总是无所适从、不敢面对。由上述可见，若大学生陷入这一人格障碍中后，必然会变得抑郁不振、愁肠百结、缺乏必要的斗志和自控能力，严重影响学业和个人发展。除此之外，我们需要注意的是，抑郁型人格障碍并不能简单等同于抑郁症，抑郁症除了与之相同的情绪低迷神经症之外，还伴有明显的躯体和神经症状，此为其区别所在。

六、反社会型人格障碍

反社会型人格障碍也可以称为精神或社会病态人格等。它是精神病学家和心理学家给予最多关注和研究的人格障碍类型，也是诱发违法犯罪行为最多的人格障碍类型，多次犯罪中犯罪性质相同的、犯罪情节极其恶劣的罪犯，其中三成至六成的人都是典型的反社会型人格障碍患者，他们共同的人格特征是：行为十分冲动，情绪极具爆发性，冷酷无情，目无法纪，敌视他人与社会，缺乏社会责任感、羞耻感和愧疚之心，时常与他人发生言语甚至肢体上的冲突，在伤害他人之后无忏悔表现。大学生反社会型人格障碍患者往往在其童年期就有所显露，如顽劣、逃课、打架斗殴、恶习难改、外出流浪甚至偷盗。进入少年时期，反社会型人格障碍患者中部分人过早发生性行为甚至性犯罪，打架斗殴、毁坏公共设施、违规乱纪等恶性行为时有发生。进入大学后，反社会型人格障碍的大学生往往缺乏责任意识，对待学习、生活都不用心，好逸恶劳，常常违反校纪校规，甚至出现严重的危害同学和社会的暴力犯罪。

七、意志品质薄弱

意志是个体在内心确定目标的情况下，努力克服困难去实现预期目的的心理过程，并具有坚韧、果断、自制等特质。良好的意志品质是健康人格的必要条件，也是大学生必备的心理素质。

大学生的意志品质尚处于形成、培养阶段，缺乏稳定性阶段；不同的教育背景和个人经历又使得他们的意志水平参差不齐，缺乏平衡性。因此，大学生群体的意志品质状况并不理想，这主要体现在容易陷入迷茫、缺乏毅力、抗挫折能力差等方面。

大学生，尤其是入学不久和即将毕业这两个时期的学生，常会容易在环境转变的适应阶段陷入迷茫。中学阶段，学习更多依靠已制定好的教学方案和老师的引导，学生往往不会有太多时间和精力去学习计划外的内容。但是大学对学习自主性的强调可能会使很多学生突然感到迷茫和无所适从。同样，在即将毕业的最后阶段，就业形势和自己的预期相差过大、难以找到理想的工作，这些情况都可能使大学生产生困惑，陷入自身价值重新定位的迷茫中。

缺乏毅力通常表现为遭遇挫折后对困难的轻易妥协。大学生在学习和生活中经常会遇见各种各样的难题，诸如在学习和考试中，或者在校园社团所负责的工作中。当困难出现时，若经过一段时间的努力却没有得到意想中的结果，缺乏毅力的同学往往会轻言放弃。他们对待问题通常表现得"虎头蛇尾"，缺乏耐性和恒心，以致半途而废。

在大学的学习和生活中，不时会产生来自方方面面的压力。抗压能力差的同学，通常都伴有自卑、抑郁、焦虑等情绪，当面对失败的打击时，便难以调整心态和重拾信心，甚至从此一蹶不振。如考试失利后，内心总是感到郁闷、自责，走不出考试失败的阴影，甚至做出惩罚自己的极端行为。

八、依赖型人格障碍

依赖型人格障碍总是要求别人替自己做大部分决定、替自己做重要的事情，并且对自己的生活负很大的责任。应该住在哪里，应该拥有什么样的工作及谁应该成为他的朋友，他都依赖于伴侣、父母和朋友的决定。他所依赖的人的需要就是他的需要，因为他怕说出自己的要求会破坏这种依赖关系。为了不被抛弃，这种人往往在生理和心理上承受着巨大的侮辱。独处时感到很不舒服。因此，他往往需要陪伴，很不自信，认为自己很愚蠢、很无助。在一个亲密关系终结后，迫切寻求另一个作为支持和照料的依靠，不现实地沉湎于害怕被别人遗弃以致不得不自己照料自己的恐惧中。依赖型人格障碍的主要表现为任务依赖和情感依赖，具体表现有：缺乏自主性和决断力，总是需要他人帮助自己决定事情或进行选择；缺乏独立思考的能力，人云亦云，总是听从别人的看法；特别害怕独处，极力避免孤独；为了讨好别人，使别人能陪伴自己，宁愿去做自己不愿意做的事情；经常觉得自己被抛弃，对亲密关系的终结感到绝望和无助。

九、多重人格

多重人格的人同时具有两种或两神以上迥然不同的亚人格，是一种癔症性的分离性心理障碍。平常人们所说的"觉得自己不是自己"就是多重人格的典型表现。

一个具有多重人格的人，虽然在他身上表现出来两种或更多完全不同的亚人格，但在某一时间只有一种最为明显，并且每种亚人格都是完整的，都有自己的记忆、行为、兴趣、偏好，完全可以独立存在。

多重人格包括双重人格、三重人格……最多的可以达到17重人格，其中，以双重人格最为多见。双重人格的人通常是其中一种人格占优势，两种人格互不干预，在其中一种人格表现出来时几乎意识不到另一种人格的存在。双重人格的人，起初一种人格向另一种人格转变的过程非常突然，常伴随创伤性事件，以后这种转变只在其遇到重大应激事件、接受放松或催眠治疗时才发生。

具有上述几种人格障碍的人在日常生活中并不占多数，但具有某些人格障碍特点的人在生活中却比比皆是。这些人格特点虽然不能视为人格障碍，但如果不及时加以克服，就极有可能转变为人格障碍。

第三节　大学生健全人格教育

一、大学生健全人格的标准

健全人格是人类追求的目标，健全人格越来越受到人们的关注并成为多个学科研究的重点。健全的人格有助于大学生更好地适应环境，顺利地进行人际交往，正确地面对挫折；有助于大学生有意识地控制自己，掌握自己的命运，保持身心健康发展，为社会做出更多的贡献。

关于健全人格的标准，在世界范围内并没有一个统一的参考原则。在我国，关于理想的、健全的人格说法，受到传统文化的影响较大。中国传统理想人格定形于春秋战国时期。当时随着社会的变革，整个封建社会逐步完善，建立了一整套中华民族特有的理想人格标准。这一理想人格是围绕着"君子"设计的，其核心有两个方面：其一是德为首，仁礼合一，这是儒家思想竭力推崇的；其二是儒家的中庸与道家的顺其自然、以儒道互补的架构，形成了中国传统的理想人格——君子。[①] 这种传统人格有其合理、科学的思想内涵，当然也有需要摒弃的东西。在今天，我们要弘扬合理的一面，剔除消极的一面，构建一种能够体现中华民族伟大精神并走向现代化、立于世界民族之林的崭新人格；而在西方国家，理想人格则大多是围绕着理性的灵魂和自由意志这个中心展开的。古希腊人推崇美德至上，文艺复兴时期主张大力发展人的才能的"全才"观念，近代资产阶级又把所谓"真正自由的人"作为他们的理想人格。

此外，在马克思主义思想中，也有关于人格设计的理论。他认为人格与人类社会发展的美好是分不开的，所以把"全面发展的人"作为人格完善的标准。这一说法有两个显著的特点：人是历史的产物，个人的发展是由社会历史条件决定的；人只有在改变社会的能动实践中才能使自身不断地获得完善和发展，认为社会实践对理想、健全人格的塑造起决定性作用。

在我国当代，自实施改革开放以来，随着社会、经济等各方面综合实力的不断发展与壮大，人们的性格特征受到环境变化的影响，也出现了较为明显的变化。关于大学生健全人格的具体标准，综合分析大致可分为以下几点。

（一）正确的自我意识

自我意识是个体对自己和自己与他人、与周围世界关系的认识。具有健康人格的人对自己有恰如其分的评价，充满自信，懂得接受自我，悦纳自我，扬长避短，能够使自己的言行和所处的环境保持平衡，抓住一切可能的机会和条件发展自己。而缺乏正确自我意识的人往往表现出自我冲突和自我矛盾，他们有的自恃清高，妄自尊大，看不到自己的不足；有的不满意自己，看不到自己的长处，自怜自卑，消极被动地听凭"命运"的安排。

（二）健康向上的生活态度

积极的人生态度是人类在实践中获得本质力量的表现。乐观的人常常看到生活的光明面，对前途充满希望和信心，对自己所从事的工作或学习抱有浓厚的兴趣，并在其中发挥自己的智慧和才能。即使遇到困难和挫折，也能千方百计予以克服。悲观消极的生活态度是大学生成长成才的大敌，它会使大学生用消极的眼

---

① 陈选华．大学生心理健康教育 [M].合肥：中国科学技术大学出版社.2018：77.

光看世界，处处得出悲观失望的结论。这正像同在一个玫瑰花园里的两姐妹，面对满园玫瑰，乐观的姐姐看到的是刺的后面全是花，她的眼里被美丽和喜悦所充盈，对生活充满了热爱；悲观的妹妹看到的是花的后面全是刺，她的眼里被丑陋和邪恶所充斥，得到的只能是愤怒和不平。

（三）良好的社会适应能力

社会适应能力反映了人与社会的协调程度。人格健康的大学生能和社会保持良好亲密的接触，以开放的态度关心、了解社会；主动追踪社会发展的脚步，使自己的思想和行为能跟上时代的发展；在新的环境面前采取积极主动的态度，能很快适应新的环境。

（四）和谐的人际关系

人际关系最能体观一个人人格健康的程度。人格健康的人乐于与他人交往，能与他人建立良好的关系，有广泛而稳定的朋友；与人相处时，尊敬、信任等积极态度多于嫉妒、怀疑等消极态度，并能从交往中获得愉悦的体验；人格健康的人常以诚恳、谦虚、宽容的态度对待别人，同时也能得到他人的信任与尊重，形成人际关系的良性循环。

（五）良好的情绪调控能力

情绪标志着人格的成熟程度。人生活在社会里会受到各种刺激，当不良的刺激来临时，人格健康的人能做自己情绪的主人，而不是情绪的奴隶。人格健康的人对外界刺激的情绪反应适度，时刻对自己的情绪负责，具有调节和控制情绪的能力。积极情绪在情绪体验中占主导地位，经常保持愉快、满意、喜悦的心境，富有幽默感。当消极情绪出现时能合理宣泄、排解和转移。

二、培养大学生健全人格的意义

人格是人的心理行为的基础，是人性的升华与体现。现代社会发展迅速，对人才素质提出了更高的要求，不仅要求人们具备良好的道德素质、文化素质、能力素质，还要具备良好的心理素质。由此可以得出，我国对高校大学生进行健全人格培养的意义包括以下几个方面。

（一）身心健康的需要

医学研究证明，许多生理疾病都与相应的人格特征有关，这类人格特征在疾病的发生发展过程中起到了生成、促进、催化的作用。如多数神经衰弱患者不是胆怯、自卑、敏感、多疑，就是偏于主观、任性、自制力差等；易患心脏病的人多具有个性急躁、求成心切、争强好胜、攻击性强等人格特征；偏头痛患者多有刻板、好胜、嫉妒心强、刻意追求完美的人格特征。癌症的发生常与癌症倾向性格有关，癌症倾向性格的人的心理和行为特征是：不能公开表达自己的情绪，谨言慎行，常常自责，怕失败；患病不肯求医，对人有戒心，没有很密切的人际关系；认命，生活无意义、无价值、无乐趣；和家人有很深的隔膜，不把心思向人倾诉，情绪不安时找不到倾诉的对象。所以优化人格要素，培养健康人格是防病健身的迫切需求。

（二）时代发展的需要

21世纪社会迅速发展，现代化带来了社会的发展、给人民带来幸福，也带来了负荷和危机，它在增进人们健康的同时，也制造了有害身心健康的因素。人口膨胀、交通拥挤、空气污染、社会关系紧张、社会阶层复杂多变等构成了不良的心理应激，面对四通八达的交通网、耸入云霄的摩天大楼、到处可见的电气化和自动化设备，人们会不时涌起孤独、渺小、无力、自卑、冷漠、茫然无助的感觉。现代化改变了人际交往的方式，修改了人际关系的准则，它一方面使天涯如咫尺，另一方面又使咫尺如天涯；现代化社会生活节奏加快，竞争加剧，大大加重了人们的心理负荷；观念的多元和多变，使人失去了稳定感，变得难以认同，无所适从。所有这一切，都容易使人陷入焦虑、不安、压抑、苦恼，从而产生了这样那样的心理问题，因此，培养健康的人格，才能使人们从根本上保持健康的心态。学会自我调节，控制自己，做新时代的主人。

（三）自我发展的需要

现在的大学生都是将来的建设者，社会的进步、经济的发展、科技的创新与他们的高素质和健康的人格塑造是分不开的。现在人们越来越多地认识到，影响一个人成才与成功的因素除了智力因素外，非智力因素也非常重要，而人格因素却是非智力因素的重要组成部分。一些天资聪颖、才华横溢却一生碌碌无为、一事无成者，很大程度上与人格缺陷有关。一个乐观开朗、热情大方、善于交际、诚实守信的人，比较容易获得他人的接纳和帮助。创造和谐的环境，有利于才华的施展。在就业市场上，拥有健康人格的毕业生就业机会就多，事业成功的机会也相对较多。从某种意义上说"人格即命运"，也就是说，除了才华和机遇外，人格是决定人的一生成功与否、快乐与否的关键因素。健康的人格，使人在困苦中品出快乐，在失利时取得成功，在平凡中创造辉煌。因此，培养健康的人格，具有完美、独立的人格是大学生自我发展的需要。

（四）大学教育改革的需要

现代学校教育注重学生能力和个性特别是创造性的培养，提出了创新学习的概念，这与健康人格的培养是一致的。但是有不少学生虽然没有智力缺陷，却在情感和行为方面存在明显的障碍，在情感方面过于冷漠甚至冷酷，或极不稳定，变化无常；在行为表现上，或自制力差，容易受偶然动机、本能欲望的支配；或因人格发展的不协调，对周围环境刺激反应不适应，易发生冲突，给别人和社会造成伤害或破坏，并且伤害或破坏的程度与其智慧成正比。因此，如果没有积极健康的人格支持，教育改革是难以成功的。

（五）社会发展的需要

当代社会是一个迅速发展的社会，无论是科技文明还是人的生活方式和思想观念，都在不断变化更新。社会的变迁、竞争的加剧，增加了人们适应上的困难。这种社会现状，使片面强调知识传授的传统教育难以实现其教育目的，必将会被强调素质培养和人格发展的新型教育模式——人格教育所取代。此外，大学生作为社会的一个特殊人群，既是一个有血有肉、有神经系统的生物实体，也是一个承受着各种人际关系和社会期望的社会实体，同时也是一个有着七情六欲、有着自我的心理实体。这种生物实体、社会实体、心理实体"三位一体"的复合体的特征，使大学生倍受社会各方面的关注，无形中便增加了他们的心理负担。

（六）国家发展的需要

培养具有健康人格的大学生是国家发展的需要。梁启超的《少年中国说》深刻地论述了青少年对国家发展的重要性，他指出："少年智则国智，少年富则国富，少年强则国强，少年独立则国独立，少年自由则国自由，少年进步则国进步。"将他的话在人格层面进行延伸，我们可以说青少年人格健康，则国健康。[①]大学生作为一个国家和民族发展的后备力量，他们的人格健康，不仅能够使他们形成对国家和民族的责任感，而且是一个国家健康形象的体现，是我国与世界其他各国和谐相处的保障，同时也是实现整个中华民族走向复兴，并最终长期"雄于地球"的根本保障。

（七）实施德育与思品教育的需要

人格教育与德育是教育体系中的两个不同的部分，它们之间既相互联系又相互作用。道德品质通过教育社会化的过程，个人认同和同化外在的社会道德规

---

① 郑航月，夏小林 . 大学生心理健康教育 [M]. 重庆：重庆大学出版社 .2018：159.

范，并根据这些规范来调节自己的行为，对人的各方面素质的发展起着积极的导向作用、动力作用，但这并不否认道德素质的发展要以良好的心理素质为其心理基础。

由于传统德育的目标和方法偏重于政治思想和道德认识的灌输，未将道德品质作为一种内在的人格特征来培养，因而导致不少学生道德认识与道德行为相脱节。如个别学生党员在考试中作弊、少数品学兼优的学生也会参与打架等现实，都说明了这一问题。因此，要克服大学生知与行脱节的现象，培养良好的道德品质，必须把德育与人格教育结合起来，并以人格教育为基础。

二、培养大学生健全人格的原则

（一）扬长避短，优胜劣汰

拥有健全人格既是大学生身心健康的需要，又是大学生自我发展和自我实现的需要。优胜劣汰的具体方法如下。

第一，自我分析与评价。即自己对自己的人格有一个基本的认识和评价，自己给自己打分，自己给自己的人格定位。这当中可参考亲朋好友、老师和同学的意见与评价。

第二，经常发现和反省自己在人格方面的优势与不足，同时把拥有良好人格品质的人作为自己学习的榜样，发扬自身优势、克服不足，积极主动地进行人格方面的自我优化，从身边的小事做起，坚持不懈，日积月累，必见成效。

（二）学习知识、增长智慧

大学生要努力学好科学文化知识，用智慧之火照亮自己的人格发展之路。培根有句名言："知识就是力量。"现实中的许多个案说明，一些青少年的人格缺陷是由无知造成的。无知容易使人自卑、粗鲁；而渊博的学识使人自信、谦和。人的知识越多，自身也就越完善。丰富的专业知识和人文修养为大学生人格品质的塑造提供了丰富的养料。学习科学文化知识、增加智慧才干的过程，同时也是健全人格、整合人格、塑造人格的过程。因为"读史使人明智，读诗使人灵秀，数学使人周密，科学使人深刻，伦理学使人庄重，逻辑修辞学使人善辩，凡有所学，皆成性格"。

（三）在社会和集体的沃土中成长

人是生活在社会关系中的，不管我们意识到与否、愿意不愿意，大学生的人格都是在社会和集体中把握好人格塑造的度。

1.为什么要把握好人格发展的度

因为"一个人的缺点，仿佛是他的优点的继续。如果优点的继续超过了应有的限度，表现得不是时候、不是地方，那就会变成缺点"。一个人的直爽、率真是优点，但如果这种直爽、率真过了头，就会显得莽撞和缺少教养。同时，要注意自身不同性质人格品质的协调发展。在自信时不忘谦虚，活泼而不失庄重，使自己的人格品质具有一定的韧性和较强的适应能力。

2.人格追求的目标和层次要适度

人格追求的目标和层次要符合自己的实际。不同的人，由于所处的客观条件和具体环境不同，人格层次会有差别。在人格塑造时，其目标和层次要因人而异，目标定得过高会增加挫折感，定得过低则缺乏内在的动力。

三、培养大学生健全人格的途径和方法

人格教育与德育是教育体系中两个不同的部分，它们之间既相互联系又相互作用。道德品质通过教育社会化的过程，个人认同和同化外在的社会道德规范，并根据这些规范来调节自己的行为，对人的各方面素质的发展起着积极的导向作用、动力作用，但这并不否认道德素质的发展要以良好的心理素质为其心理基础。

由于传统德育的目标和方法偏重于政治思想和道德认识的灌输，未将道德品质作为一种内在的人格特征来培养，因而导致不少学生道德认识与道德行为相脱节。如个别学生党员在考试中作弊、少数品学兼优的学生也会参与打架等现实，都说明了这一问题。因此，要克服大学生知与行脱节的现象，培养良好的道德品质，必须把德育与人格教育结合起来，并以人格教育为基础。

（一）注重人格熏陶

所谓"熏陶"就是被某种思想、品行、习惯、风气所濡染而趋向同化，对被熏陶对象而言，这是一个将外在影响逐渐内化的过程。也就是说，人格培育的过程是一个由外及内产生心灵感动，从而影响其品德、提升其人格境界的过程。从这个意义上讲，人格培育的过程既是人与环境互动的过程（人在良好的氛围中受到浸染又以自己的行为影响周围环境），也是人与人互动的过程（教育客体因主动参与组织活动变成教育主体）。在这一过程中，被教育者的意识、观念及品德可以通过认知、践行、体验等程序得到升华，进而完善其人格。梁漱溟说："道德习惯非德""道德为理性之事，存在于个人之自觉自律。"但从现实道德教育的实

践来看，却存在着仅仅满足于道德习惯的浅层的倾向，教育者与被教育者处于主客体对立的位置，忽视了由外及内的心灵体验和人格境界的塑造，长此以往，必然弱化道德教育的效果。另外，从大学生自身的特点来看，他们的自主性和独立性反差太大，一方面拒斥框框、说教、约束，表现出极强的自主意识。另一方面他们的道德认知、道德判断、基本公德意识又存在不同程度的欠缺，心理健康问题较多。因此，很有必要在改善环境、营造氛围等方面下功夫。

（二）确立积极可行的生活目标

人格健康的大学生积极进取，有自己奋斗的目标并努力追求自我价值的实现。人格健康的大学生生活态度乐观自信，对前途充满希望，对未来充满信心，在实现目标的过程中，体验到成功的喜悦，享受到生活的乐趣。选择某些良好的人格品质作为自己努力的方向，如勇敢、热情、勤奋、刚毅、正直、善良、自信、开朗等，针对自己人格上的弱点予以纠正，如自卑、胆小、懒散、任性、粗心、急躁等。

（三）营造良好的校园文化环境和氛围

大学校园的文化品位，既可以从校园的硬环境上体现出来，也可以从大学的人文传统和教育者自身的素质、人格魅力、工作理念、目标、方式、作风，以及各种制度等软环境中体现出来。哈佛管理学院有一句名言："决定一件事情最终成败的因素不是知识、经验，而是思维方式。"所以在硬软环境建设上，我们应改变以前的思维方式，着力于文化品位的提升。品高人自殊，有什么样的成长氛围，往往就有什么样的人格气质。在这方面古人就非常重视，例如，孔子曰："里仁为美。"又如孟子的母亲为了儿子有一个好的成长环境，不惜搬了三次家，其目的就是为后代的成长营造一个良好的"文化氛围"。

（四）加强师德建设，发挥榜样力量

师也者，教之以事而喻诸德者也。身教重于言教，教师不仅要用智慧启迪智慧，还应该用人格去塑造人格。加强师德师风建设，以满腔的激情、全身心投入、敬业奉献、勇于创新的精神，让学生感受到教师可亲、可信、可敬的人格魅力，从而达到潜移默化地人格教育目的。教师在日常生活中应注重自身人格修养，以实际行动为榜样去影响和培育学生的健全人格。

加大对各级各类教学名师、师德师风标兵、优秀教师、优秀共产党员等先进事迹的宣传（校报、网站、宣传栏等），通过模范示范引领和感染学生。学校的全体教职工都要自觉坚持"育人为第一要务，育人先育德，育德靠人格"的教育理念，将人格培育渗透到课堂教学、实践活动、管理服务及日常事务等工作中。

（五）建立"人格本位"教学观

为了有效培育大学生健全人格，必须转变我国长期实行的"重智能、轻人格"的教育模式，打破"知识本位论"，树立新型的"人格本位"人才培养观。坚持以育人为中心，把培育健全人格作为人才培养的核心目标，渗透到学校各项工作中。真正做到"教书育人（在课内外各类教学过程中渗透人格知识）、管理育人（在学生日常生活等管理中培育健全人格）、服务育人（在后勤、就业服务等环节开展人格教育）"，形成培育健全人格的教育合力。

广大教师必须以人为本、因材施教，充分尊重学生的独特个性，主动满足学生全面成长需求，激发学生的主动性和创造性，以社会主义核心价值观为引领，切实提高人格培育的针对性和实效性。

（六）积极开展社会实践活动

实践是认识的来源，要积极引导和鼓励学生参加校内服务性实践活动和校外实践活动（如"三下乡"社会实践、社会调查、生产教育实习、环保宣传、青年志愿者活动等）。以问题为导向开展实践活动，让学生带着问题参加实践，承担义务和责任，加强协作，在实践中发现问题、思考问题和研究解决。让他们在实践中学会协作、学会欣赏与宽容、学会学习，在体验中成长、在磨难中锻炼，正确认识自我—集体—社会的关系，在集体中实现自我价值。既丰富阅历和经验，提高动手能力，又受到教育。

总之，健全人格的培育是一项艰巨、细致而伟大的系统工程。高校应自觉加强大学生人格培育，探索有效载体，多方协作，更好地培育具有健全人格的"勤学、修德、明辨、笃实"高素质人才。

第五章 大学生的自我意识与成长

第一节 自我意识概述

一、自我意识的概念

自我意识也称自我，是个体意识发展的高级阶段。早在古希腊时期，苏格拉底就提出了"认识你自己"的口号，这标志着人类自我意识的觉醒，人类开始关注现实人生，开始将目光从神的光彩投向人类自身。[①] 人类对自我意识的真正研究始于文艺复兴运动，人文主义者针对中世纪神学对人性的扼杀、对个性自我的否定进行了尖锐的批判，并喊出了"我是凡人，我有凡人的要求"的人性解放之声。此后，法国哲学家笛卡尔最先使用了"自我意识"这一概念，提出了"用心灵的眼睛去注意自身"的精辟论断，揭示了对自我意识的发现的途径。笛卡尔之后，有关自我的研究得到了空前的发展。

自我是心理学的重要内容。精神分析学派创始人弗洛伊德提出了"自我的三结构说"即本我、自我、和超我，从人格的三个维度上研究自我的发展。意识是人脑对客观事物的主观反映，意识既是心理学研究的重点，也是难点。与意识相对应的是"潜意识"，弗洛伊德曾用"冰山"比喻。意识只是冰山浮出水面的尖峰，而潜意识则是潜藏于海底的冰体，蕴藏深厚，但不被看到，在他的理论中强调了潜意识对人的发展的重要性。

美国心理学家詹姆斯提出：凡属于我或与我有关的事物都是自我的内容，如

---

① 沈龙.大学生入学教育读本[M].成都：电子科技大学出版社.2014：112.

身体、品质、能力、愿望、家庭等，自我从物质自我、精神自我和社会自我三个层次起作用。

社会心理学家库利指出：自我是一面镜子，它从别人那里反映自己的行为，自我是经历无数次他人评价而形成的社会产物。而米德则认为：自我分为主体我和客体我，主体我代表每个人的自然特性，而客体我代表自我社会的一面；主体我先于客体我形成，客体我形成需要很长时间，自我意识的发展包含主体我与客体我的不断对话。

自我意识是意识的核心部分，就是对"自我的认知"，或者说自己对自己的认知。它包含自我认知、自我评价和自我控制。如果再进一步简化，自我意识是对自己及自己与周围环境关系的认识，包括对自己存在的认识，以及对个体身体、心理、社会特征等方面的认识。这种认识是个体通过观察、分析外部活动及情境、社会比较等途径获得的，是一个多维度、多层次的心理系统。

自我意识是人对自身及同客观世界关系的认识，具体包括以下三个方面的内容：

第一，个体对自身生理状态的认识与体验，如对自己身高、体重、身材、容貌等的认识以及对生理病痛、温饱饥饿、劳累疲乏等的感受；

第二，个体对自身心理状态的认识与体验，如对自己的知识、能力、兴趣、爱好、性格、气质、情绪等的认识和体验；

第三，个体对自己与周围关系的认识与体验，如对自己在群体中的地位、作用、权利及自己和他人的相互关系的认识、评价和体验。

二、自我意识的分类

（一）乔哈里视窗理论

美国心理学家乔瑟夫和哈里于20世纪50年代提出了乔哈里视窗理论，即按照自知、自不知、他知、他不知，将自我分为公开的我、秘密的我、盲目的我、未知的我。

图5-1 乔哈里视窗理论

	自己知道	自己不知道
别人知道	公开的我	盲目的我
别人不知道	秘密的我	未知的我

1. 自知、他知——公开的我

即表现于外的自己，也是为他人所认识到的自己。包括一个人的姓名、职业、身份、工作、学习、成绩、职位等，而且他人和自己对自我的这一部分的认可高度一致。如学生在上课的时候回答问题，演员在台上演出，都属于公开的我。

2. 自知、他不知——秘密的我

每个人都有自己的秘密和隐私，也包括隐秘的动机、欲望、私心等，这就是表现于外的自己、他人认识到的自己，与自知的自己是不同的。如抗战和解放战争时期的多位"红色特工"，表面上看他们有着自己的公开身份，是教师、干部、学生、商人，实际上是中共地下党员。当然，他们保守的是党的机密，如果是他人不知道的个人隐秘，也属于他不知的部分。

3. 他知、自不知——盲目的我

即别人知道自己的真实情况，自己却不知道。包括别人对自己的评价、议论；别人看到自己的缺点、弱点和不足等，"人贵有自知之明"，其实在生活中这种情况也比比皆是。心理学上有这样一个实验：为了验证心理暗示的效果，某单位的几位员工商量，一会儿等同事甲来上班的时候，咱们分别在不同的场合说他脸色不好，是不是生病了。第一个人说的时候，甲并不相信他，后来说的人多了，甲开始怀疑自己，甚至真的感觉到身体有点儿不适。所以，一个人对自己的认识怎样才全面、准确呢？一个人不能不考虑和不重视别人对自己的评价，又不能完全靠这样的评价认识自己，归根结底，生活中对自己有一个准确、客观的判断是非常重要的。古人强调"慎独""每日三省吾身"这都像照镜子，都是很有道理的。

4. 自不知、他不知——未知的我

未知的我，也称为未来的我。心理学研究表明，每人都大约有五成到六成的潜能没有得到发挥，那些做出卓越成就的人，不过因为别人比你更聪明，只不过他坚持、努力，最终比别人更充分地发掘了自己都不知道的潜能。当一个人觉得自己选定的那一条正确的道路时，尽管暂时的黑暗会让人感到迷茫和不知所措，但只要坚持住，光明就在前方。一位名人曾经说过："今天很黑暗，明天更黑暗，但是后天很光明，绝大多数人倒在明天晚上。"如果你是一位智者，那么请你坚持住。这就是心理学所揭示出的潜能的巨大神奇之处。

（二）从内容上来划分

自我意识可以分为生理的我、社会的我、心理的我、品德的我。生理的我，指对自己生理特征的认识，即自己的身高、体重、身材、平衡状态、生理状态，如饱还是饿、是否劳累、是否善于运动等。对于自身生理状态比较认同，会增强自信；对于自身生理状态不太认同，会产生改变自我的动力。适度的完美倾向会让人设法努力改变自我，如有的人觉得自己眼睛小或是鼻子不高，要通过整形手术来改变自身容貌，达到对生理自我的满意。但是，如果有的人有过分的完美倾向，就会让人陷入不断整容的嗜好中，在社会环境中进行学习，建立社会的我非常重要。大的方面指个体隶属于某一时代、某个国家、民族，社会阶层的意识；小的方面指隶属于某个家庭，自己在群体中的地位如何，经济状况怎样，今后希望与哪些人竞争或合作，希望融入怎样的群体等。心理自我，指对自己的气质、能力、性格、智力、需要、动机等心理特质的认识，包括情绪体验，即我是否高兴、自信心、责任心等。品德自我，即自我的行为是否符合社会道德规范的要求，是否遵守法律制度及特定的制度约束的自我体验。如军人要遵守军纪军规，学生要遵守校规等。还有对自我的道德体验是否满意等。

三、自我意识的含义

（一）自我意识的定义

自我意识是意识的最高级形式，它的出现不是意识对象或意识内容的简单转移，而是人的心理发展进入了一个全新的阶段，是个体社会化的结果，是人类特有的高级心理活动形式之一。它不是单一的心理品质，而是认识、情感、意志的融合体，是一个完整的心理结构。它不仅使人们能够认识和改造客观世界，而且能认识和改造主观世界。心理学家约翰·梅耶将自我意识定义为："及时觉察到自己的情绪及对这种情绪的想法。"

（二）自我意识的成分

自我意识是一种多维度、多层次的复杂心理现象，它由自我认知、自我体验和自我控制三种心理成分构成。这三种心理成分相互联系、相互制约，统一于个体的自我意识之中。

1. 自我认知

认识自己不是一个简单的问题。自我认知是主观自我对客观自我的认知与评价，包括自我感觉、自我观察、自我印象、自我分析、自我评价等。自我认知回答的问题是："我是谁？""我是个什么样的人？"中国有句古语教导我们："人贵有自知之明。"研究发现，对自我认识不清晰、不精确，自知力不强，会导致误判自我，或自负，或自卑，从而导致诸多心理问题或人格障碍。拥有正确的自我认知，对人们的心理会产生重大影响。

2. 自我体验

自我体验是主观自我对客观自我产生的情绪体验，是在自我认知基础之上产生的。[①] 自我认知决定自我体验，而自我体验又强化着自我认知。自我体验要回答的问题是"我是否喜欢自己""我是否满意自己"等，主要是一种自我的感受。自我体验的内容十分丰富，包括自尊心、自信心、义务感、责任感、优越感、荣誉感、羞耻感等。特别是自尊心、自信心对人的影响很大。有自尊心的人，总是不落后，力争上游，具有不达目的不罢休的好胜心，是一种前进的动力。自信心是人们成长与成才不可缺少的重要心理品质。一个人如果自卑，看不到自己的力量，总认为自己不行，久而久之形成一种固定的信心定势，会对学习带来不良影响；如果一个人对自己有自信心，坚信自己能够成功，他就会积极努力，取得成功。自我体验对个体成长具有不可替代的重要作用。有时，同样的事件，他人的体验与自身的体验截然不同。很多从体验中获得的自我远远高于从理性获得的体验。

3. 自我控制

自我控制是自我意识的意志成分，是对自己的行为和思想、言语的控制，以达到自我期望的目标。如几点钟起床、不随地吐痰。自我控制对个体的学习、工作具有推动作用，使个体为了获得优秀成绩、社会赞誉，达到自己的目标而做出不懈的努力。包括自我激励、自我暗示、自强自律，核心内容是"我将如何规划自己的人生？""我应该做什么？""我应该成为什么样的人？""我可以选择如何做？"自我控制是自我意识的关键环节，"知"与"行"之间有很长的路，大学生常常"心动而不行动"，事实上，心动是一件容易的事，而真正历练意志则需要更多的自我控制。我们想一下：早晨起床，应当是一件最简单不过的事，但对懒惰者而言，也是需要意志的，特别是寒冷冬天的早晨，想想被窝里的温暖，再面对起床的痛苦，都要进行思想斗争，而当意志成为一种习惯时，自我控制便转变为"自动化"。成功的人都有较强的自我控制力。

总之，自我认识主要解决"我是一个什么样的人"的问题，自我体验主要涉及"对自己是否满意""能否悦纳自己"这类问题，而自我控制则要解决"如何

---

① 陈志玲，文昌明，郝东许 . 心理健康教育 [M]. 成都：电子科技大学出版社 .2017：24.

有效地调控自己""如何改变现状，使自己成为一个理想的人"之类的问题。三个方面整合一致，便形成了完整的自我意识。

四、自我意识的特点

把认识自己作为自己的任务，这是世界上最困难的课程——塞万提斯（《堂吉诃德》）。

进入青年期，自我意识发生了新的质变，心理活动指向内心世界，深度和广度都是前所未有的，大学生开始从社会性方面意识到自己的存在，并从社会性方面认识和评价自己，体验和调控自己。由于一系列的矛盾导致大学生在独立意向、自我评价、自我体验和自我控制等方面均表现出相应的矛盾性，形成了大学生自我意识的特点与规律。

（一）独立意向的矛盾性

大学生的独立意向强烈，较强的逆反心理和依赖心理并存。独立意向是大学生在成长和发展中摆脱他人监督、支配和管教的一种自我意识倾向。大学生生理发育已基本成熟，社会化程度也有了一定提高，因而在心理上产生强烈的成人感和独立感，希望摆脱对家长和教师的依赖，向周围人显示自己的主张和能力，不喜欢旁人有太多的干预。

在现实生活中，大学生的逆反心理主要表现在如下几个方面：对正面宣传做反向思考；对先进人物无端否定；对不良倾向产生认同感；对思想政治教育和校规校纪消极抵制。由此可见，有的大学生是为了显示自己与众不同，突出自我，故意做出与传统、成人、师长和社会所不期望的事或与要求相违背的事情，以示对现实的不满。他们的经济地位未独立，心理上不成熟，独立性不够，就有可能出现消极盲目的逆反心理。有的大学生某些方面表现得很有见解，而遇到大事时，又摇摆不定，没有主意，最终只好听从父母的意见。不少大学生仍然处于父母的遥控之下，还有的很容易受到外界的暗示，随波逐流，不加分析地接受别人的意见或无法甄别各种诱惑。

（二）自我评价的矛盾性

大学生的自我评价需要增强，但是他们的自我评价易出偏差。进入大学后，大学生对认识和评价自己充满了浓厚的兴趣和紧迫感，自我认识的内容更加丰富和深刻。随着独立生活的开始，大学生拓展了自由空间、交际面和活动空间，开始了"自我发现"的新时期，他们急于在新的环境里认识自己，评价自己，找到自己的位置，不仅仅是对自己仪表和外貌的认识和评价，更多的是对自己的能力、性格、品德、人生价值等深层次问题的探讨。

尽管大学生对自我认识的内容了解的十分全面，但由于他们的认识能力有限，难免出现对自我评价缺乏必要的客观性和正确性的现象，对自我的了解和判断常常流于表面，出现自我否定、自卑、自负等不良的自我体验。有人曾经对98名大学生的自我鉴定与本人的实际表现进行比较分析发现，与本人实际情况相符合的有25%，有75%的大学生对自己做了不同程度的有偏差的估计。

（三）自我体验的矛盾性

大学生自我体验敏感、丰富、深刻，但容易因各种因素导致自我封闭。

大学生自我体验的强度较大，具有敏感性、丰富性、深刻性等特点。随着自我认识的发展，大学生开始重视自己在集体中的地位与威信，对他人的言行与态度十分敏感，对涉及自己的名誉、地位、前途、理想及异性交往等方面的问题更易引起强烈的自我情绪体验。

有些大学生的独立欲望和自尊心较强，内心世界不愿轻易向人敞开，十分注重自己在外界的形象，会有意无意地掩盖自己的不足。另外，有些同学认为大学里人心叵测，担心自己袒露心声后会受到伤害，因而把自己封闭起来。大学生的自我封闭心理有一定的普遍性，从而导致了他们有问题而不愿向他人倾诉，使得问题得不到及时解决，进而成为心理障碍。

（四）自我控制的矛盾性

大学生自我控制的自觉性与独立性显著增强，自我控制的水平明显提高。大学生自我控制的愿望十分强烈，力图摆脱社会传统的束缚，按照自己的意愿行事；他们也能够自觉地根据社会的要求来调节、改变自己不切实际的目标和动机，能够以较高水平驾驭自我。但是大学生自我控制水平还不是太高，不善于及时、迅速地调整自我追求的目标和行为，也不善于以理智控制自己的行动，在校园中出现的种种暴力事件、破坏公物的现象就是他们不善于控制自我的结果。

五、自我意识的作用

（一）自我意识的一般作用

个体的自我意识与个体的成长发展息息相关。自我意识在个体成长和发展中具有导向激励、自我控制、内省调节等功能。

1.导向激励作用

目标是人才发展的导航仪。一个人要想成就一番事业，就必须从自身的实际出发，制订明确的目标，只有如此才会调动自身的潜能，激发强大的动力。正确的自我认识并确立较为合理的"理想自我"能为个人将来的发展确定目标，对个人的认知、情感、意志、行动产生很大影响，是个体行动的动力。自我意识健全的个体，在从事一项活动之前，活动的目的和结果就以观念的形式存在于头脑之中了，并依此做出计划，指导自己的活动，最终激发起强大的动力，达到预期的目标。

2. 自我控制作用

一个人如果有了发展目标而不付诸行动，其目标只是镜花水月。个体要想将来有所建树，首先要有科学的目标，同时还要有自立、自主、自信、自制的意识，并对自己偏离目标的情感和行动加以调节和控制。在通往成功的大道上，很多人与成功失之交臂并不是因为缺乏机会和才华，而是因为缺乏自我控制的意识和能力。自我控制是自我意识发挥能动作用的一个重要表现，它是目标的保护神，是成功的卫士，是自我意识的一项很重要的功能。缺乏自我控制的意识和能力的人，是一个盲目、情绪化的人，缺乏恒心与毅力的人，终将一事无成。

3. 内省调节作用

自我意识健全的个体不仅能够确立符合个体的"理想自我"，还能够通过自我控制来实现预期目标。由于主客观条件的制约，"理想自我"的实现常常会遇到各种障碍，致使个体产生不同程度的挫折感。这时，自我意识就会对自己的认识、情感、意志、行为等进行反省，找到受挫折的主客观原因，并重新调整认识，形成新的"理想自我"，使其与"现实自我"趋于统一。内省和调节就是个体成长中所进行的自我监督和自我教育，每个人要想实现自我，就需要有积极的自我意识，随时对自我的认识、情感、意志和行为加以反省和调节。

4. 自我期望作用

对于自我期望而言，伯恩斯曾指出，它是基于自我意识为基础而发展起来的，二者是相互一致的，并且个体的行为也取决于自我意识的性质。自我意识积极的学生，他的自我期望值高，当他取得好成绩时就认为这是意料中的事，好成绩正是他所期望的。自我意识消极的学生，当他取得差成绩时就认为这是意料中的事，假如偶尔考了个好成绩，会觉得喜出望外。反过来，差的成绩又加强了他消极的自我意识，形成恶性循环。消极的自我意识不仅引发了自我期待的消极，而且也决定了人们只能"期待"他人消极的评价与对待，决定了他们对消极行为产生的后果已有接受的准备，也决定了他们不愿更加努力学习，决定了学习对于他们不再有应有的吸引力，丧失了信心与兴趣。由于自我意识引发与其性质相一致或自我支持性的期望，并使人们倾向于采取可以导致这种期望得以实现的行为方式，因而自我意识具有预言自我得以实现的作用，这在心理学上被称为"自验预言"。

第二节　大学生的自我意识

一、大学生自我意识的发展

（一）大学生自我意识的发展特点

经过大学生活和教育，随着个体心理和意识的不断发展，大学生自我意识的发展达到了新的水平。①独立感、自尊心、自信心、好胜心等逐步趋于成熟；自我认知、自我体验、自我控制三方面趋于协调发展。大学生自我意识的发展表现出以下几方面的特点。

1.大学生自我认知方面的主要特点

（1）自我认知不断深化。处于青年中期的大学生其自我意识明显不同于青春期，在自我认知的深度和广度上都有较大提高。这时，他们不仅关注自己的外表、行为举止等外在特征，其自我认识还涉及本身的气质、风度和性格等内在因素，甚至还涉及自己的社会地位、社会责任、自我的价值等问题。通过对这些问题的分析和思考，大学生自我意识达到了新的广度和深度。

（2）自我认知更具自觉主动性。大学是大学生走向社会前的最后学校学习阶段，学习期间，他们面临着许多深刻的问题，如"我是一个什么样的人？""我可能和应该成为怎样的人？""我的条件和前途如何？""我已经做了些什么？还能做些什么？"这些问题的解答都涉及大学生的自我认识问题。大学生们总是十分感兴趣而又急迫地思考着这些问题，强烈地期待着一个满意的或比较满意的答案。他们往往主动地把自己和周围的同学和老师做比较来认识自己、评价自己。他们往往主动地参照社会上的学者、工程师、经济师、政治家、英雄人物和优秀教师，力图将社会的期望内化为自我的品质，并对自己做出评价。

---

① 许兴建.大学生心理健康实用教程[M].杭州　浙江科学技术出版社.2006：102.

（3）自我评价趋于客观、全面。大学生的自我评价建立在自我认知的基础上。随着大学生活的继续，大学生的知识增加、社会经验也不断丰富，大多数人对自己的分析、评价逐渐变得全面、客观和主动，对自己的优缺点有了较正确的认识和评价，并能选择自己的长处进行发展，开始具备在自觉基础上的"自知之明"，但是大学生自我评价的能力有很大的个体差异。

2.大学生自我体验方面的特点

在当代，随着大学生自我认知的不断深化和多元发展，从而得以让大学生的自我体验内容和形式也产生了前所未有的变化，这些变化的具体特征可统计为以下几个方面。

（1）自我体验的丰富性。大学生的学习、生活日益丰富多彩，使得他们的交往范围扩大，社会活动参与度提高，他们的知识经验不断增长，这些都为他们发展自我体验的丰富性提供了有利条件。例如，意识到自己的成熟就产生了成人感；由于争强好胜、不甘落后，希望能用行动表明自己是人生道路上的强者产生的好胜心；由于意识到自己的能力和品德的高低而产生了自豪、自尊或自卑、自惭；由于缺乏他人的理解，自己感到与世隔绝、内心充满孤单寂寞的孤独感等体验。一般来说，在自我体验方面，男生比女生更有自信心，也更富有活力，但容易急躁；女生则更热情，内心的舒畅感更明显，但容易多愁善感。大学生自我体验总体上是积极的、健康的。

（2）自我体验的深刻性。大学生的自我体验是深刻的。他们的自我体验不仅与自己的个性特点相联系，而且还与自己的生活信念和人格倾向相联系。当自我的生活信念和人格倾向为别人所容纳，或客观事物符合自己的生活信念时，他们就产生愉快的情感体验，否则就产生消极、不愉快的体验。

（3）自我体验的不稳定性。认识是情感的基础，大学生由于自我认识的矛盾性，以及对自我的认识还在发展中，使得他们的情感体验表现出明显的不稳定性，而且他们的个性还不够成熟，缺乏驾驭情感的意志力量，生理的成熟、外界环境的刺激等都对他们的心理形成了巨大的冲击，他们可能因一时的成功而产生积极的、愉快的情感体验，甚至骄傲自满、得意忘形；也可能因一时的挫折、失败而贬低自我或丧失自信心，甚至悲观失望。到了高年级，当大学生的自我认识和自我控制有所发展后，这种不稳定现象才逐渐降低。

3.自我控制方面的主要特点

（1）自控能力显著提高。自我调控的确立，是大学生自我意识成熟的标志之一。与中学生相比，大学生更希望主宰自己的命运。特别是高年级的大学生，随着知识的积累、生活阅历的增加，大学生的自我认识和自我评价水平增强，他们能够根据别人的评价和自己的行动结果进行反省，及时调整自己的行为和目标。这说明大学生行为的自觉性和自我控制能力明显增强，而盲目性和冲动性逐渐减少。大学生自我控制水平还缺乏一定的稳定性，还需进一步发展和完善。

（2）自我规划意识增强。多数大学生对自己的未来充满了信心与希望，对未来美好生活有着自己的梦想，希望能过上一种自由自在、符合自己愿望的生活，因此，大学生都有强烈的自我规划和构建的愿望。他们根据自我规划的"最佳自我形象"不断地丰富自己的知识、培养自己的能力、形成自己良好的性格与品德，力图摆脱社会传统的束缚，按照自己的意愿行事。大学生的成就动机是最强的，他们都想干出一番事业，能对社会、对祖国有所贡献，以实现自己人生的价值。

（3）独立意识和自信。独立意识，也叫独立感，是指个体力图摆脱监督和管教的一种自我意识倾向。大学生在生理发育上已完全具备了成人的特点，心理成熟和社会成熟也已达到较高的水平。通过对自我的认识、体验、控制和调节，他们的心中已逐渐确立了一个新的成人式的自我，成人感特别强烈。一方面，他们渴望自立、自制，并且希望自己尽快独立，得到与成人一样的尊重和理解；另一方面，由于经济上的依赖及心理上的不成熟，他们往往眼高手低，很多时候不知道该怎么做，或者由于惰性等原因不主动去做，具体表现就是等待心理，等待教师的指导，等待同学的帮助等，这种独立意向与依附心理的矛盾，常常给大学生带来一定的困扰。

（二）大学生自我意识的发展规律

大学是个体自我意识平稳发展的时期，自我认识、自我体验、自我控制等方面也已逐渐相互协调，这种发展现象有一个明显而又颇为典型的规律，即分化—矛盾—统一。

1.大学生自我意识的分化

大学生自我意识的发展是从明显的自我分化开始的。[①] 表现为以往那种笼统的、完整的"我"被打破，出现了两个"我"：主观的"我"和客观的"我"，"理想中的我"和"现实中的我"，其中主观的我处于观察者的角度，而客观的我则

---

① 雍浩.大学生心理健康教育[M].镇江：江苏大学出版社.2018：26.

处于被观察者的角度。自我意识的分化是自我意识走向成熟的标志。随着自我分化越来越明显，大学生们开始主动、迅速地关注自己的内心世界和行为，对生理自我、心理自我、社会自我每一细微变化产生新的认识和体验，自我反省能力增强，自我形象的再认识更加丰富、完整和深刻，由此而来的种种激动、焦虑、喜悦增加，自我体验更加丰富多彩，自我思考增多，自己应该怎样做，能怎么做，不应该怎么做，不能怎么做等成为经常思考的问题，开始要求有属于自己的一片天空和世界，渴望得到理解和关注。

2.大学生自我意识的矛盾

自我意识的分化，使大学生开始注意到自己以往不曾留意的许多方面，同时也意味着自我矛盾冲突的加剧，即主观自我与客观自我的矛盾冲突、理想自我与现实自我的矛盾冲突的加剧。由自我意识的分化带来的矛盾是大学生自我意识发展过程中的必然现象，当然，它会给大学生带来不安、疑惑与困扰，可能还会影响到他们的心理健康与心理发展，但它更会促使大学生努力解决矛盾，实现自我意识的统一，从而推动自我意识向着成熟发展。自我意识中常见的矛盾主要有以下几种。

（1）主观自我与客观自我的矛盾。一方面，作为同龄人中能够接受高等教育的人，大学生对自我有较高的积极评价，但由于他们远离社会，缺乏社会经验，在校园浓郁的学术与文化氛围中成长，对社会的了解缺乏客观的眼光与切肤的体验。另一方面，随着高等教育大众化进程的推进，适龄青年接受高等教育机会的增加，社会对大学生的评价更趋客观。大学生回归本位，身上光环的消失使他们产生失落感。

（2）理想自我与现实自我的冲突。在现实生活中，理想自我与现实自我总是存在着一定的差距。合理的差距能够使人不断进步、奋发有为，但是，如果差距过大，则有可能引起自我的分裂，导致一系列心理问题。

（3）独立与依附的冲突。一方面，大学生生理与心理的成熟使它们渴望独立，以独立的个体面对生活、学习与工作中遇到的问题，但由于长期的校园生活使他们应有的社会阅历与经验相对匮乏，当应急事件出现时，却又盼望亲人、老师和同学能够替自己分忧。另一方面，大学生心理上的独立与经济上的不独立也形成了明显的反差。在他们迫切希望摆脱约束、追求独立的同时，却又不可能真正摆脱家长和老师的支持与帮助。特别是对于某些独生子女来说，由于长期受到父母的溺爱，独立与依赖的矛盾就表现得尤为突出。

（4）渴望交往与心灵闭锁的冲突。没有哪个时期比青少年时期更加渴望友情与爱情，更加渴望同辈群体的认同与归属感。一方面，在这个时期，每个人都渴望着得到爱与友谊，渴望着交往与分享，渴望着自我价值得到实现，渴望着探讨人生的真谛，寻找人生的知己，希望成为群体中受尊敬与欢迎的人。另一方面，大学生的自我表露又受到心灵闭锁的影响，总是不经意地将自己的心灵深藏起来，与同学有意无意保持着一定的距离，存在着戒备心理，不能完全敞开心扉交流与沟通思想。这也是大学生常常感到的"交往不如中学那么自如真诚"的原因所在。

（5）理智与情感的冲突。大学生情绪的一个显著特点是容易两极分化，情绪或高或低，波动性大，易冲动，不易控制。但随着身心的发展和认知水平的提高，大学生渐渐成熟，在遇到客观问题时，既满足自己情绪与情感的要求，又想服从于社会及他人的需求。特别是当遇到失恋等人生打击时，尽管理智上能够理解，却在感情上难以接受。

3. 大学生自我意识的统一

自我意识的矛盾冲突，常常会给大学生带来不安或心理痛苦，他们总是力图通过自我探究来摆脱这种不安与痛苦。在自我意识的矛盾冲突中，大学生的自我意识也在不断调整和发展。在自我意识的不断调整和发展过程中，他们极易寻求新的支点，寻找自我意识的统一点，统合自我意识。自我意识的统一有多种形式，既有积极的、和谐的、有利于心理健康发展的统一，也有消极的、不协调的、不利于心理健康发展的统一。自我意识统一的过程也是自我同一性的过程，即主观自我与客观自我的统一、理想自我与现实自我的统一，自我认知、自我体验、自我监控的统一。这种统一是在自我评价、他人评价（包括群体评价和评价他人）的过程中逐步实现的。

（1）积极自我的建立。自我肯定，即对自我比较清晰、客观、全面、深刻的认识。这种积极自我的特点是在经过痛苦的选择与调整之后，大学生逐渐成长，使理想自我与现实自我趋于统一，主观自我与客观自我趋于一致，对自我的认识更加深刻、客观和理性。积极的自我不仅了解自己的长处与优势，也了解自己的不足与劣势，能够分析哪些是通过努力可以达到的，哪些是即使努力也无法企及的，从而进行积极的自我肯定，向着理想自我迈进。

（2）消极自我的建立。消极的自我意识分为两个方面：自我贬损型与自我夸大型。自我贬损型的人由于总在积累失败与挫折的经历，对现实自我的评价较低，并时常伴有没有价值感、自我排斥、自我否定。他们不但不接纳自己，甚至自我拒绝、自我放弃，表现为没有朝气、随波逐流、缺少激情，生活没有目标，其结果则更加自卑，从而失去进取的动力。自我夸大型的人正好相反，他们对自我评价非常高，往往脱离客观实际，常常以理想自我代替现实自我，盲目自尊，虚荣心强，心理防御意识强。其行为结果要么表现为缺乏理智，情绪冲动，忘记现实自我而沉浸于虚无缥缈的自我设计中；要么自吹自擂、自我陶醉，却不去为实现自我做出努力。自我贬损型与自我夸大型的共同特点是对自我评估不正确、理想自我不健全，缺乏实现理想自我的手段，形成后的自我虚弱而不完整，是一种不健康的自我统合。虽然大学生中这种类型的人较少，但严重者可能会用违反社会规范或以违法犯罪的手段来谋求自我意识的统合。

（3）自我冲突。自我冲突是难以达到整合的自我意识，表现为自我评价始终在真实自我上下徘徊，自我认知或高或低，自我体验或好或坏，自我控制时强时弱，心理发展极不平衡，有时显得自信而成熟，有时又表现出自卑而不成熟，让人无法准确评估。

（三）大学生常见的自我意识问题

1.自我角色认同感不统一

大学生在自我认识和自我评价时趋于主观。大学生往往通过自我反省来认识自己，但反省能力有限，大学生的自我认识存在一定程度的主观性，对自我的认识和评价与别人对自己的认识和评价存在矛盾和差距，甚至大学生在看待自己的表现和与别人的关系的时候，也存在不同结论。"正是由于自我意识在现代与后现代、理性与感性之间沟通往复，因此自我意识具有两重性。"如调查显示，题目"我品德好""我待人亲切友善"的回答中有55.64%、56.96%的持肯定答案，"我很受别人欢迎"中却只有23.31%的大学生回答肯定。

理想与现实也存在矛盾。理想中，大学生对自我能力有较高水平的认识，但现实解决问题中，又发现自我能力不足。如"我遇到困难时，都能轻而易举地加以解决"一题中，只有12.59%的大学生持肯定答案，而有52.63%的人持否定或犹豫的答案。可见，大学生在探讨、评价和思考问题时，容易带有理想的色彩，在一定程度上夸大自己的能力和优势，当遇到挫折时，便不能正确归因，容易产生自我否认和回避的态度。

这种对自身角色的认同感不统一，必然影响大学生的自我同一性发展，将影响大学生的目标设定和自我调控。

2.过强的自卑感与从众心理

自卑感是对自己不满，是一种自我否定的情感，即对自己缺乏信心、缺乏独立主见，遇事从众，其结果捍卫的是虚假的、脆弱的、不健康的自我。当一个人的自尊得不到满足，又不能合理地、实事求是地分析自己时，就很容易产生自卑感。产生自卑心理后，往往怀疑自己的能力，怯于与人交往，甚至还会封闭自己，即使原来经过努力可以达到的目标此时也会由于没有信心而主动放弃。

从众是一种普遍存在的心理现象，它是在群体舆论的压力下，放弃个人意见而采取与大多数人一致的自我保护行为。有些大学生性格内向，独立能力差、无主见，甘当配角，缺乏独立意识和对问题的独到见解，具有趋同性，缺少独当一面的勇气。从众心理过强，会使大学生缺乏个体倾向性的人生观、价值观和世界观，自我意识薄弱。

3.过分追求完美

每个人都希望自己是完美的，也都不同程度地追求完美，但如果对自己的要求过高，希望完美无缺，就很容易带来适应障碍。过分追求完美常常表现为相辅相成的两个方面：一方面是对自己要求过高，脱离实际，从而使自己的"完美"期望受挫；另一方面是对自己苛求，即对自己的不完美之处看得很重，结果难免悲观自责。

完美主义者经常表现为死板、极端、烦躁等。死板是因为怕失败，对自己要求苛刻，所以不敢作为甚至不作为，对失败的恐惧使他们如履薄冰，工作效益远不如其他人，缺乏冒险精神与创造性。走极端多是个人好强与错误的价值取向相结合造成的，走极端的人容易偏激，将自己与社会隔离开来，从而陷入痛苦的生生活；完美主义者对他人的伤害也是非常明显的，固执己见，控制欲强，经常将自己的意识强加于别人，而别人又无法接受，导致双方产生不愉快。烦躁则是由于外部事物发展与自己的理想不相符，或者与自己的意识完全对立时所表现出来的不良情绪，这类人缺乏客观意识，严重者易产生语言与行为冲突。

4.过分的独立意向与过分的逆反心理

独立意识是学生自我意识中最显著的标志之一，但是独立意识并不意味着独来独往，不顾社会规范而我行我素。很多学生把独立理解成"凡事自己来"，不需要别人帮助和依赖他人，其结果是在现实生活中遇到困难挫折，只能自吞苦果，活得沉重而辛苦。其实，一个真正成熟的个体是独立的，他对自己负责任，但不排除接受他人逆反心理，也是大学生自我意识发展中的一种非理性产物，是其展示自我形象、强调个人意志的一种手段，其实质是为了寻求独立与自我肯定，是为了保护正逐渐形成的、还比较脆弱的自我而抵抗和排除他们认为压抑自己的力量的一种要求。逆反心理具有两面性：一方面，说明大学生拥有蔑视权威的反抗精神和独立意识；另一方面，大学生中还有不少人不能恰当地把握这种心理，表现出过分逆反心理，不分正确与错误、精华与糟粕，一概排斥，理性分析少，情绪化成分多。逆反对象多是家长、老师和社会观念，其结果往往会阻碍学习新的和正确的经验，不利于学生健康成长。

5.自我中心和从众

自我中心是指儿童仅依靠其自身的视角来感知世界，不能意识到他人可能具有不同视角和观点的倾向性。儿童早期对世界的认识完全是以他自己的身体和动作为中心的，是"自我中心主义的"。皮亚杰认为，儿童大约在18个月大的时候，会发生一场"哥白尼式"的革命，即一种普遍的"去自我中心"的过程，使儿童开始把自己从客观世界中区别出来，把自己与他人区别开来。这个去自我中心的过程一直到学龄期开始才逐渐完成。在自我概念的发展中，有的人可能一直停留在自我中心期，这将影响大学生的环境适应能力。

与自我中心相反的是，在大学生中还存在另一种现象就是从众，大学校园中常见的有学习从众、消费从众、恋爱从众、娱乐从众、择业从众等。从众效应最值得注意的是"班级效应"和"宿舍效应"。新生入校后，每个学生都在探索新的学习方法，寻求新的学习动力，而班级、宿舍中其他成员的学习方法、学习成绩及平时对学习时间的安排，都成了他们最直接的参照物。他们在形成自己的学习特点的同时，在某些方面也不同程度地与班级、宿舍中的大多数人保持一致。

从众行为的普遍，反映了部分大学生自我意识弱化，独立性较差，缺乏个体倾向性的世界观、人生观、价值观，这是从众行为中不利的一面，比如迫于群体氛围的压力，屈从于某些不良倾向，而不敢坚持正义。盲目从众也容易导致大学生心理上的矛盾冲突，引起心态失衡，甚至产生心理障碍。

（四）影响大学生自我意识的发展因素

1.主观因素

（1）人生理想的影响。进入大学后，随着知识的积累及生活阅历的增长，其影响对大学生的一生有着重要的作用。但同时，大学生处于生理和心理还未完全成熟的时期，自我意识也处于发展之中。因此，理想的树立对他们来说是成长过程中一个重要的环节。在大学生自我意识的形成和发展中，理想的影响首先表现为理想的感召力。理想是人的自觉的精神行为追求，树立了理想，人就有了精神支柱，有了动力。大学生如果自觉地把个人理想和社会理想结合起来就会正确认识自我和各种社会现象。反之，夸大个人理想，把个人理想和社会理想对立起来，既不能正确认识自己，也不能正确认识社会。其次表现为理想的现实基础，理想总是有一定现实根据的，有许多大学生的自我发展不顺利，理想得不到实现，就是没有根据现实确立理想，"理想我"与"现实我"差距太大，甚至无法统一，其原因就在于此。

（2）人生价值观的影响。价值的本质就是主体的功能和作用对客体（社会）需要的满足。[①] 人的价值就是指个人作用对客体（社会）的需要的满足。在不同的价值观的影响下，有不同的自我意识。大学生自我意识的一个特点是"理想我"与"现实我"的冲突。个人利己主义的价值观念具体反映到大学生的自我意识里，就是抽象地谈论"人"和人的价值，认为社会只是为自我发展提供条件，这样脱离社会的"理想我"构想和"现实我"的冲突就是不可避免的了。我们鼓励学生在集体主义的价值观指导下树立"理想我"，这种"理想我"不是一切以自我为出发点，而是考虑到社会现实、社会现实与自我的关系、社会现实背景对自我发展的约束，这样才能正确认识自我的地位、作用，正确地对待自我价值，从而形成符合国家和社会利益的自我意识，以便充分发挥自己的才华。

（3）思维模式的影响。辩证的思维模式能全面地认识自我、评价自我，在"理想我"与"现实我"等自我的各种冲突矛盾中能进行辩证的思维，有机地整合和统一自我的矛盾冲突；偏颇的思维模式则不能全面认识自我、评价自我，在自我的冲突矛盾中不能进行辩证的思维，很难整合和统一自我的矛盾冲突，从而使自己陷入焦虑和痛苦。在思维模式中，不同的归因方式也会影响个人的自我意识。将个人的失败归因于运气、机遇等不可控制的外在客观因素，趋于自我保护和防御，缺乏正视现实和挫折的勇气，不利于自我认识和反省；将个人的失败归因于能力、水平等自身内在因素，又容易丧失自信、自尊，导致自我畏缩性行为。只有辩证地归因，才能不断奋起，化失败为成功之母。

（4）心理与人格的影响。大学生正处在青年末期向成年期的过渡时期，心理上也相应地处于尚未成熟向成熟的发展阶段。尚未成熟的心理水平使一些难以克服的心理和人格弱点成为影响他们自我意识发展的又一个重要因素。大学生有限

[①]　张秀红.21世纪职业教育立体化精品教材：大学生心理健康教育[M].北京：中国言实出版社.2016：31.

的认识水平、不够强的心理承受力、性格上的缺陷等，都会影响他们自我意识的发展。

（5）网络的影响。目前，我国加入计算机互联网的大学生日益增多，几乎所有的大学生都会使用网络。网络世界的隐匿性、交互性、便捷性等为大学生进行信息搜集和信息交流提供了最为自由和最为广阔的平台，他们不再一味受制于"父母之言、老师之训"。他们可以根据自己的喜好在网络世界中满足自己在现实生活中不能实现的愿望和要求。网络世界形成了一个近乎"完全自我掌控"的世界，对大学生自我意识的发展具有巨大的影响。

2. 客观影响

（1）文化氛围的影响。当前，我国正处于历史转型时期，在这样一种特定的社会环境下，文化氛围的影响包括三个方面。一是社会主导文化的影响。我国的主导文化是社会主义思想价值体系，它影响和制约着整个社会生活。受这一社会主导文化的影响，当前青年学生投身改革、奋发向上、报效祖国、推进社会进步成为其主流。二是社会亚文化的影响。社会亚文化是某一社会中处于次要的、从属地位的文化。一般来说，亚文化与主文化的可融性较少，并往往以逆主文化的面孔出现，青年学生难免会受到它的影响。在这种情况下，一部分大学生渐渐难以给自己找到准确的定位，对自我的正确认知与评价也就难以实现。三是受西方文化思潮的影响。随着我国改革开放的深入，西方文化也逐渐渗透到社会生活和社会文化的各个层面。因此，青年学生的自我意识也受到影响。面对这种影响，一部分大学生能够正确分析对待，另一部分大学生则会丧失自己的原则，过分追求个人利益。

（2）社会环境的影响。随着改革开放的不断深入、社会转型和变迁加剧，当代大学生正处在一个社会日益变动的时代。这种活跃、开放的社会环境的确为大学生施展才华提供了更为广阔的天地，但也给他们带来了更多的选择和心理矛盾与心理压力。社会环境的竞争性既给他们带来鼓舞，也将不确定性和不安全感带给了他们。这既可以刺激完善自我、超越自我的追求，也可以导致心理失衡和自我的失落。加上社会风气的影响，也会加剧大学生自我意识的矛盾冲突。大学生的心理、思想还不成熟，对社会风气还不能做出完全正确的分析和判断，因此社会风气对大学生的自我认识、自我评价，对大学生关于理想、前途的认识，都会产生关键性的影响。当社会风气形成一种意识后，其影响具有长期性。大学生自我意识是从中学生自我意识延续下来的，在大学生自我意识中还要加强完善。

（3）社会榜样的影响。从某种角度来说，人们都是在模仿他人的活动中获得了自我，没有一个人是完全独立自我成长而不受他人影响的。在这样的影响中，社会楷模的影响可谓最大。社会一旦出现楷模，他必然是一个时代良好精神和优秀品质的代言人和化身，这样的社会楷模可以用自己的事迹熏陶和感染一批成长中的年轻人，尤其是大学生。因此，社会中有大量各行各业的楷模，也就意味着年轻人有了众多无言的老师，他们可以借鉴楷模的实际生活来规划自己的生活乃至人生。

二、大学生自我意识的冲突和偏差及其培养

（一）大学生自我意识的冲突

大学生自我意识的发展会面临着许多矛盾冲突，这些矛盾冲突会造成自我认知、自我体验、自我控制上的偏差，从而诱发各种有关心理健康的问题，诸如抑郁、焦虑、自我责难等常见的消极的情绪反应和心理失调，与大学生的心理健康关系密切。

1. 主观与客观的冲突

这里的主观和客观，分别指的是个人对自己的认识和评价，以及社会上其他人对自己的认识与评价。在大学生中，主观的我与客观的我之间的矛盾是比较典型而突出的。这主要是由于大学生进入大学以后，远离社会、缺乏社会经验，随着学习、生活方式的改变和心理的发展，大学生的自我意识有了明显的变化，主观的我与客观的我难以合拍，矛盾冲突日益明显。

大学生往往会对自己做出不符合实际的评价，自我评价要么过高，要么过低，一旦接触社会生活与现实生活中的其他人，便发现自己并不像自己想象的那样高明或低能。随着高等教育大众化进程的推进，适龄青年接受高等教育的机会增加，社会对大学生的评价更趋客观。大学生如果不能放眼社会，主动去适应社会，就不可避免地会产生这些矛盾。近年来常有大学生刚到一个新单位不能适应的报道，这固然有客观上的原因，但大学生躲在自己的小圈子里，不能放眼社会，不能把自己视为大千世界中的一分子，等待社会去适应自己，而不是自己主动去适应、服务、改造社会，这也是大学生不能适应社会的重要因素。

2. 现实与理想的冲突

所谓"理想我"就是"个人理想中的自己，它包括自己所希望达到的理想标准，以及希望他人对自己所产生的看法"，"理想我"是完美的，理想化的，而"现实我"则是在实际的情况下自己及别人对自己的实际看法与评价。大学生一般充满理想主义色彩，对自己要求甚高。然而"现实我"与"理想我"一般都有

较大的差距，这种差距也有一定的积极意义，但当这种"理想我"与现实之间的矛盾冲突难以调和时，就会给他们带来很多痛苦与烦恼，诱发心理发展失调，甚至导致自我意识的分裂，从而引起抑郁等一系列有关的心理问题。

由于自我意识的分化导致理想自我与现实自我总是存在着一定的差距。学生对自我缺乏客观认识，当"现实我"距离"理想我"太过遥远时，往往在对现实自我不满的情况下不接纳自己，进而否定自己。他们时而能客观地评价自己，时而又高估或低估自己；时而又感到自己很成熟，时而感到自己很幼稚；时而对自己充满信心，时而又对自己不满，感到自己什么都不行；等等。面对自我意识中的此类种种矛盾，大学生需要不断地自我调控和自我探究。但大学生的这种自我调控能力相对较弱，往往需要借助外界环境的影响。即便如此，在自我意识的统一过程中也会出现消极的、错误的和不利于心理健康的统一。例如，想得多、做得少，自我认识清楚，但自我调控能力较低；过多关注自己，过于看重自己，而对他人、集体、社会考虑较少等。

3. 独立与依附的冲突

大学生进入大学之后便开始独立生活，摆脱了家庭的约束，而老师也不会再像中学教师那样事无巨细逐一过问，而是给予学生更多的自主空间。在此期间，大学生的独立意识迅速得到发展，他们一方面渴望独立，以证明自己已经长大，同时在心理上又对父母、朋友存在着深深的依赖，特别是遇到困难、挫折时，这种依赖就更加明显。他们不成熟的独立性与依赖性相互纠缠在一起，构成了大学生心理冲突的主要根源之一。

4. 自负与自卑的冲突

自负与自卑的冲突是当代大学生中常见的一种现象。自负，在心理学研究中表明，适当地自尊和自信是激励大学生力争上游、勇攀高峰、追求崇高理想的巨大动力，但过分自尊会导致自负。自负的人往往不允许别人的批评，唯我独尊，盛气凌人。这种人缺乏自知之明，总认为自己对而别人错，把自己的意志强加在别人身上不能与人和睦相处，容易受伤害。自卑，即当一个人的自尊需要得不到满足又不能恰如其分、实事求是地分析自己时，就容易产生自卑心理。大学生形成自卑心理后，往往会从怀疑自己的能力转变为不能表现自己的能力，从怯于与人交往转变为自我封闭，本来经过努力可以达到的目标，也会认为自己不行而放弃追求。

5. 人际交往与自我封闭冲突

进入大学，大学生离开了原来熟悉的环境，来到崭新的环境生活和学习。有些大学生内心的孤独感、失落感油然而生，他们内心非常渴望同辈群体的认同，渴望获得友谊，渴望从异性朋友中获取爱情，他们愿意与朋友分享快乐、分担痛苦、沟通信息和交流情感。然而，在完全陌生的环境中，大学生在面对不习惯的集体生活、更复杂的人际关系、更自主的学习方式时会感到无所适从，内心会产生各种压力和矛盾。他们为了自我保护，而在人际交往中存有戒备心理，常常把自己内心世界的真实想法封闭起来，与他人保持一定的心理距离，不能完全敞开心扉交流与沟通思想。这种渴望交往与自我封闭的冲突是大学生人际交往中的普遍问题。

6.渴望倾诉与缺乏知音的冲突

人人都有获得别人关怀、理解与爱的需要，处于青年期的大学生，这种获得爱与理解的需要尤为强烈。[①] 这是因为，首先，大学生进入心理上的断乳期，他们既非儿童又非成人，与人产生代沟，缺少沟通，感到无人理解；其次，大学生进入大学校园后，接触的知识面变得更为多元化，思想方面也随之而愈加深邃，情感体验复杂，人格分化，更感到难以同别人沟通，难以获得别人的理解。

一方面强烈希望获得别人的关爱与理解，另一方面又感到得不到别人的关爱与理解。在这种矛盾思想的支配下，大学生常常把思想情感寄托于日记、文学、音乐等。正如有的学生所说"我的苦恼除了知心朋友知道外，我都倾诉给了日记，对着日记总有说不完的话"。

这种渴求爱与理解而得不到满足的矛盾，促使大学生追求真诚而纯洁的友谊，并对爱情产生了渴望，希望找到一个能给自己带来温馨的爱与理解的异性朋友，这是大学校园中恋爱较为普遍的一个重要心理原因。而得不到理解与关爱，甚至受到冷漠对待、误解、冤枉和精神上的打击，则成为产生心理障碍和心理疾病的重要原因。

（二）大学生自我意识的偏差

由于自我意识的分化，"理想我"与"现实我"之间的矛盾冲突，使大学生承受着内心的痛苦与不安，为了解决这些矛盾和冲突，大学生就要寻求自我意识的统一，主要指主体与客体的统一、自我与客观环境的统一、"理想我"与"现实我"之间的统一，也表现为自我认识、自我体验、自我控制的和谐统一。但并不是所有人都能把自我意识和谐地统一起来，他们面对矛盾冲突，统一自我意

---

① 宋志英.大学生心理素质与训练[M].合肥：口国科学技术大学出版社.2012：59.

识的方法与结果都有所不同，有积极的也有消极的，因而会在自我认知、自我体验、自我控制等方面产生偏差，从而影响大学生的心理健康。

1.自我认知偏差

在自我认知上，主观的我和客观的我之间的矛盾是任何人都难以避免的。这个矛盾对于大学生来说是比较突出的。因为大学生对自己的认知和评价总要受个人出身、经历、教育程度和个人社会地位的制约，很难做到全方位地对自己进行客观的审视和评价，而他人却可以从不同的地点，在不同的情况下，以不同的视角对大学生进行审视和评价，所以，主观的我与客观的我之间的矛盾对大学生来说是必然存在的。不少大学生未能处理好主观的我与客观的我这对矛盾，常出现两种自我认知的缺陷：自我中心或从众。

（1）自我中心。这个自我意识方面的偏差比较明显。在主观上，当代大学生发展至青年初期，越来越多地把注意力投向自己，总是注重以自我的视角来考虑问题，而忽视他人或者客观情况，不能比较客观、全面地分析问题。外加比较强的自信心、自尊心，故比较容易出现自我中心。在客观上，当代社会的大学生基本上多为独生子女，在从小的家庭教育背景下被呵护和照顾得都比较全面，也在一定程度上使得当代大学生以自我为中心，以自身需要为出发点，不懂得顾及他人感受。这种自我中心意识的突出表现就是以个人利益为出发点，个人喜恶为动机，会导致不能得到他人信任、人际关系不和谐、易受挫折等情况。

（2）从众。从众指的是在群体的作用下，个体放弃个人意见而采取与群体相一致的自我保护行为。几乎每个人都会不同程度地出现从众心理。没有独立思考，缺乏主见的当代大学生是从众心理过强的表现。这类学生容易丧失自我，有碍其心理健康发展；害怕被孤立，因此随大流，为求得小团体的认同；缺乏自信，不敢自己下判断；习惯了服从教育的惰性人格等都是从众心理产生的原因。

2.自我体验偏差

主要表现为过强的自尊心与过强的自卑感。自尊是指一个人能悦纳自己、接受自己，对自己抱肯定的态度和情感；而自卑则是一个人对自己没有信心，蔑视自己，持否定的态度和情感。

大学生一般有较强的自信心，争强好胜，勇于进取，不甘落后，但过强的自尊心就会导致目中无人，空视一切，与过度的自我接受联系在一起，从而造成人际关系紧张。过度的自卑会导致退缩与抑郁、自我封闭、不敢与人交往。过强的自尊与自卑都会影响大学生心理的健康发展。

3.自我控制偏差

自我控制，即自己对自己的控制。我们常说的"自制力""力不从心"就是自我控制的能力。它的强弱高低可以直接由情绪、行为表现出来。自制、自律、自觉等是积极的自我控制，而放纵、逆反等则是消极的自我控制。

（1）放纵。放纵是指个体不能约束自己的行为或克制自己的情绪，表现为"跟着感觉走"的心理状态。大学生在自我控制上虽然具有自觉性、主动性。但自控能力明显不足，在追求上进的同时，由于遇到困难、挫折在所难免，因而不少大学生常常情绪波动，在困难面前自我放弃，缺乏恒心和决心。还有一些大学生认为中小学寒窗苦读十余载，如今考上大学，总算解放了，再不愿意埋头苦读，只要求"60分万岁"，甚至数门功课不及格仍然无动于衷，消极懒惰，没有具体的奋斗目标，每天无所事事，整日沉迷于游戏、玩乐或不切实际的幻想之中。

（2）逆反。逆反是指个体在生理基本成熟，心理迅速走向成熟而又未真正达到成熟的时候，渴望在思想上、行动上乃至经济上尽快独立，从而具有很强的独立意识和批判精神，强调个人意志的心理状态。逆反的对象主要是家长、老师及社会宣传的观念和典型人物等。根据对湖北省武汉市部分高校大学生的问卷测查，30%的女生表示，她们愿意孝顺父母，但不愿意按父母的意见行事。其结果是阻碍了他们自己学习新的或正确的经验[1]。

大学生正处在这样的时期。在这个时期，他们的智力发展虽已达到成熟，但阅历有限，感性经验不足，情绪表现为富于两极性，易于感情用事，以至于形成偏见。当这种偏见与现实产生碰撞时，就很容易出现偏激的行为。持这种心理的大学生往往对师长的教育或周围的正常事物持消极、冷漠、反感甚至抗拒的态度。他们常常以"顶牛""对着干"来显示自己的"文明""非凡"。对正面教育和宣传表现出一种怀疑、不认同的抵制态度，对社会人生和个人前途显示出玩世不恭的态度。其行为中往往表现出这样的倾向：越是禁止的东西，越是感兴趣，越是不让做的事越要做。这部分人在网络社会中喜欢搜寻具有刺激性的信息，容易脱离正常轨道，甚至走上违法犯罪的道路。

三、大学生自我意识的调适

自我意识存在的矛盾冲突及其偏差，是引起大学生各种心理问题的重要内

---

[1]　郑航月，夏小林.大学生心理健康教育[M].重庆：重庆大学出版社.2018：46.

因，与其心理健康息息相关，因此对自我意识的矛盾冲突、偏差的调节就尤为重要，对帮助大学生形成积极的、和谐的、统一的自我意识，促进大学生的健康成长具有重要作用，下面介绍几种常用的途径与方法。

（一）正确认识自己

过度的自我接受与自我拒绝都是来源于自我认知的偏差，"而究其深层的原因则是自我认知主观性和片面性的反映"，因此正确认识自己是很重要的。

要想做到正确地认识自我就要从多方面来认识自己，客观地评价自己，可以从不同的角度比如物质我、社会我、精神我来观察、评价自己，勇于接受自己，积极地面对现实，不断激励自我、更新自我，认识自己的价值。

（二）正确对待自己

要正确地对待自我，就要积极地接纳自己，有效地控制自己，形成积极健康的自我情感体验。积极健康的自我体验是自我教育的内在动力，无此动力就无法将"现实我"转化为"理想我"。要做到正确地接纳自我就要无条件地接受自己，接受自己的优点与缺点，尤其要善于接受自己的缺点。"金无足赤，人无完人"，不能一味地只看到自己的不足与别人的长处，从而形成一种消极的自我体验，要通过自己的努力变不利因素为有利因素，就像阿特勒提出的"自卑与超越"。树立自信，在日常生活中形成积极健康的自我体验。同时不能对自己要求过于完美与苛刻。

积极健康的自我体验的核心是自尊，树立自尊心、纠正过强的自卑感是十分重要的，对此可以通过以下几个途径来实现：

第一，参加一些自己有兴趣的活动，发挥自己的特长，从中获得价值认同感；

第二，积极参加集体活动、与人交往，在与同学间的友好交往过程中树立起自信心；

第三，确立近期的具体目标，行动起来，行动是个性的先导，一步一步去实现自己的目标，从而逐步树立自信、克服自卑；

第四，不断在脑海中想象自己已是一个自信的人，模仿一些自信的人的行为，长此下去，就会对自己产生影响，你会发现自己不再是原来自卑的、怯弱的自己；

第五，保持积极健康的心境，克服消极的体验；通过悦纳自己、有效地控制自己、不断地调整自己，逐步缩小"现实我"与"理想我"之间的差距，尽可能取得二者积极的统一。

（三）完善自我

大学生自我意识的发展是遵循"分化—统——再分化—再统一"的规律的，是一个动态的、可变的过程，因此自我意识的矛盾冲突及偏差并不可怕，可以通过正确地认识自己、对待自己、控制自己，从而不断完善自我，使自我意识由分化走向统一。

完善自我可以通过以下途径：

第一，正确认识自己、悦纳自己、发展自己；

第二，努力学习科学知识，知识是人类进步的阶梯，也是形成自我观念的一有力因素。积极参加丰富多彩的业会活动，发挥自己的特长，使自己不断得到发展；

第三，有效地控制自我、完善自我、超越自我；

第四，"自我控制是人主动、定向地改变自我的心理品质、特征和行为的心理过程，是大学生完善自我、超越自我品质的基本途径。"在日常生活中，要加强意志的培养与锻炼，培养自立、自信、自强的个性品质，克服畏缩、逃避、依赖的个性品质。同时要对自己的行为进行正确的归因，不要一味地把失败的原因归结为消极的、稳定的因素，对自己进行积极的归因训练。总之，通过自我认识、自我体验、自我控制三者之间的动态循环，不断地去完善自我，从而实现完整的、协调的、积极的、健康的、统一的自我。

第三节　大学生健全自我意识塑造

一、自我意识健全的标准

在自我意识的发展和完善过程中，当自我意识出现偏差时，个体的心理状态就会发生相应的变化。[①] 在心理健康与心理健康标准的研究中，几乎所有的研究者都把自我意识的健康程度作为其重要的内容之一。但怎样知道一个人的自我意识是否健全，这是一件比较难的事，正像"什么是心理健康"一样，它没有绝对的标准。以下几条标准可供参考。

---

① 苏京，詹泽群 . 大学生心理健康教育 第 1 册 [M]. 天津：天津科学技术出版社 .2009：46.

（一）自知之明

具有健康自我意识的人应该是一个有自知之明的人，对现状和未来有明确的认识，既知道自己的优势，也知道自己的劣势，能正确评价自我和发展自我。

（二）积极而客观的自我评价

积极而客观的自我评价是健康的自我意识形成的重要内容。只有以积极的态度去认识和评价人和事，客观而理性地分析现象背后的原因，才能体验到愉悦的情绪，产生积极的人生态度和健康观念。

（三）自尊与自信

自尊是大学生的生长性需要，只有自尊才能自信，只有自信才能不畏艰难坦然面对困境，健康向上。

（四）自主并善于合作

能够独立地分析和思考问题，有明确的自我意识倾向，有独立的见地，不受他人暗示，善于独立处理自己或周围的问题，能够独立控制自己的行为，并愿意与他人合作。

（五）自我同一性良好

就是指生理自我、社会自我、心理自我的整合统一。三者统一协调发展，自我同一性就处于良好状态；相反，三者矛盾冲突，则自我同一性发展不良，容易导致各种心理问题的发生。

（六）行为协调

自我意识良好的人，有主客观相统一的理想追求，对自己不会提出苛刻的、非分的期望和要求。青年学生富于理想追求，但主观愿望与客观条件有时难以达到统一，而且往往是客观条件落后于主观愿望，这是可以理解的。要使自己的心理状态达到平衡，并使自己顺利地达到目标，就要让主观和客观条件达到基本统一，具体表现为以下两点：一是个体能认识到自己的优势与不足，看到客观条件提供的可能性、现实性，使自己的行动尽量切合实际，去掉或者降低不切实际的要求，从实际出发，踏踏实实地采取行动，积极地追求理想；二是能正确对待挫折。挫折是在有目的的活动中，遇到无法克服或自以为无法克服的障碍和干扰，使其需要和动机不能得到满足而产生的消极情绪。具有良好的自我意识的人，能正确地进行自我评价，不会或较少将一些可以克服的障碍和干扰误认为是自己无法逾越的鸿沟。即使遇到挫折，也有较强的心理承受能力，不会轻易被挫折打倒，能不断地排除消极情绪，积极面对和克服挫折，更好地适应环境、适应社会。

二、塑造大学生健全自我意识的意义和作用

（一）意　义

健全的自我意识具有良好的自主功能，这对大学生的个人发展和素质教育有着举足轻重的作用。[①]大学生能否强化自我意识，自我意识是否真实，个体意识与社会是否同一，都直接影响到大学生能否成为一个独立的人，能否成为一个为社会所接纳并实现自我价值的人。

1.有利于大学生个性的完善

健全的自我意识能使大学生设定明确的发展目标，明确目标的价值和可行性，并根据目标有意识地调节自己的行为，抑制不良因素的影响和诱惑，有意识地充实自己的内心世界，丰富自己的情感体验，培养良好的情感品质，在自我发展中增加感情的动力效能，保证自己按照正确的方向健康发展。健全的自我意识还能促使大学生顺应时代的发展，主动迅速地收集、利用各种信息，努力调整学习方法，完善知识结构，发挥聪明才智，发展特殊才能，保持旺盛的精力，以适应社会的变化，使自我更加成熟，个性更为完善。

2.有利于大学生自我开发

大学生无论在生理上还是心理上都处于快速发育期，所思所行都是为正式进入成人社会做准备，具有很大的可塑性和内在潜力。这就需要健全的自我意识去推动、挖掘、支持和促进自我潜力的最大发展，使自己努力成为一个合格的、为社会所接纳并受欢迎的人。

3.有利于大学生独立性的发展

大学时期是个体心理走向独立的重要时期。虽然仍有成人的关心与爱护，但要真正学会"自己走"，很大程度上取决于其自我意识的发展状况。个体能力的提高、完善的力量不是来自外在的压力，主要是来自自身的愿望与内驱力。只有当大学生开始追求事物的内在意义，能够客观、公正的评价自我，具备正确决策与选择的能力时，才说明他们真正独立了。

4.有利于大学生心理、行为的健全

心理、行为的健康很大程度上是因为不能客观地评价自我与他人，不能认识自我、接纳自我、调节自我。健全的自我意识能使大学生增强心理承受能力，增强自我主宰和驾驭的能力，善于调整应激水平，平衡心理过程，进行自我重建，

顺利克服各种心理危机，使自己的心理行为在个体化与社会化之间得到协调、平衡的发展。

（二）作用

自我意识对人的心理健康起着很重要的作用，它制约着人格的形成与发展，在人格的优化中发挥着强大的动力功能。人的认识、情感、意志等都会受到自我意识的影响。人从事社会实践活动，也是以自我意识为中介来实现的。健全的自我意识是心理健康的重要标志，是人类自身内在的一种成功机制，在人才发展中发挥着重要的作用。

1.导向作用

目标是人才发展的导航机制。一个人要想成就一番事业，就必须从自身的实际出发，制定明确的目标。有了目标才有发展的方向，才会调动自身的潜能，激发出强大的动力。人通过正确的自我认识，确立较为合理的"理想我"的内容，就为个人将来的发展确定了目标，对个人的认知、情绪、意志、行动都会产生很大影响，是个体活动的动力和参照物。自我意识健全的个体，在从事一项活动之前，活动的目的和结果就以观念的形式存在于头脑之中了，并以此做出计划，指导自己的活动，从而达到预期的目标。如果一个人自我意识发展不成熟、不健全，那么就不可能对自我做出长远的规划，就不可能制定出奋斗的目标。如果一个人漫无目的，经常处于左顾右盼、无所适从的状态，即使他有很高的才华，也将一事无成。

2.自控作用

一个人要想获得发展、取得成就，光有目标是不行的，还必须具备自主、自信、自强、自制的意识，对自己的情感、行动加以调节和控制。自我意识健全的个体在对自我做出正确认识、合理规划的基础上，能够对自己的注意力、情感、行为等加以控制，以实现自我的目标。

在成功的路上，很多人并不缺乏机会和才华，而是缺乏控制自我情绪的意识和能力，缺乏控制自我注意力的意识和能力，故而与成功失之交臂。[1]自我控制是自我意识发挥能动作用的一个重要方面，它是目标的守护神、成功的卫士。缺乏自我控制意识的人，将是一个情绪化的人、缺乏毅力的人、一事无成的人。

---

① 孟繁军，王岩.大学生心理健康教程[M].哈尔滨：东北林业大学出版社.2009：102.

3.内省和归因作用

自我意识健全的个体，不仅能够确立"理想我"的内容，为自己将来的发展做出规划，而且能够通过自我控制来实现预期的目标。此外，由于主客观条件的制约，"理想我"的实现常常会遇到各种阻碍，致使个体产生不同程度的挫折感。由于人有自我意识，在这种情况下就会对自己的认识、情感、意志、行为等进行自觉反省，找到目标受挫的主观原因，并重新调整认识，形成新的"理想我"的内容，使"现实我"获得提高。

内省和归因可谓个体成长中所进行的自我监督和自我教育。每个人要想使自己的天赋、能力得到充分的开发和利用，就需要有积极的自我意识，随时对自我的认识、情感和行为加以反省和审察。

总之，自我意识与人才的成长和发展有着密切的联系，健全的自我意识在人的健康发展中占有十分重要的作用和意义，可以说是人才健康发展的必备要素。

三、大学生健康自我意识的塑造途径

古希腊哲学家苏格拉底创办了一所学校，在这所学校的门口立着这样一块牌子：认识你自己。短短一句话就道出了一个千百年来困扰着一代又一代人的命题。对年轻的大学生来说，拥有健康的自我意识是很重要的。正如科恩所说："对于青年来说，这种发现自我与哥白尼当时的革命同等重要。"大学生自我意识的完善是大学生完善自我个性，实现自我价值的重要途径。

（一）正确认识自己

全面认识自我是形成健康自我意识的基础。如果一个人能够全面、正确地认识自我，客观、准确地评价自我，就能量力而行，为确立合适的理想自我，并为之实现而不懈努力。美国心理学家乔瑟夫和哈里提出了关于人自我认识的视窗理论，该理论认为人对自己的认识是一个不断探索的过程。因为每个人的自我都有四部分：公开的自我、盲目的自我、秘密的自我和未知的自我。

通过与他人分享秘密的自我，通过他人的反馈减少盲目的自我，人对自己的了解就会更多、更客观。一般而言，认识自我的主要渠道有以下几个方面。

1.通过对他人的认识来认识自我

个体与社会、与他人有着密切的联系，个体要超出自身来认识自我，必须通过认识他人、认识外界来进行。所以，大学生应该积极投身于认识世界、改造世界的社会实践活动中，在其中不断地丰富自己对自然、社会、他人的认识，并在此基础上进一步认识自我。深刻的自我认识是以深刻地认识和理解他人、社会为前提的。

2.通过分析他人对自己的评价来认识自我

心理学家研究发现，个体的自我认识受他人评价和态度的影响，并在一定程度上反映了他人的评价和态度。当然，大学生并不是简单地接受他人的评价，评价者的特点（是否学有专长、是否值得信任、是集体评价还是个人评价）、评价者所作评价的特点（例行公事还是私人性质、与自我评价的差异大小、他人评价的一致性、评价是肯定还是否定）都会影响到大学生对他人评价的接受。大学生在接受他人评价之前，总是分析评价者及其所做的评价，然后才有选择地接受他人的评价，形成关于自己的观念，达到自我认识。所以，正确地开展同学间的互评，教师给予具体而有个性的正确评价都将有助于大学生自我认识能力的提高。

3.通过与他人的比较来认识自我

个体对自我的认识，不是孤立地进行的，而是常常需要通过与他人相比较才能实现。在与他人比较的过程中，个体才能认识到自己能力的高低、道德品质的好坏、追求目标是否恰当等。心理学家曾做过这样一个实验：首先请希望在某单位谋职的一群大学生对自己的个人特性做出评价，然后出现一个假装谋求同一职位的人。其中一组学生见到的是衣着讲究、温文尔雅、手提公文包的人（干净先生），另一组学生见到的是穿着破烂、手脚忙乱的人（肮脏先生）。其后，找借口让大学生重新填写自我评价表。结果发现，遇到"干净先生"的学生，自我评价普遍降低了，而遇到"肮脏先生"的学生，自我评价普遍提高了。这说明，人们总是不由自主地将自己与他人进行比较，在比较中对自己做出评价。在对大学生进行自我教育的过程中，教师要引导大学生不仅要与自己情况差不多的人比，更要敢于与周围的强者比。在比较中认清自己的优势和劣势、长处和短处，达到取长补短、缩小差距的目的。

4.通过自我比较来认识自我

人们不仅可以通过与他人的比较来认识自我，而且可以通过把目前的"自我"与过去或将来的"自我"相比较来进一步认识自我。心理学家曾提出"自尊＝成就抱负"，这说明个体的自我评价不仅取决于他的成就，而且取决于他的抱负水平，取决于两者之间的比较。过去的成就水平越高，个体越容易积极地评价自己；而指向未来的抱负水平越高，个体越不容易满足，越难对自己做出肯定的评价。所以教师一方面应鼓励学生超越自己，不要满足于现有的成绩，但另一方面也应引导学生确立恰当的抱负水平，不要一味地跟自己过不去。

5.通过自己的活动表现和成果来认识自我

自我意识是个体实践活动的反映，个体对自己在实践活动中的表现和成果可以为个体认识自我提供依据。个体正是在从事各方面的活动中，展示自己的聪明才智、情感取向、意志特征和道德品质的。引导大学生正确分析自己的活动表现和成果，有利于他们客观认识自己的知识才能、兴趣爱好，进一步发挥自己的长处，弥补自己的短处。

6.通过自我反思和自我批评来认识自我

大学生已经具备了一定的自我反思和自我批评的能力。教师应教育学生不断地对自己的心理活动进行反思。对自己进行一分为二的分析，严于解剖自己，敢于批评自己，在自我解剖和自我批评中，更深刻地认识自我。

（二）正确接受自己

在面对"理想我"与"现实我"的差距时，大学生最重要的是学会自我接纳。自我接纳是指个人对自身及自身所具有的特征所持的一种积极的态度，既能欣然接受现实中的状况，也要允许自己存在不足。在生活中，大学生可以从以下几点做到自我接纳。

1.爱自己

在许多人的印象中，"爱他人"和"爱自己"似乎是对立的。实际上，爱自己是爱他人的前提，自爱的人才有空间去爱别人。

爱自己，就是对自己宽容，为自己感动，为自己流泪，允许自己犯错误。其实，只要你把这种爱注入自己的心灵中，给自己带来温暖与力量，让生命的活力重新循环流动，你就能获得某种程度的解脱。

2.无条件地接纳不完美的自己

完美只是一个概念，每个人都不完美，都有长处和不足，我们要学会面对不完美的自己，接受有缺陷的自己。一个能接受自己缺陷的人，才有可能接受他人。[1]很多人以为只有具备某种条件，如漂亮的外表、优秀的学习成绩，过人的专长、出色的业绩等，才能获得被自己和他人接纳的资格，因此背上了自卑的包袱。由于曾经被挑剔，也就逐渐习惯用挑剔的眼光看待自己，越看越觉得无法接

---

① 牟宏玮.大学生心理潜能开发与拓展 [M].青岛：中国海洋大学出版社.2016：44.

受。接纳自己就是无条件地接受自己的现状。自我接纳是人天生就拥有的权利。无条件地接纳不完美的自己，学习与自己做朋友，站在自己这一边，接受并且关心自己的身体和心理状况。

3.保持乐观，性情开朗

在大学生活中，我们可能会面临各种生活、学习和人际交往的压力，时常会遇到各种挫折和冲突。有位同学钱包掉了，一个月的生活费没了，却不见他特别沮丧。问他"为什么"，他说："钱包掉了本来就是一种损失，如果再因此让自己很不开心，不是损失更大了吗？为什么要把金钱的损失扩大为时间和心情的损失呢？我不是粗心的人，但是作为教训，下次我会更小心一点儿。"

如果我们能像这位同学一样，遇事保持乐观的心态，不对自己太过苛责，接纳自己偶尔也会犯错，也有短处、缺点，这样反而会给自己更自由的成长空间，会有一个更为理想的心理健康状态。

（三）科学自我调控

从心理健康角度来讲，自我调控是人主动地、定向地改变自己的心理品质、特征以及行为的一个心理过程；是自我心理结构中最重要的调节机制，也是心理成熟的最高标志。大学生情感丰富，但极易冲动，主要是由于大学生的自控能力还较差。一般刚入校的大学生自我控制能力较弱，比较爱冲动，意气用事，但随着年龄的增长、学识的增加、经验的累积，大学生的自我控制能力逐渐增强，他们能够及时根据别人的评价和自己行动的结果进行反省，并及时调整自己的行为和目标。大学生可以从以下几个方面有效地控制自我。

1.有明确的行动目标

没有目标的人生就像一叶无人驾驭的小舟，漫无目标地随风飘荡，而明确的目标正是成功的基础。目标与行动是密切联系在一起的。没有行动的目标只会是纸上谈兵和虚无缥缈的，只有付出实际行动才能逐步向成功迈进。正确的行动目标能够诱发人的动机、强化人的行为，并促使其走向预定的方向。对于大学生而言，由于心智尚未完全成熟，有时缺乏足够的自制力和意志，因此就要有明确的行动目标，并制订完善的行动计划和程序，这样就可以避免自己行为的盲目性。

2.善于自我检查、监督

有了明确的行动目标并制订合理的行动计划之后，行动就应按照预定的计划有条不紊地进行。在行动过程中，要不断进行自我检查，根据实际情况及时调整行动。大学生还应该认真领会社会道德准则的实质，并将其内化为个人的品德，确立个人内在的行为准则，以此来监督自己的行为。

3.提高自制、自律能力

某种程度上，大学生正处在人生旅途的起点，在这一旅途中，会遇到来自本能和外部的各种诱惑。大学生要实现自己的人生目标就必须能够抵制住这些诱惑，能够主宰自己的行动，因此需要顽强的意志力。人的意志力往往与自我控制能力密切相关，所以就需要坚强的自我控制能力来理智地约束自己的行为，把握自己的情感，有效克服消极的愿望和动机。

4.做好理想与现实之间差距的调控

众所周知，理想与现实之间总是会存在一定的差距。对于大学生而言，他们正处于一个心比天高的年纪，社会、人生经验缺乏，因此难免会产生一些与自己个人能力不相符的大胆想法。由此便要求他们必须拥有良好的调控能力来应对和面对这一差距，既要敢于树立远大的理想和抱负，又要脚踏实地处理好理想与现实的矛盾。理想是自我希望实现的目标，这个目标能否实现，有两种可能，即可能实现或可能不实现，这取决于两个条件：一个条件是客观现实及其变化所提供的可能和机遇，另一个条件是主体本身的素质。因此，大学生在树立理想目标时，既要考虑到客观现实的可能性，又要考虑到主体本身的条件，这样才能使理想的我建立在比较现实的基础上。其具体调控方法包括以下两个方面。

（1）正确的价值观。理想与抱负是否远大，不在于最终获得的收益的大小、地位的高低，而在于实现的社会价值。例如，当科学家是为了科教兴国、造福人民，这是远大的理想和抱负。如果当科学家只是为了出名和获得高薪，便算不上远大的理想和抱负。因此，建构理想的我必须对理想的社会价值进行抉择。

（2）不追求绝对的完美。我们说，世界在运动中发展，任何事物的完善都是在发展中相对存在，而没有绝对的完美。大学生在实现理想的我时，所规划的内容要有主有次，不能要求面面俱到，都达到完美。事实上，随着时代的发展和个人的成长，昨天被视为理想的追求，今天很可能已不再是理想了。所以，理想的我要随着时代与个人的发展不断进行调整。理想的我如果目标过高，必然会造成精神上的失意和痛苦；而没有理想和追求，失去精神的寄托，更会造成另一种心理障碍和痛苦。因此，科学地建构理想的我，引导自我意识健康发展，对大学生心理健康发展具有重要意义。

（四）积极完善自我

积极完善自我，即在个人现有素质、能力的基础上，自觉为超越自己而规划、设计的一种目标。对自我的完善，主要在于主动调节自身的行为、思想，从而使之更为适合自己当下所处的环境和状况，能够更为有效地帮助自己全面、多元发展，从而更好地适应社会的要求。当前，完善自我的途径主要有以下几种。

1.确立正确的理想自我

确立理想自我就是在自我认识、自我悦纳的基础上，按照社会的需要和个人的特点来确立自我教育的发展目标。树立正确的理想自我，最为重要的是要熟悉和了解社会，认识社会发展的规律，为理想自我的确立寻找合适的社会坐标；积极探索人生，理解人生，树立正确的人生观，为理想自我的确立寻找合适的人生坐标。[①]要完成这一任务，就必须认真学习理论知识，积极开展社会实践和人生实践，在理性和感性的结合上真正认识社会，在个人与社会的联系中认识有限人生的价值和意义。

2.培养良好的意志品格

拥有良好意志品格的人，在行动的自觉性、果断性、自制力和顽强性等方面都表现出较高的水平。而对自我的有效监督和控制，离不开意志的力量，只有意志良好、健全的个体，才会做到对自我的有效控制，从而最终实现理想自我。

总而言之，自我意识的健全需要付出艰辛的努力，它是每个追求卓越的人的终生课题。在美国一所黑人教堂的墙上刻着这样一句话："在这个世界上你是独一无二的一个，生下来你是什么，这是上帝给你的礼物；你将成为什么，这是你给上帝的礼物。"上帝给你的礼物，我们无法选择；你给上帝的礼物——你将成为什么样的人，全由你自己创作，主动权在你自己，那就是认识自我、悦纳自我、激励自我、控制自我、完善自我、超越自我。只有这样，才是走向成功和卓越自我的正确途径。

---

① 刘启珍.中学儿童家庭教育指导[M].武汉：华中科技大学出版社.2014：131.

第六章　大学生的学习与发展

第一节　学习概述

一、学习的含义

学习是一个众所周知的术语，动物的适应与生存，人类的发展与成长都离不开学习。从心理学上讲，学习是一个十分复杂的心理现象。在中国古代社会，人们已经开始思考学习的过程，并对学习心理有了初步的探索，比如《论语·学而》中提到"学而时习之，不亦说乎"。随着社会的进步及心理学的独立和不断发展，人们开始有意识地运用心理学的原理、方法来研究学习过程，并出现了很多关于学习的论述。如桑代克认为，学习是尝试错误的过程。他在实验的基础上提出了学习三大定律：准备律、练习律、效果律。斯金纳认为学习的本质是反应的改变，如果在学习的过程中产生了令人愉快的反应结果，那么这种反应结果就会高频率地发生。又如皮亚杰认为学习是主观经验系统的变化（重组、转换或改造），学习者不是在接受客观知识而是在积极主动地建构对自己的理解中，等等。

从上述有关学习理论的阐述中我们可以看出学习的一个重要特征，就是可以引起行为或心理的变化。一般来说，学习有广义和狭义之分，广义的学习是动物和人类共有的，是人和动物在生活中获得经验，并引起心理和行为变化持久的过程。

广义的学习有以下几个特点：第一，从主体来看，无论是动物还是人类都具有学习能力，它是贯穿一生的；对个体来说，他的一生都贯穿着学习，学习无处不在。第二，从实质来看，学习的发生是由经验引起的。判断学习是否发生，关键是看个体在此过程中有没有习得经验，这种经验既包括外部的环境刺激，也包括个体的联系，更重要的是包括个体与外部环境之间的相互作用。第三，从结果来看，学习的结果表现为个体心理或行为的持久变化。这种变化是由于经验获得引起的，它是持久的，短暂的、偶然的变化不能称为学习。当然，这种变化有时候能直接见于行动，表现为行为的改变，但有时候并不一定以外显的行为来表现，也可以是个体身上潜在的或内隐的变化。

狭义的学习主要指人类的学习，即在社会实践中，以语言为中介，自觉主动地掌握人类的社会历史经验和个体经验的过程。从这一概念可以看出，人类和动物有着重要区别。第一，从性质上看，人类的学习具有主观能动性，是自觉主动地学习，并在适应环境的基础上积极主动地认识和改造世界，而动物的学习大多数只是被动地适应环境。第二，从实质和内容来说，人类的学习具有社会性，能够通过语言和文字掌握社会历史经验，使人类能够学习前人所积累的经验和文化。这种学习超越了时空的界限，使人类的学习内容更加丰富。

学生的学习是人类学习的一种特殊形式[①]，是指在教育者的引导下，学生有目的、有计划、有组织地通过各类信息的影响，掌握科学文化知识和技能，发展能力形成品德的过程。它是一种特殊的认识活动，主要以掌握间接经验为主，这些间接经验主要反映了人类长期以来认识世界的成果。学生的学习也具有多重目的，学生不仅要掌握经验和技能，还需要发展各项能力，培养个人良好品德，促进个性健康发展，形成正确的世界观、人生观和价值观，以利于今后的学习，工作和生活。

二、学习的相关理论

上述内容提到学习本身有广义和狭义之分。广义的学习，指的是动物（包括人）不断获得知识经验和技能，形成新的习惯，并改变自己旧有行为的一个过程。而狭义的学习，则指的是人类对客观现实的认识过程，因此大学生的学习也是狭义的学习。关于学习的理论，目前较为权威的研究，一般指的是行为主义理论、认知主义理论、建构主义理论和人本主义理论四个方面。

（一）行为主义理论

行为主义学习理论又称刺激—反应—强化理论，是当今学习理论的主要流派之一。该理论认为，学习的起因在于对外部刺激的反应，不去关心刺激引起的内

---

① 王广忠，马传普.高等学校教师教学指导[M].北京：科学技术文献出版社重庆分社.1989：86.

部心理过程，认为学习与内部心理过程元关。根据这种观点，人类的学习过程归结为被动地接受外界刺激的过程，教师的任务只是向学生传授知识，学生的任务则是接受和消化。行为主义学习理论的这些观点与经验主义和实证主义的深刻影响分不开。

华生是行为主义学习理论的奠基者和捍卫者。他认为人类的行为都是后天习得的，环境决定了一个人的行为模式，无论是正常的行为还是病态的行为都是经过学习而获得的，也可以通过学习而更改、增加或消除。他认为明确了环境刺激与行为反应之间的规律性关系，就能根据刺激预知反应，或根据反应推断刺激，达到预测并控制动物和人的行为的目的。他还认为，行为就是有机体用以适应环境刺激的各种躯体反应的组合，有的表现在外表，有的隐藏在内部。在他眼里，人和动物没什么差异，都遵循同样的规律。

（二）认知主义理论

学习认知理论是源于德国古典的格式塔学派的观点。认知学习理论是通过研究人的认知过程来探索学习规律的学习理论。主要观点包括：人是学习的主体，应主动学习；人类获取信息的过程是感知、注意、记忆、理解、问题解决的信息交换过程；人类对外界信息的感知、注意、理解是有选择性的，学习的质量取决于效果。根据这种观点，学习过程被解释为每个人根据自己的态度、需要和兴趣并利用过去的知识与经验对当前工作的外界刺激（例如，教学内容）做出主动的、有选择的信息加工过程。教师的任务不是简单地向学生灌输知识，而是首先激发学生的学习兴趣和学习动机，然后再将当前的教学内容与学生原有的认知结构（过去的知识和经验）有机地联系起来；学生不再是外界刺激的被动接收器，而是主动地对外界刺激提供的信息进行选择性加工的主体。

认知主义学习理论突破了行为主义仅从外部环境考察人的学习的思维模式，它从人的内部过程即中间变量入手，从人的体性的角度对感觉、知觉、表象和思维等认知环节进行研究，去提示人的学习心理发展的某些内在机制和具体过程。分析把握人的认知行为，提示主客体相互作用的桥梁，理解和说明认识活动中的主客体关系，成为现代认知主义的主要思路。在这方面，瑞士著名认知心理学家皮亚杰的论述具有一定的代表性："认识既不能看作主体内部结构中预先决定的——它们起因于有效和不断建构；也不能看作客体预先存在的特性决定的，因为客体只是通过这些内部结构的中介作用才被认识的。""认识起因于主客体之间的相互作用，这种作用发生在主体与客体之间的中途。"因此，探索主体的内部结构，把握主客体相互作用的中介，成为研究人类学习的关键。在皮亚杰看来，人类的学习活动，就是在自我表现意识的调控下，运用内部的思维图式或认知结构同化或顺应客体刺激，以达到主客体间动态平衡的过程。认知主义理论把思维归结为问题解决，从而找到了一条研究人的高级学习活动的途径，在一定程度上克服了行为主义的不足，而且抓住了人的思维活动的本质特征。

（三）建构主义理论

建构主义主张世界是客观存在的，但是对事物的理解却是由每个人自己决定的。[①] 不同的人由于原有经验不同，对同一事物会有不同理解。建构主义学习理论认为：学习是引导学生从原有经验出发，建构起新的经验。

建构主义认为，知识不是对现实的纯粹客观的反映，只不过是人类对客观世界的一种解释、假设或假说，将随着人类认识程度的深入而不断地变革、深化，出现新的解释和假设。学习是学生自己建构知识的过程。学生不是简单被动地接收信息，而是主动地建构知识的意义。学习是学习者根据自己的经验背景，对外部信息进行主动地选择、加工和处理，对所接受到的信息进行解释，生成个人的意义或者说是自己的理解。个人头脑中已有的知识经验不同，调动的知识经验相异，对所接受到的信息的解释就不同。教学不能无视学习者已有的知识经验，不能简单地强硬地从外部对学习者实施知识的"填灌"，而是应该把学习者原有的知识经验作为新知识的生长点，引导学习者从原有的知识经验中，主动建构新的知识经验。教学不是知识的传递，而是知识的处理和转换。教师和学生、学生与学生之间，需要共同针对某些问题进行探索，并在探索的过程中相互交流和质疑。

（四）人本主义理论

美国心理学家罗杰斯是人本主义学习理论的代表人物之一。他认为人类具有天生的学习愿望和潜能，这是一种值得信赖的心理倾向，它们可以在合适的条件下释放出来：当学生了解到学习内容与自身需要相关时，学习的积极性最容易被激发：在一种具有心理安全感的环境下可以更好地学习。罗杰斯认为，教师的任务不是教学生知识，也不是教学生如何学习知识，而是要为学生提供学习的手段，至于应当如何学习则由学生自己决定。教师的角色应当是学生学习的"促进者"。

---

① 教师资格考试命题研究组，教师资格考试命题研究中心组.教育知识与能力（中学）[M].北京：光明日报出版社.2012：198.

当行为主义步入极端机械论的后期，人本主义理论逐渐受到人们的重视，提倡真正的学习应以"人的整体性"为核心，强调"以学生为中心"的教育原则，学习的本质是促进学生成为全面发展的人。人本主义学习理论关心学生的自尊和提高，学生是教学活动中的焦点，自主地选择学习课程、方式和教学时间。教师被看作促进者，应具有高度的责任感。教师要营造合适的氛围，帮助学生成为全面发展的人，学校在社会中扮演着重要的角色，它把学生的创造和自我实现放在了很高的位置上，教育的目标就是帮助学生"自我实现"。它强烈反对把实证主义作为方法基础，认为实证主义和行为主义把人当作机器和物体，排斥人的心灵和价值，用它来研究人，即使堆积起来无数细小的事实不是虚假的，但也是琐碎的，根本不能提示人类特有的学习心理。因此，人本主义学习理论把它的整个体系建立在现象学、存在主义和性善论的基础上。

从学习理论来说，人本主义更重视它的整体原则，要求理解学生的各个方面，包括学生的潜能和价值，以及师生的情感意向。在这种思想的指导下，产生了许多积极的教育意义。第一，确定以学生为中心，转变传统的教育思想，把学生勇于探索、创造等动机看作本质动机，不把学生作为单纯接受文化知识的"容器"；第二，以学生为中心，使学生懂得怎样学习；第三，以学生为中心的教育，坚持对学生有限度的自由方法；第四，在学习过程中，发挥学生潜能和促进学生自我表现评价。

三、大学生学习的特点及创新学习观

（一）学习特点

学习是主体与客体互相作用的过程中，主体认识客体并获得知识经验和技能的过程。一般来讲，学习有广义与狭义之分。广义的学习是指人和动物"在某一特定的情境中由重复经验而引起的对于那个情境的行为的变化"（希尔加德），从而形成新习惯、改变自己行为的较长的过程。学生学习是学习的一种特殊形式，在本书上述内容中曾提到，学生的学习活动属于狭义的学习范畴，它是在教育情境中发生的认识活动。教育是有目的、有计划地按照教育目标改变学生行为的过程，教育情境中的学习可以定义为："凭借经验产生的，按照教育目标进行的比较持久的行为变化。"基于此，学习过程的基本属性表现为：其一，学生的学习是一种特殊的认识活动，其目的或任务主要是掌握前人所积累的一定的、系统的科学文化知识即间接知识；其二，学生的学习是在教师的指导下有目的、有计划、有组织地进行的；其三，学生的学习是在比较短的时间内接受前人的知识经验，学习过程中的实践活动服从于学习目的；其四，学生的学习不但要掌握知识经验和技能，而且还要发展智能、培养品德及促进健康个性的发展，以利于今后的生活、学习与工作。

从对教育情境中的学习活动基本属性的概括中不难发现，大学生在特定的大学教育教学环境下从事的学习活动的特点主要有以下几个方面。

1.学习过程的自主特征

大学学习与中学相比，一个明显的特点就是依赖性减少了，更多的是学生自己自觉主动地学习，自主性是大学生独立性、自觉性和创造性的体现，也是顺利度过大学生活的首要保障。[①]与高中相比，大学的教学有其自身特点，在教育内容上，大学既传授基础知识，又传授专业知识，教育的专业性很强，还要介绍本专业、本行业的前沿知识和技术发展状况，知识的深度和广度都比中学大为扩展。此外，大学的课堂教学往往是提纲挈领式的。教师在课堂中着重讲的是重点、难点及教师最有心得的领域，其他部分及课后的理解、消化、巩固等环节主要依靠大学生自己独立完成。同时，大学生在学习的时间上有很大的自主权和支配权。他们能够根据自己的兴趣、爱好、特长安排学习。

在大学阶段，学生要获得更好的学习成绩及学习体验，更多依靠的是学生自主的学习，这种自主性主要体现在以下几个方面。

（1）大学生对学习内容具有较大的选择性。随着高等教育改革的深化，大学的课程安排越来越合理。既有专业课又有公共必修课，还有大量的选修课。学生能够根据自己的兴趣、爱好进行自由选择。除了教师的课堂教学外，图书馆、阅览室，学术讲座、社会实践活动。网络、师生交流等都能成为学生的学习资源，学生通过自主选择学习资源从而获得自身素质的提高。

（2）大学生拥有更多的支配时间。大学生的课程不像高中安排得满满的，上课之余，学生有大量的时间能供自己支配。他们能够依据自身情况做出个性化的安排。

（3）大学生需要自主选择学习方式。在中学阶段，学生的学习主要依靠教师的计划和安排，学生只需要执行即可，但步入大学后，学生不只是单纯地接受课堂上老师所教的内容，还需要根据自己的学习目标和专业要求，自主学习一些自己感兴趣的知识。大学中，自学占了很重要的位置。

---

① 廖斌，段善君，丁瑾靓.大学生心理健康教育[M].厦门：厦门大学出版社.2016：164.

这种学习上的自主性，让大学生面对学习的时候敢于质疑书本及老师上课的知识，他们会在学习过程形成独立思考的意识。比如在老师上课时，对一个争论比较大的问题，他们能够表达自己的观点；又比如在专家讲座后，能够向他们提出自己的问题，甚至还会质疑专家的某些观点。但这种自主性也有两面性。学生在大学里拥有很多自由支配的时间，若不能正确把握，一些学生会将这些自由时间挥霍在上网玩游戏、睡觉等方面，这不仅浪费时间，也会对自己身心健康造成不良影响。因此，大学学习过程的自主性要求学生能够提高自我约束力，拥有较好的时间管理能力和规划能力。科学利用自己的自主时间，以提高自学能力。

2. 学习内容的广泛性与专业性

大学生在校期间学习的内容是非常广泛的。在课堂上，教师在讲授书本知识的同时，并不局限于书本知识，而是结合本专业培养人才的要求。不断拓宽知识面，随时加入一些新知识、新观点，让学生学习到更多的知识。此外，大学生在校期间除了学习书本知识外，还广泛地从社会这个大课堂中学习了很多书本以外的知识。比如社会交往、社会实践类的知识。作为一个社会人，大学生不管是在校期间还是以后毕业找工作，都需要和周围人交往。为了更好地与各方面的人员接触，方便自己今后的学习、工作和生活，大学生需要掌握一定的社交知识。这种知识的获取，除了要通过书本知识学习外，还需要自己的社会实践活动，大学生通过走向社会、接触社会、不断锻炼成长，才能增长知识和才干。

大学教育的目标和任务是为社会培养各类高级专门人才，因此大学教育也具有明显的专业性特点。大学生在报考那一刻开始就已经确定了自己的专业，大学四年的学习活动都是围绕这一专业来安排的。大学生在学习专业的过程中，要深入了解自己的专业，包括专业的培养目标、课程设置、就业方向等。努力发掘所学专业的专业魅力，培养自己对本专业的热爱，形成对专业学科知识的浓厚兴趣。另外，大学生也应该清晰地认识到学习内容的专业性并不代表学习的狭隘化。大学学习作为一种高层次的专业学习，这种专业性是随着社会对本专业要求的变化而不断发展的。当今社会中，学科的发展已经呈现出明显的融合趋势，各个学科之间逐渐打破了原有的界限，交流和联系也更加紧密。为了适应这种变化，大学的专业性通常只是一个大致方向，更具体、更细致的目标需要学生本人在大学四年的学习过程中或者将来走向社会的时候才会确定下来。所以专业学习是大学的主体方向，但不是学习的全部。大学生在学好自己专业的同时还要根据自己的能力、兴趣爱好选择其他课程，扩展自己的知识面，形成良好的知识结构，才能为以后打下基础。

3.学习方式的多样性

大学学习渠道是非常广泛的，学生可以通过多种方式进行学习。课堂教学是学生获取知识的主要途径，但并不是唯一途径。大学生在课堂学习外，可以通过学校丰富的教学资源进行学习。如听学术讲座、到图书馆查阅资料、参加社团学习、参与老师科研课题等方式积累与丰富知识。除了校园内的学习，还可以通过参加校外实践、社会调查等途径拓宽自己的知识面。大学生来源不一，知识结构各异，兴趣爱好也会有所差别，这也造成了学生的学习方式必然是多种多样的。大学作为一个高层次、综合性的学习场所，能够为学生提供从不同层次、不同角度获取知识的平台，为他们在学习活动中发展自己多方面的兴趣、培养多方面的能力提供便利。学习方式的多样性，不仅提高了大学生学习的积极性，还锻炼了他们独立学习的能力，为他们将来步入社会奠定基础。

4.学习目的的探索性

大学阶段的学生具备了深入思考的能力，大学生学习也具有研究和探索的性质。在大学中，课堂教学从传授既定结论逐步转变到介绍各学派理论的争论、最新学术动态等方面上来，学生的学习方式和思维方式也慢慢脱离死记硬背，开始进行独立思考。学生的学习不仅满足掌握知识，更在于探索知识形成的过程。在一些学习环节中，本身也就是一种探索和创新，如专业论文写作、科学调研等。在研究的过程中，他们需要认真确定课题和研究思路，通过调研和思考，分析解决问题，并提出自己对该课题的观点。在这种研究过程中，他们能够掌握科学的研究方法，培养自己的科学思维和独立思考、探索创新的精神。

（二）创新学习观

1.终身学习观

宋代理学家朱熹曾经说过："无一事而不学，无一时而不学，无一处而不学，成功之路也。"所谓终身学习观，就是一个人终其一生都要学习。即学习是持续一生的事情，每个人在任何生命发展阶段均需不断学习，学习不再是儿童或青少年特有的活动，成年人也要不断学习。1994年，在意大利罗马举行的"首届世界终身学习会议"上提出："终身学习是21世纪的生存概念。"我们如今身处于我国社会、经济、科技等全方位快速发展的21世纪，更加可见终身学习已成为人们在现代社会中生存的必需。一旦放弃学习，人们将面临着生存危机。在知识经济时代，"对于那些拥有新知识的人来说，新时代意味着一个充满机遇的世界；对于那些没有新知识的人来说，新时代意味着当旧工作、旧体制崩溃时，他们将面临失业、贫困甚至绝望"。现代社会，知识更新、社会职业变迁的速度越来越快，这就要求人们不断学习，才能始终符合社会的需要。

2. 全面学习观

所谓全面学习，包含三层含义：

（1）在整个学习过程中，既要学习如何做事，更要学习如何做人，要正确处理好"德"与"才"的关系，做到德才兼备。

（2）要正确处理好"博"与"专"的关系。以达到广博基础上的精深。

（3）正确处理好知识、能力与素质，全面发展与个性发展的关系。正如鲁迅先生提倡的那样，"譬如学理科的，偏看看文学书；学文学的，偏看看科学书，看看别人在那里研究的，究竟是怎么一回事。这样，对于别人、别事，可以有更深的了解"。大学的学习不仅是学好几门专业课，更要学习为人处事，学会参与实践，学会培养兴趣等，这些都是全面学习所包含的内容。

3. 自主学习观

所谓自主学习，就是自己主动地学习、有主见地学习。自主学习是一种学习者在总体教学目标的宏观调控下，在教师的指导下，根据自身条件和需要自由地选择学习目标、学习内容、学习方法并通过自我调控学习活动完成具体学习目标的学习模式。

自主学习包括三个方面的含义：

（1）自主学习是由学习者的态度、能力和学习策略等因素综合而成的一种主导学习的内在机制，也就是学习者指导和控制自己的学习能力。

（2）自主学习是指学习者对自己的学习目标、学习内容、学习方法及使用学习材料的控制权，即学习者在以上这些方面的自由选择程度。

（3）自主学习是一种学习模式，即学习者在总体教学目标的宏观调控下、在教师的指导下，根据自身的条件和需要制订并完成具体学习目标的模式。自主学习观就是能意识到自己是学习的主人，明白学习要靠自己艰苦努力，在学习的过程中发挥主动性、积极性和创造性，同时增强自我教育的意识，形成独立学习的能力，进而不断探索学习规律，适应不断更新知识、充实自己的需要。

4. 合作学习观

合作学习与20世纪70年代初兴起于美国，并随后在70年代中期至80年代中期取得实质性进展的一种富有创意和实效的教学理论与策略。自20世纪80年代末90年代初开始，我国也出现了合作学习的研究与实验，并取得了较好的效果，《国务院关于基础教育改革与发展的决定》中专门提及合作学习，指出："鼓励合作学习，促进学生之间的相互交流，共同发展，促进师生教学相长。"合作学习的目的在于通过合作促进学习，通过合作学会合作，通过合作促进发展，通过合作提升能力。合作学习强调学习过程中人与人之间的互动合作，淡化传统学习过程中的竞争作用，有利于参与合作的学习者学会互爱，增强学生的自尊，对大学生的成长具有重要作用。合作学习的形式主要有师生互动、师师互动、生生互动和全员互动。

5. 智慧学习观

智慧学习是用智慧驾驭和统率知识，要求对知识进行更有效的猎取和运用，能够在信息和知识的丛林中以最快的速度获得最有价值的知识。智慧学习，第一是用长，即按自己的思维长项来寻找自己的学习定位和创造定位；第二是寻弱，即分析当前的薄弱环节，从而找到自己学习和创造的突破口；第三是聚焦，把精力、兴趣、知识、能力集中在某一方面；第四是应用，考虑如何从最大需求的角度去选择最适合的学习领域。

6. 大潜力学习观

人体科学研究成果表明，人脑功能之多，潜力之大，还远远没有充分开发出来。普通人的记忆容量相当于七八千万册图书所载的信息量，而目前的人类只使用了自身能力的 10%，想象能力也仅占 15% 等。这种雄厚的生理基础表明，当代大学生完全可以充分利用自己的智力宝藏，攀登科学技术或文化艺术的高峰。因此，应树立高目标、大潜力的学习观念，力求有所开拓，有所成就。

7. 创造性学习观

创造性学习就是将学习看成在继承基础上的一种创造性活动。首先，在吸收知识时就要像前人创造知识时那样思考，这就是所谓的发现式学习；其次，就是在学习过程中培养创造意识、创造性思维，从而逐步学习、领会和运用创造技法，创造性要敢于"标新立异"，力求在观点、见解和方法上有所创新。当代世界各国、各民族之间的竞争，表现为经济、政治和军事的竞争，但归根结底是人才的竞争，是人才学习素质的竞争，特别是创造性学习和创造性意识和能力的竞争。高级专门人才的创造意识、创造性思维和创造性技能技法更具有决定性的作用。为此，就要树立创造性学习的观念。

第二节　影响大学生学习效率的因素

一、影响学习效率的心理因素

大学生的学习是繁重而紧张的，它需要个体生理和心理的相互支持与配合，才能够顺利完成，在现实的学习活动中，确实有一部分学生存在时间或长或短，程度或轻或重的学习困难，致使学习效率低，学习效果差，学习任务不能顺利完成。常见的影响学生学习效率的心理因素有：学习动机、知识基础、考试焦虑三个大的方面。

（一）学习动机

学习动机对学习活动起着发动、推进、维持的作用，但是这并不等于学习动机的强度越大，学习效果就越好。[①] 学习动机对学习活动的影响效果存在一个最佳水平的控制问题。根据心理学研究结果显示：动机对学习的作用，是以人的专注水平为中介的。动机之所以促进学习，是由于它能唤起、集中并保持学生的注意力，使他们能专注于学习。若动机缺乏，则学生不能专注于学习，学习行为也无法进行，更不能维持；若动机过强，不论是个体内部的抱负水平和期望过高，还是外部的奖惩诱因过强，都会使学生专注于自己的报负和外部的奖惩，而不是专注于学习，从而阻碍了学习。

1.学习动机缺乏

大学生的学习动机缺乏是指学习上没有动力，没有明确的学习方向和目标，无知识需求，更无学习兴趣，学习上得过且过，不求进取。学习动力缺乏障碍的心理特点主要表现为：对所学专业不感兴趣，学习动机不明确，学习态度不认真。例如，在学习活动中缺乏学习的自尊心和自信心，将上课当成负担，无学习成就感；学习过程敷衍了事，不积极思考；对待学习得过且过，而把主要精力放在与学习无关的活动上，难以排除各种内外因素的干扰。

心理学认为，学习动力系统由学习动机、学习兴趣和学习态度组成，这三个要素密切联系、互相促进，贯穿于学习的全过程。良好的学习动力系统具有动力

---

① 王文鹏,王冰蔚,王永铎.大学生心理健康教育 发展与适应[M].北京:教育科学出版社.2012:132.

功能、反馈功能和调节功能。具有良好的学习动力系统的学生，他们不仅能够树立端正的学习态度，养成浓厚的学习兴趣，拥有远大的学习目标，而且还会自觉排除内外干扰，不断调整学习策略和方法，积极适应新的学习环境。如果学习动机、学习兴趣和学习态度中有一个要素出了问题，就难以真正形成良好的学习动力系统。

大学学习时间短暂而又宝贵。学习动力缺乏的心理异常会给大学生的学习活动带来严重的干扰，甚至影响同学们自身的正常学习生活的维持，应引起高度重视。

2.学习动机过强

心理学认为，人的动机分为外部动机和内部动机两大类。大学生的外部学习动机来自学生个体以外的动力吸引和推动，来自学习目标、学习诱因和学习强化物的作用。内部动机来源于学生个体的内部需要，如安全需要、尊重需要、情感需要、认识需要和成就需要等心理需要。由于大学生所处的社会环境不同和个人经历的差异，大学生学习动机的内容及其模式也是多种多样的。根据有关调查资料分析，当前我国大学生的学习动机大致可以分为"求知型""感恩型""自尊型""兴趣型""就业型""信念型"等六种类型。在实际学习过程中，大学生的各类学习动机往往呈现的是"复合型"或"混合型"。

学习动机是直接激励学生进行学习活动的动力，但这并不意味着学习动机的强度越大，学习效果就越好。学习动机对学习活动的作用只有控制在最佳水平才是适度的。心理学研究认为，动机对学习活动的作用，是以专注水平为中介的。动机促进学习的作用形式是唤起、集中并保持学生的注意力，使他们能专注于学习，但过于专注自己的抱负和外部的奖惩，而不专注于学习反而会阻碍学习。因此，学习动机过强，无论是内部的抱负和期望过高，还是外部的奖惩诱因过强，都会使学生产生害怕失败的紧张心理和拼命蛮干的低效行为。

大学生的学习动机过强，一般比较多地表现为成就动机过强。一些同学由于缺乏对自己能力的客观认识，往往自视甚高，其学习期望远远超过自己的实际水平，缺乏承受挫折的心理准备，遇到困难和失败就容易造成心理失衡，以致不但不能使自己专注于学习，还会因为心理压力过大而导致学习的失败，而失败的体验又会挫伤自尊心，产生情绪、情感上的压抑和自卑心理，使这些同学丧失学习的信心，引发心理疾病甚至发生悲剧。

3.学习动机的分类

（1）内部动机和外部动机。根据动机的来源不同，可以将学习动机分为两类，即内部动机和外部动机。内部动机是指由个体内在的需要引起的动机，如学生的学习兴趣、提高自己能力的愿望等因素，能促使学生积极主动地学习。外部动机是指个体由外部诱因引起的动机，如为了得到教师或父母的表扬、奖励而努力学习，他们学习的动机不在学习任务本身，而在学习活动之外。内部动机可以促使学生具有自主性、自发性，使学生有效地进行学校中的学习活动。当然，内部动机和外部动机的划分不是绝对的，任何外在的力量都必须转化为个体内在的需要，才能成为学习的推动力，从这个意义上说，外部学习动机的实质仍然是一种学习的内部动力。我们也不能忽视外部学习动机的作用。教师一方面应逐渐使外部动机作用转化成为内部动机作用，另一方面又应利用外部动机作用，使学生已经形成的内部动机作用处于持续的激发状态。

（2）认知内驱力、自我提高内驱力及附属内驱力。根据美国心理学家奥苏伯尔的学习理论将学习动机分为认知内驱力、自我提高内驱力及附属内驱力。①认知内驱力。所谓认知内驱力，就是指学生渴望认知、理解和掌握知识，以及陈述和解决问题的倾向。认知内驱力源于学生的好奇心，引起探究、操作、理解和应付环境的心理倾向。这些心理倾向最初都是潜在的动机因素，它们本身既无内容也无方向。这些潜在的动机能够转变为实际的学习动机，受两方面因素的影响：一是成功的学习结果会导致学生对未来能取得更满意结果的预期；二是家庭和社会中有关人士的影响。值得重视的是，认知内驱力作为内部动机，往往会因注重竞争分数、计较名誉或担心失败等外部动机而削弱，一味地奖励会使学生把奖励看成学习的目的，导致学习目标的转移，而只专注于当前的名次和奖赏物，这在心理学上称作"德西效应"。因此，教学必须重视认知和理解的价值，使学生对认知本身感兴趣，而不应把奖励作为首要目标。②自我提高内驱力。自我提高内驱力是一种通过自身努力，胜任一定的工作，取得一定的成就，从而赢得一定的社会地位的需要。自我提高内驱力指向的是取得一定的社会地位，以赢得一定的社会地位为满足。在自我提高内驱力中，对地位的追求是动机的直接目标，而成就的获得和能力的提高是间接的目标。显然，自我提高内驱力属于外部的、间接的学习动机，但是也不能因此忽视自我提高内驱力的作用，它的作用时间往往比认知内驱力还要长久。认知内驱力往往随着学习内容的变化而发生变化，当学习的内容不能激发学生的认知兴趣时，认知内驱力就要下降或转移方向，而自我提高内驱力指向的是较为远大的理想或长期的奋斗目标，会成为鞭策学生努力学习、持续奋斗的长久力量。因此，在教学中培养学生树立崇高的理想和远大的抱负，激发学生的自我提高内驱力，也是促使学生保持长久学习动机的有效措施。③附属内驱力。附属内驱力是指个人为了得到长者或权威的赞许或认可而表现出来的一种把学习或工作做好的需要。对于学生来说，附属内驱力表现为：学生为了赢得家长或教师等人的认可或赞许而努力学习、取得好成绩的需要。附属内驱力的产生有两个条件：一是有学生认可的长者或权威人物对其学习结果进行评价；二是从长者或权威人物的认可和赞许中也会获得一种派生的地位。这种地位与自我提高内驱力所赢得的一定的社会地位不同，它不是由学生本人的能力或成就水平决定的，而是从他追随或依附的长者或权威人物所给予的赞许中引申出来的。

此三种内驱力有比较明显的年龄特征。在中小学生身上，小学低年级学生附属内驱力是成就动机的主要成分，随着年龄的增长和独立性的增强，附属内驱力在强度上有所减弱。到了中学阶段，来自同伴的赞许或认可将激发中学生形成强烈的自我提高内驱力；进入高中或大学后，随着认知能力的发展，职业定向的稳定，认知内驱力将成为学习的主要动机因素。

（二）知识基础

一种学习对另一种学习的影响，在心理学的研究中称为迁移，学习迁移的实质是原有知识在新的学习情景中的运用，原有知识的特点影响学习迁移的效果。

1.原有知识的巩固程度

原有知识如果不够巩固，则很难与新的学习建立联系，原有知识越巩固，越容易促进新的学习。可以依据记忆的规律，通过科学复习、及时澄清等，增强原有知识的巩固性。

2.原有知识的概括性

同化与顺应是皮亚杰从生物学移植到心理学和认识论中的概念。根据皮亚杰的观点，在认识过程中，同化是把环境因素纳入主体已有的图式之中，以丰富和加强主体的动作，引起图式力量的变化。顺应则是主体的图式不能同化客体，必须建立新图式或调整原有图式，引起图式的质的变化，使主体适应环境。因此，皮亚杰对同化和顺应所下的定义是："刺激输入的过滤或改变叫作同化；内部图式的改变以适应现实叫作顺应。"奥苏伯尔的认知结构同化论进一步认为，当学习新知识时，如果在学生原有知识结构中找到可以同化新知识的内容，那么原有知识结构对当前的学习就有更强的可利用性。奥苏伯尔认为，原有知识的可利用性是影响新的学习的重要因素，包容范围更大的、概括性更强的知识对新的学习作用更大。

3.原有知识的可理解性

人们依据已有的经验对所学的知识进行加工处理，并用言语把它揭示出来，即是理解。如果学生的原有知识是没有理解、囫囵吞枣、通过机械学习获得的，或者对原有知识理解不准确，那么，当学习新知识时就很难辨识新旧知识之间的异同，也就无法顺利将新知识纳入原有知识的结构中去。

建构主义学习理论的学习观认为，学生不是信息的被动接受者，而是主动建构自己的知识经验，这种建构是在原有知识经验的基础上实现的，所以每个人对相同的信息也会形成各自不同意义的建构，即使在同一堂课上，不同的学生收获也会不一样。如果学生在课前进行预习，将发现的问题和涉及的原有知识进行归纳，那么在课堂上就会思路清晰，能够更快的抓住问题的关键，并将新知识与原有知识建立联系，从而大大提高学习效率。

（三）考试焦虑

焦虑是由对未来活动的预想而引起的，以担心、紧张或忧虑为特点的复杂而延续的情绪状态。考试焦虑是指担心、忧虑自己考试失败的一种负性情绪反应。

考试焦虑容易分散和阻断注意过程，使注意力不能集中，不能专注于学习和应试，考试焦虑妨碍记忆和回忆，使该记的记不住，想回忆的回忆不起来，还会使思维呆滞凝固，具体思维能力无法正常发挥，创造性思维更无法进行，考试焦虑广泛存在于各年级学生的学习中。

考试焦虑对学生的学习影响较为复杂，研究资料表明：不同的焦虑水平对学习的影响不同。考试焦虑与学习之间是倒 U 形的曲线关系，考试焦虑处于中等程度时，学习效率最高，考试效果最好，过高或过低都使学习受到抑制，都不能取得良好的成绩。面临考试，适度的紧张会使人的活动变得积极，但过度紧张则会引起生理的不适及心理的消极反应。

考试焦虑的主要表现为：第一，过分关注考试结果，思维总是指向考试失败。考前注意的焦点不是复习、练习，而是担心考试失败会怎样，考中注意的焦点不是审题解题、检查，而是担心考试的结果。情绪容易波动，终日焦躁不安、心烦意乱、喜怒无常，一旦想到考试失败，就郁郁寡欢、无精打采。行为上表现为防御或逃避、拖延、退缩。

第二，考前失眠头痛，胃口不好、消化不良、腹泻、尿频，考试时心跳加速、呼吸急促、出虚汗，严重的还会浑身颤抖、四肢软弱甚至产生晕厥事件。

二、影响大学生学习的非智力因素

(一)兴趣与学习

学习兴趣历来为教育工作者所重视。古人说"兴趣是最好的老师"便充分说明了二者之间的紧密关系程度。浓厚的兴趣能推动个体进行探索性的学习,对某一学科有着强烈而稳定兴趣的大学生会以此学科作为自己的主攻方向,在学习中主动克服困难,排除干扰。

1.大学生学习兴趣的发展规律

兴趣一般要经过有趣、乐趣、志趣三个阶段。[①]有趣是兴趣发展的低级水平,它往往是被某些外在的新异现象所吸引而产生的直接兴趣,其特点是随生随灭,为时短暂;乐趣是兴趣发展的中级水平,它是在有趣的基础上逐步定向而形成的,其特点是基本定向,持续时间较长;志趣则是兴趣发展的高级水平,它把崇高的理想和远大的奋斗目标相结合,是在乐趣的基础上发展起来的,其特点是积极自学,持续时间长,并且在学习活动中作用有限。兴趣只有上升到了志趣阶段,才会使学生全身心地投入到学习活动中去。经历中学阶段的学习后,大学生进入了专业学习领域阶段,面临着学习兴趣再确认的任务。因为大学生对学习的理解已脱离有趣,进而向着乐趣与志趣的方向发展,从对专业的不了解到了解,再发展到喜爱专业,这需要培养专业兴趣。

2.中心兴趣与广阔兴趣

根据兴趣的广度可以把兴趣分为中心兴趣和广阔兴趣。中心兴趣是对某一方面的事物或活动有着极浓厚而又稳定的兴趣;广阔兴趣是对多方面的事物或活动具有的兴趣。信息时代要求大学生具有广阔的兴趣,知识广博,并在此基础上对某一专业进行深入钻研,培养起中心兴趣。现代社会需要的是广博基础之上的专业型人才,而目前倡导的复合型人才需要坚实广博的计算机与外语基础及精深的专业知识。这两者的结合,实际上也就是学习中的博与专的结合。此事正如掘井,譬如井口太小,就不可能挖出一口深井;若井口太大,消耗过大,则没有能力挖成一口深井。

3.好奇心、求知欲与兴趣

好奇心是人们对新奇事物积极探求的一种心理倾向,它可以说是一种本能。

---

① 赵平,夏玲.大学生心理健康问题与策略研究[M].合肥:中国科学技术大学出版社.2012:93.

好奇心人皆有之，在儿童期最为强烈，它主要表现在好问、好动方面。求知欲是人们积极探求新知识的一种欲望，它带有一定的情感色彩。青少年时期是求知欲望最旺盛的时期。某一方面的求知欲如果反复地表现出来，就形成了一个人对某一事物或活动的兴趣。兴趣是人们积极认识某种事物或关心某种活动的心理倾向，从横向看，好奇心、求知欲、兴趣是互相促进，彼此强化的；从纵向看，三者又是沿着好奇心、求知欲、兴趣的方向发展的。在学习活动中。好奇心不仅可以成为学生学习的动力，甚至会使其具有重大意义的发明或发现；而求知欲不仅是学生走上科学之路的诱因，并且是促使学生进行创造性活动的主要动机。因此我们一方面要促使好奇心尽快地向求知欲发展，最终培养良好的学习兴趣；另一方面也要珍惜好奇心，增强求知欲，提高兴趣水平，使这三种心理因素都得到培养和发展。

4.兴趣与努力不可分割

兴趣与努力是大学生成才的两个重要方面。大学生可能对自己所学的专业不感兴趣，但是经过刻苦学习，大学生在专业学习上取得了一定的成绩，也会激发学生的专业兴趣。大学生有了学习兴趣后，可以促进他们刻苦钻研，向着更高的目标迈进。因此，学生的学习活动既离不开学习兴趣，又离不开勤奋努力，兴趣与努力不断互相促进，才能获得预期的学业成就。[①]

（二）情感与学习

我国古代著名教育家孔子将学习分为三个不同层次的认识：知之者不如好之者，好之者不如乐之者。这三个层次呈递进关系，乐学是最高层次的学习。现代教育实践也表明，与学习相联系的情感活动主要有以下特点。

1.情绪向情操的发展

情绪是比较低级的情感形式。它一般与人的生理需要相联系，但与社会需要也有联系。其主要表现形式有激情、心境和热情，统称为情绪状态。而情操则是习得的、比较高级的、比较复杂的情感，它与人的社会需要相联系。其主要表现形式有理智感、道德感和审美感，统称为高级社会情感。在学习活动中，适当的激情、良好的心境、饱满的热情是学习的重要心理品质；情操则是推动学习的强大动力，是一个人取得学业成就的先决条件。人是自己情感的主人，在学习过程中，学生既要通过学习活动形成和发展自己的情操，又要保持和激发积极的情绪状态，满腔热情地投入到学习中去。

---

① 王玉花，云长海，赵阿勤.大学生健康心理学 [M].上海：第二军医大学出版社.2011：65.

2.情感与认识

美国心理学家沙赫提出了"情绪三因素说"，认为情绪的产生归于三个因素的整合作用，即刺激因素、生理因素和认知因素，而认知因素在情绪的形成中起着重要作用。事实证明：对客观事物没有一定的认识，就不可能产生什么情感。人的情感越丰富、越深刻，则认识也就越丰富与深刻。同时，人的情感又可以反作用于人的认识活动。心理学有关研究表明，人们回忆那些愉快的经历较之回忆那些痛苦的经历要容易得多，也深刻得多。一般来说，学生在学业上取得较大的成就，是与他对学习活动的满腔热情分不开的。但是情感与认识又是互相干扰的。对某一事物的认识不当，就会使人对该事物产生不当的情感；对某一事物产生了不当的情感，就会妨碍对该事物进行深入的认识，甚至产生不正确的认识。学生的学习热情是在学习过程中培养起来的，丰富的知识可以使之产生丰富的情感。我们要学会用理智支配情感，做情感的主人，以克服消极的情感，防止它们对学习活动产生阻抑作用。①

3.情感与需要相互制约

一方面，情感是在需要的基础上产生与发展起来的；另一方面，情感又可以调节一个人的需要。只有当客观事物与人的主观需要处在一定的关系之中时，才能使情感产生。一般而言，凡是与主观需要相符合，并能使之得到满足的事物，就会产生肯定的、积极的情感，反之就会产生否定的、消极的情感。学生将学习活动、求知欲望当作自己的优势需要，就会产生热爱学习、立志成才的需要；反之，一个厌恶学习的学生会将学习当作负担。在学习活动中，大学生必须明确学习目的，培养合理正当的需要，以利于形成自己的高尚情操；同时又必须使自己较为低级的情绪服从较为高级的情操，从而使自己的需要受到这种高尚情操的支配和调节。

（三）意志与学习

对于意志在学习中的作用，古今中外的学者都有深刻认识。荀子提出"骐骥一跃，不能十步；驽马十驾，功在不舍；锲而舍之，朽木不折；锲而不舍，金石可镂"；苏轼也说"古之成大事者，不唯有超世之才，亦必有坚忍不拔之志"。陶行知先生将育才学校的创业宗旨总结为十句话"一个大脑，二只壮手，三圈连环，四把钥匙，五路探讨，六组学习，七体创造，八位顾问，九九难关，十必克

---

① 谢特秀.大学生心理健康教育[M].沈阳：东北大学出版社.2015：202.

服"。有人曾对大学生的学习做了这样的描述：大学生差别最小的是智力，差别最大的是毅力。因此，意志在大学生的学习中起着重要作用。

在学习活动中只有智力和学习的热情还不够，还必须要有坚持到底的毅力。"宝剑锋从磨砺出，梅花香自苦寒来。"大学生应有意识地培养和锻炼自己的意志，在日常生活中，从最简单的事情入手，逐步学会坚持与忍耐，从而成为一个意志坚强的人；在学习活动中，大学生不仅要下定决心，还要树立信心，更重要的是要持之以恒、百折不挠，这样才能取得学习的进步。

（四）性格与学习

陶行知先生从教育实践中得出，良好的性格特征主要有以下四个方面：一是努力奋斗，"奋斗是成功之父"；二是实事求是，"知之为知之，不知为不知"；三是独立意识，"独立的意志，独立的思想，独立的生计与耐劳的筋骨"；四是创造精神，一个具有优良性格特征的学生，可以保证其具有正确的学习动力、稳定的学习情绪、持久的学习举动和顽强的学习意志，提高心智活动的水平，获得大学学业成功。

（五）态度与学习

态度是指一个人对人、事、物和某种活动所持有的一种接近或背离、拥护或反对的稳定的心理倾向，它包括认识、情感与意向三种成分。学生的学习态度是指学生在学习情境中表现出来的比较稳定的心理倾向。由此可见，大学生的学习态度直接影响其学习行为和学习成绩。

1.教师的人格魅力与教学水平

这些直接影响学生的学习兴趣。很多情况下，学生会有意或无意地吸取或模仿教师的某些行为，把教师作为自己心目中的楷模，这样会对学习产生积极的态度，否则会产生消极态度。

2.教学过程

教学过程中所涉及的学科内容、组织方式、授课艺术和讲课策略都会影响到学生的学习态度，如有的学生对专业不感兴趣，会直接影响其课程学习。许多研究表明：在不同教学形式与各种课堂活动情境下呈现出严谨而不失趣味的教学内容，易使学生产生积极的学习体验，从而形成或改变其学习态度；而消极的学习态度往往伴随着枯燥的学习内容、呆板的教学形式和沉闷的课堂情境而产生。

三、大学生常见的学习问题及措施

（一）学习适应不良

学习适应不良的原因归结起来包括外在因素和内在因素两个方面。

1.外在因素

家庭因素和学校因素是主要的外在因素。现在大部分学生都是独生子女，从小就被宠爱，家长包办一切，过着"衣来伸手，饭来张口"的生活。除此之外，家长则很少关心孩子的心理问题，剥夺了他们很多最基本的权利，导致孩子以自我为中心、不尊重或不理解别人、不懂得爱与责任。

家庭的环境、教育方式、父母的行为、家庭氛围等因素都会对孩子造成一定的影响。在和睦家庭中成长的孩子，大多表现出礼貌、随和、谦虚、乐观、大方等特点，但是在不和睦家庭中成长的孩子，表现出孤僻、冷漠、粗暴、野蛮等特点。学生刚步入大学，他们的断乳期反应必然会更剧烈，心理发展不足、意志薄弱、理想与现实间的差距等必然会使得学生产生各种不适应。

2.内在因素

学生步入大学校门之后，面临着各个方面所发生的变化，一时难以应对和克服问题，加之对自己认识不够，必然会产生认知方面的偏差，从而导致心理方面的问题，使之难以适应大学生活。

3.相应措施

初入大学的不适应是每个大学新生的必经阶段，只要找到合适的方式，就能很好地调整过来，调整的方式有如下几种。

（1）熟悉新环境，做好充足的心理准备。人的一生会经历许多不同的新的生活环境，每当面临一个新情境都会遇到适应问题，都有一个适应的过程。对于大学新生来说，首先要认识到初入学的不适应是一个普遍现象，也是一个正常现象。同时，要做好心理准备，迎接新环境的挑战，要用心去熟悉新环境的新特点，并尽快想办法应对新环境给自己学习上带来的不便之处，一定不要逃避退缩。

（2）利用身边的资源，寻找应对方式。在学习目标定位方面，可以请教一些专业老师，以便更深入地了解专业内涵，更科学地树立合理的学习目标；在学习方式方法方面，可以找机会和自己的学长学姐进行交流，由此可以获得许多学习的间接经验，避免在学习上走弯路；在具体的学科学习方面，可以与任课老师及同班同学多交流，以提高自己该学科的知识水平。

（3）学会主动学习，科学利用学习时间。大学的学习模式和节奏与中学有很大差别，大学生学习的主动性是提高学习适应水平的关键。主动在课余时间学习，主动去图书馆拓展自己的知识，都能让自己慢慢适应大学的学习模式和节奏。"一寸光阴一寸金，寸金难买寸光阴"，在主动学习的前提下，有效规划学习时间，在计划的时间里完成计划的事，提高时间的利用率，不仅能使自己轻松掌控学习任务，而且能体会到完成任务的愉悦感与成就感。

（二）学习疲劳

学习疲劳可以分为生理疲劳和心理疲劳两类。生理疲劳主要是肌肉受力过久或持续重复性的动作造成肌肉痉挛、麻木，眼球发疼肿胀、腰酸背痛。动作不准确、打瞌睡等。如一个平时缺乏锻炼的学生参加体力消耗较大的劳动，或参加一场体育运动，就会感到疲劳。心理疲劳主要是因为长时间从事心智活动，大脑皮层兴奋区域的代谢逐步提高，消耗过程超过恢复过程，脑细胞处于抑制状态而使得大脑得不到正常休息。这类疲劳的特点是感觉器官技能降低，注意力涣散，思维迟钝，情绪易躁动、忧郁，易怒等。这类疲劳在大学生中表现较多，比如大学生不想上课，不愿见老师；不愿做作业，一提作业就发怵，一看书就发困；有时候即使在没有外界干扰的情况下，注意力也常常不能集中，有的学生虽然也在看书，却"看不进去"，记不住书中的内容。

学习疲劳现象既可以是学习者主动感知的，也可以是由他人通过对学习者外在行为的观察得出"学习者已疲劳"的结论。学习疲劳对人体来说是一种保护机制，经过适当的休息可以恢复，但如果长期处于疲劳状态，勉强让大脑有关部位继续保持兴奋状态，就会导致大脑兴奋和抑制过程的失调，严重的还会引起神经衰弱，而大学生对学习也会产生厌恶情绪，从而使学习效率大大降低。

1.相应措施

（1）善于科学用脑。现代科学已经清楚地揭示了大脑左右两半球功能有差异，大脑左半球主要同抽象的智力活动有关，如数学计算、语言分析等逻辑思维活动；右半球则主要同音乐、色彩、图形、空间想象等形象化的思维活动有关。因此，如果一个人长时间使用一侧大脑半球，就容易引起疲劳。所以，为了克服疲劳，需要让不同性质的学习内容互相轮换，动静配合，使大脑左右两半球交替运行，比如，当从事计算、语言、逻辑、哲学等科学活动时可以穿插色彩、音乐等艺术活动，这就可以有效缓解疲劳现象的发生。

（2）注重劳逸结合。大学生要注意休息，做到劳逸结合。学习过程要有间歇的休息，特别要注意使脑力劳动与体力劳动、文娱体育活动结合起来，交替进行。一张一弛是文武之道，也是学习之道。大学里，学校安排了休息时间，一般学习 45 分钟，休息 10 分钟，平时阅读或自学 40—50 分钟，同样也要休息 10—15 分钟，这样大脑可以得到休息，有利于提高理解力和记忆力。学习之余，学生可以参加一些文体活动，使身心都得到放松和调节。大学生尤其要增强体育锻炼，锻炼能够使心脏活动量增加，血液循环加快，使人精神愉快，脑力充沛，提高学习效率。此外，大学生每天也要保证充足的睡眠，睡眠是一种彻底休息，是消除疲劳的重要手段。因此，保障了睡眠，才能使头脑清醒，精神振奋，疲劳消解。一般认为，大学生每天的睡眠时间应保证 7—8 小时，当然个体会有差异，每个人都应该依据自己的情况而定。

（3）顺应生物钟规律。科学发现，人体的各种生理和心理功能随着时间的推移做规律性的运动，我们把这种现象称为"生物钟"。对大部分人来说，上午 7—10 时，人的生物机能处于上升状态，10 时左右精力最充沛，是学习与工作的最佳状态，以后逐渐下降，至下午 5 时后又再度上升，到晚上 9 时又达到最佳状态。当然，这一变化规律会因地区或个人而有所不同。若是每位大学生都能掌握好自己的生物钟规律，合理安排作息时间，就能避免学习疲劳，提高学习效率。

（4）创设良好学习环境。一般而言，良好的学习环境能让学生感到舒适，不容易产生疲劳感，学习效率也会提高。如学习环境要保持安静，防止噪声及其他声音影响学习效率；学习时应保证足够的光线，避免光线过暗或过亮，使人头晕目眩，出现视觉疲劳；保证学习环境中的空气新鲜和适宜的温度与湿度，不在空气污染的条件下学习，以免引起胸闷或呼吸困难等症状。大学生要选择优良的环境进行学习，或是自己创造适合的学习环境，这样才能降低疲劳，提高学习效率。

（三）注意力不集中

注意力是心理活动对一定对象的选择和集中。学生在学习中的个别差异，有时候并不完全因所具有的天资不同，更主要的是由于他们在学习时注意力集中的程度不同，而高度集中的注意力又是保证学生高效率学习的必要条件。从心理学上讲，注意分为有意注意和无意注意。有意注意是学生主动、自觉、有目的地根据学习需要做一定努力的注意；无意注意是指事先没有预定的目标，不需要做意志努力，不由自主地对某一事物做出的注意。

大学生的注意障碍主要是他们在学习的过程中注意力不集中或注意力分散，

即在需要注意的情况下，受到干扰使无意注意增强，有意注意减弱。无意注意增强意味着注意力保持时间短，外界稍有一点儿刺激就分心，主观上想把注意力集中在学习上也做不到；有意注意减弱则是注意力分散且不能持久，不能将注意力集中于一定的对象上，对已经开始的学习活动常半途而废，难以坚持。大学生注意障碍是导致学习效率降低的重要原因，它主要表现为以下几个方面。

1. 易走神，无关动作较多

有注意障碍的大学生，在学习时不能有效控制自己的心理活动，容易转移注意力。在课堂上，总是想一些跟学习毫无关系的事情，他们的思维远离当前的学习活动，常会伴随一些与学习无关的动作，比如东张西望、讲话、玩弄手指、摆弄笔杆、摸东翻西等，始终不能把注意力维持在学习上。

2. 易受干扰，学习效率低下

有注意障碍的大学生，在学习时很容易被外界无关的刺激所吸引，比如，课本掉地上或教室外面的声音都能引起他们的注意，最后使得注意偏离当前的学习活动，久而久之学习效率极为低下。有些同学看起来花在学习上的时间很多，一整天都在学习，但是最终却收不到多少成效，就是因为在学习的时候常受干扰，时间虽多，效率却低。

3. 相应措施

（1）明确学习目标。大学生在学习前应根据自己的实际情况，为自己确立一个具体明确而又适当的目标，并依据目标制订详细的学习计划。比如，今天在课堂上要掌握一些什么知识，需要哪些方面的提高等。确立一个明确的目标，让自己每次学习时都有具体的学习任务，带着任务和问题进行学习，这样当你转移注意的时候，一想到这些目标和任务，就不会随意分心，学习才会更有动力。

（2）培养学科兴趣。大学新生入学后，学校都会对各专业前景、发展方向做一些介绍，让学生对所学专业及课程带有新奇感和求知欲，但随着学习的不断深入，难度增大，学生的好奇心也会减弱。因此培养大学生对学科的兴趣，首先，要明确这一学科的社会意义和专业意义，让大学生认识到本学科对自己的学习、品行、修养等方面所产生的影响。其次，大学生要主动学习，带着疑问去学习，针对一些有争论的问题能够提出自己的看法，这样有了学习的兴趣，注意力必然就会集中在学习上。

（3）掌握科学的学习方法。学习方法不当，会使得学习效果不佳。长此以往，会导致学生上课无心学习，注意力不集中。大学生在刚入学时，可能会对大学的教育教学方法不适应，学习无所适从。作为大学教师，应及时对他们进行教育，使他明白大学教学与中学教学的区别，帮助他们尽快适应大学学习。大学生也应该尽快适应大学教学，总结出一套符合自身条件的学习方法。

（4）学会自我调节，排除干扰。学习本来就是一件非常艰苦的事情，需要长期的努力和顽强的意志力，有时候很多知识抽象又枯燥，这更会影响学生的注意力。因此大学生在学习的过程中要学会自我调节：一是注意劳逸结合，防止因长期学习而导致的注意力不集中。大学生在学习之余应多参加文体活动使自己有劳有逸，有张有弛。二是学会将一些自己感兴趣及不感兴趣的内容进行穿插学习。当感到厌烦的时候，可以学习一些感兴趣的知识，反之亦然。另外，每个大学生心理特征不同，对周围环境的要求也不一样，比如有的人在绝对安静的环境下才能集中注意力；有的人在轻柔的乐曲声中更能集中注意力。因此，大学生要根据个人的不同情况，选择适合自己的学习环境，在出现干扰的时候要学会排除干扰，集中注意力来学习。

第三节　大学生学习潜能的开发

潜能的概念起源于古希腊哲学，但它绝不是一种古老的，且形而上学的理念，当代的教育家、心理学家、教师及家长都高度重视开发学生的潜能。人们进行实践和教育的目的就是不断发现人的潜能并实现其潜能。

马克思在《资本论》第一卷中把这种人类自身的自然中沉睡的潜力概括为人的潜能，这种潜能就是人的体能和智能的总和，通俗地来说，潜能是指有待于开发的处于挖掘状态的潜伏的一种能力。

潜能在《辞海》中的解释是："与'现实'相对。这是古希腊亚里士多德用语。潜能指可能性的存在"，现实指得到实现的潜能。潜能通过运动转化为现实，如大理石和雕像的关系就是潜能与现实的关系，潜能转化为现实的过程即质料加上形式成为具体事物的过程。

在亚里士多德的哲学思想中，"潜能"与"现实"和"质料"与"形式"是紧密联系、不可分割的两对哲学范畴。"质料和形式讲的是事物的构成，潜能和现实则是事物的存在方式。前者从静态的角度讲，后者则注重于动态的角度。质料要实现自己的形式，必须经历从潜能到现实的运动过程"。到了黑格尔以后，潜能变成了"自在"，潜能的实现变成了"自为"。"从潜能到现实，就是从

'自在'到'自为'，把自在和自为两个观念结合起来，我们就得到具体事物的运动"。

心理学家从潜意识的角度研究潜能，认为潜能是潜意识的一部分。弗洛伊德把心理结构分为三部分：意识、前意识和潜意识。潜意识是主要的，并且潜意识的内容比意识丰富得多，也起着主要的作用。这可以用"海下冰山"来形容，隐藏在海平面之下的巨大的冰山是人们未发掘的尚待开发的潜意识，而那露在海平面上的冰山一角是我们已经表现出来的能力，即显能，是极小的一部分。由此可见，人的潜能是无限的。罗杰斯的人本三义理论认为，人生来就有学习的能力，就对世界充满好奇心。学习者总是渴望发展和学习。在合适的条件下，每个人所具有的学习、发现丰富知识和经验的潜能都能释放出来。20世纪最重要的心理学成果之一是自我意象的发现，其发现者马斯威尔·马尔兹在《心理控制论：让生命充满活力的新途径》中指出："不管我们意识到与否，我们每个人的脑子里都有一副自我蓝图或自我画像，在我们有意识的凝视下，它也许是模糊不清的，但它确实存在，每一个细节都完整无缺。"这种自我意象就是想象自我，为自己树立一个形象。一旦这种自我形象确立后，就变成了一种潜在的巨大的推动力，激励人们去实现想象中的自我。从这个角度来看，潜能就是自我意象的能力。

综上所述，再结合大学生的学习特点分析，对于其学习潜能的开发，大致可以从以下几个方面进行突破。

一、提高学生自主学习能力

（一）激发学习动机

作为成长的学生来说，要保持持续学习的状态，必须具有好奇心所引发的持续动力，而这项动力的来源则必须构成有效的、稳定的动机基础。因为它能够满足一些即时的但非价值基础上的取向活动，而某种内部驱动只是短暂的，并非始终受驱动的，故而怎样保证驱动的持续性是当下的重点探讨方向。良好的学习动机能可以帮助学生更好地寻找有意义、有价值的学习活动，并从中获得有效的学习益处，换言之，可以帮学生对此感兴趣，使其乐在其中，并且有内心驱动去学习生活周围的东西，内部动机与学习动机必须相互协调，当内部动机超过学习动机时，会使兴趣感瞬间化，所谓"知之者不如好之者，好之者不如乐之者"。只有在学习上保持持续兴趣和冲动，学生才能做到积极参与，推动学生在构建问题与认知上的不断深入，从而获得新的知识，并从此形成学习过程中的良性循环。

　　针对每个学生而言，都有他的独特的动机系统，在对来自个人生活中的重要他人的经验和社会化做出反应中形成，学习动机本身表现为重视学习，并因此深思熟虑地、有目的地趋向学习情境，即一种持续性的气质，也可以表现为通过接受活动的目标，努力学习活动所传达的概念或是掌握它培养的技能，有目的地参与活动的意图，即一种情境特殊性的状态，因此，可以建立学习环境，创造一个适合社会化学生的学习动机情境，包括帮助学生逐渐理解课堂是学习的地方，掌握知识和技能，对他们的生活质量很有益处，而不只是为了成绩报告单上的分数。

　　首先，学生必须明白自身的学习导向，以及对每个主题的好奇程度将直接取决于对此基础上发挥的学习动机程度，学生可以在找到自身兴趣后，和教师产生对新知识渴求的同等感受。

　　其次，也可以在教师所教授的课堂内容中，把自身感兴趣但教师没有展开的内容，在课后通过多种渠道弥补，以维持对知识的学习动机，学生必须配合教师所给予的知识环境，同时，应该尽可能地寻找自身熟悉的话题与教师传授的内容产生认知冲突，发现新内容、新兴趣。

　　最后，学生必须在适应教师所给的环境后，批判地、创造地思考内容，并将之应用到需要探索的，问题解决或做决策的活动中，获得反馈后，可以和教师探讨设定自身的学习目标，并在教师的帮助下学会对自己的学习策略做元认知和控制，为了更好地调动自身的学习动机，应该积极主动地准备学习，动用可用资源，以深思熟虑的方式接触任务，通过了解任务的性质和目标对任务有初步了解，制订计划后再努力应付。在学习的过程中，学生可以通过教师教授的一些有效的记忆技巧，对所给材料或信息进行精细化编写，同时可以重新组织和建构内容，让知识获得新解，同时内心情感始终维持满足感而形成对新知识的探求的良性循环。自我调节学习即学生在其中承担驱动自己去学习、理解的责任，它是动机努力的最终目标。

（二）磨炼学习毅力

　　在上述调节自我学习能力和激发学习动机的过程中，要想使之长久而持续地保持下去，最有效的办法便是进行毅力训练，意志力的增强有助于学习目标和任务的达成。

　　毅力是一种内心活动支配行为的持续力量，有了良好的毅力维持，可以减少当其他内部动机强于学习动机时放弃初始学习动机的概率。毅力可以对学生本身的意志和学习的内容进行同步强化，形成激励学生达成目标的源动力。

对毅力的训练可以作为教师融入课堂的一个环节，可以将它隐形于课堂教授方式之中。首先，可以对一群学生进行毅力分区，在一个小测试中，毅力强的学生比毅力弱的学生要获得相对多的优势和鼓励，营造一种学习氛围，让群体的自我效能感提升，并以坚持不懈作为达成目标的精神支柱；其次，可以跳出书本和学习的圈子，在进行课外班级活动或学校社团活动中，通过些许体能训练，强化学生的毅力观念，这在于每科老师对学生的观念植入，而不仅仅是体育老师反复强调的事。最后，教师团体可以以身作则，可以叙述自己遇到困难坚持下来取得成功的例子，也可以在日常生活中通过行动对学生进行毅力观念的强化，而不仅仅是口头符号，让学生维持自身自主学习的愿望。

（三）培养反思能力

约翰·杜威曾说："教育的目的在于促使每个人都充分发展自己的潜能。"只有当学习任务是开放型的、具有激发力的时候，学生们会自发地表现出主动积极性和责任感，设置开放性的课程，有利于学生在好奇心的驱使下，自己探索并完成任务。同时，也便于了解学生、教师和家长是如何利用这个机会反思学生学习和教师的教学过程的。这种反思更利于三者加强投入的决心和责任。

大学生反思力的培养有利于他们了解参与思考的整个过程，同时也可以从教师和同伴那里得到启发和帮助，也利于他们将自我评估视为学习过程中一个必不可缺的部分，提高自身的自我效能感。在激发学习动机的程度上，当学生采取掌握目标和内在标准时，他们就会对自己的学习产生"主人翁责任感"，一个良好的学习和评估过程可以培养大学生对自己的能力、学习表现、解决问题的有效方法等问题的洞察力，而这种能力正是学习能力的重要体现，也是学习力三要素中的归属范畴。

一旦投入了反思力，学生们对自己学校进行反思的另一个结果是对学习更大的投入程度，这表现在学习的努力程度、坚持性和个人标准的提高，这无疑又和学习毅力及提高学习力的非智力因素相挂钩，因此反思力的出现就像一面镜子，映射出的优缺点都是为了给学生和教师反思提供明确有效的信息点，只有不断地反馈和反思，专注于自己的学习活动，提高自身的自我评价，才能激发学习的内在动机。

（四）增强学生自律

自律学习又叫自我调节性学习，当学生慢慢掌握这种学习的知识和技巧后，他们对学习活动的参与程度就会逐渐由外围走向中心，因为在促进学生对学习进行反思的同时，也提高了教学的反思力。因此，当教师反思什么样的教学方式对学生起作用的时候，他们就会发现学生们反思能力的提高对学习效果的影响。

在自律的过程中，学生要有明确的学习目标，具有强烈的学习动机和良好的学习策略，它是一种功能取向、个人化、独立的学习方式，学习者具有强烈的探求心，他们会运用一定的策略来更好地解决实际的问题。齐莫曼认为："当学生可以主动地激发自己的学习动机，安排好自己的学习过程，将自己的计划付诸实践，并监控整个计划的实施过程时，我们就可以称该学生进行的是自律学习。"培养学生自律学习是获得学习力提升途径的基础，也是源泉。一种好的学习态度和科学的自我评定、自我管理的方式可以促进学习力三要素良性循环，从而达到"力"的效果，即转变、提升。自律的学习者具有几种特性表现，首先，自律学习者具有陈述性知识，这些知识告诉他们可以使用哪些学习策略进行学习，不论他们完成哪种目标和任务，他们都知道在学习前、学习中、学习后该使用什么样的学习策略。其次，他们了解学习策略的程序性知识，也可以说，他们知道这些学习策略都起怎样的作用，这样的学生会思考使用什么样的方法来提高自己当下所需的能力，知道如何选择性地使用策略，并分配好自己的时间和精力来实现自己的目标。最后，他们了解各种学习策略的情境性知识。即了解在什么情况下使用哪种学习策略对他们有帮助，什么时候使用这种策略及为什么有必要使用这些策略。例如，在一堂课中，记笔记、划重点、做总结等学习方法可以帮助他们提高学习效果。对他们而言，学习策略不是在任何学习环境中都适用的，他们会根据具体环境做相应的选择。当一个人知道为什么自己的行为和策略有效或者无效时，对他们的自我提高是很有帮助的。此外，为了实现自身的目标，他们还会使用一些意志性策略来提高自己的意志力，排除分心事物的干扰。这种坚强的意志力和良好的学习策略，就能够很好地促进自己更加努力，而不是简单的能力练习或者依赖于他人的指导。

（五）深挖潜能

在良好学习动机的驱使下，拥有相对较高的学习毅力往往还不够，每个个体拥有自身的独特性不能忽视，也不宜抹杀。他们可能由于不同家庭和文化背景的差异，不同童年同伴所给的压力而成长为具有不同的心理特征的大学生，处于此年龄阶段的学生，心理的伸缩性和性格的塑造性突出，同时还应该注意，在埃里克森的心理社会八阶段理论中大学阶段属于亲密感对孤独感，该阶段的基本任务主要是形成亲密感，即人与人之间的亲密关系，这种关系应该是提高双方的统一性，能够促进个体心理的迅速成长，而不是阻碍某一方的成长，同时也可减少此阶段的退缩和孤独感。在各自表现出的性格特色上，应鼓励学生将潜能和个性作为优势发挥出来，而学生应该在良好和正确的思想道德模式下选择符合自身个性发展的路途，虽然因材施教，尊重学生不同心智的培养，但在潜能的发挥中，应尽量集中于两种能力的发挥：创造力和反思力。所谓创造力，需要在毫无框架约束的情境下爆发，学生自身个性的培养容易使原认知和新知识产生冲突而萌发好奇感，而好奇感的强烈程度直接影响着新思维模式的产生，从而萌发创新的思维。站在不同的角度看待同一问题，创造力的局限则在于萌生出来的内容有无可续的余地及发掘的价值。这时，反思力则成为衡量的标准，学生个人反思力的培养可以提升他们的心智空间，让他们在有新念头的同时，甚至进一步挖掘时，有一种能力成为判断他们正确与否的价值标准。

二、以教师为榜样带动学生的学习能力

（一）基于教师专业化为学生构建学习共同体

教师若想成为有效提高学生学习能力的引导人物，其首先需要具备的条件便是自身拥有高度的专业素养，能在课堂和教授的过程中审时度势，把握好学生的学习状态，及应对不同学生的处理方法，教师在传授知识的过程中，不仅是传授书面含义，更重要的是传授一种态度，一种积极、活跃的学习心理。因此，在对教师的要求中，如果缺少对学生心理分析的基本能力，那么在专业化领域里应该归结于缺了一块能力。当然，教师必须在要教授的专业领域达到炉火纯青的地步，但只有将所传授的知识与适当的教学相结合，才能构成专业化的整个体系，但只有专业领域的专业化是远远不够的，还必须拥有特定的教育学专业素养，完整的人格和良好的职业道德素养。

在这样的层次上，教师如何借自我的学习力影响到学生，一个新有名词：构建学习共同体，也能帮助教师之间产生互动，在交流的过程中达到目标的最高层次。目前在教师群体中，尤其是高校教师，上课后集聚在一起交流的时间少，更无法谈及与本班学生的交流，他们作为一个独立的个体穿梭于课堂之间，只有课堂45分钟的"角色扮演"，课后很少交流反思，正因为不像高中教师那样，学生的学习情况与他们的业绩相关，能够得到及时的回馈，因此大学教师缺乏一个意念上的核心体，然而，在提高学生学习力的基础上，教师学习力的提高无疑也为此提供了一个坚实的保障。共同体表示有共同的使命、原则及价值观，对指导

的原则进行集体认同，在学习型组织兴起的时代，教师核心共同体的构建也必须成为一枚小的旗帜树立起来，他们能帮助教师通过参与和已有经验，将混乱无序的活动变得秩序有加，使其拥有更长的持续力。正因为构建一个这样具有集体探究、共同协作、行动和结果导向等特点的组织，使得教师在与学生交流的过程中更具有专业性，有经验的交流和分解也能帮助共同体内的每一位成员教师获得不同的经验感受，同时也能够在交流的过程中进行创新，这种氛围的延续也可以给学生提供先天的榜样，让他们在感受氛围的同时也反思自身，同时也能使学生的能力得到提升。

教师专业发展是针对教师学科专业素养提出的，意味着教师专业内涵的发展，其中包含三个范畴：即教师专业知识的发展、专业技能的娴熟、专业情意的健全。一名优秀的教师必须具备从教工作所要求的专业知识，因此，教师专业发展的过程也是一个不断学习、积累专业知识的过程。教师专业发展也以可看成是一种力的形成，教师作为一个群体，也会像学生一样，对于知识的学习是由浅到深、由表面未加工的资料到对资料的理解、内化和顺应，最终形成一套自己的理论，也可以表现成一种学习力，是一种由学到实践再到反作用于实践生产力的效果的过程。这种力的体现恰好和学生的学习力一脉相承，在一个整体的力的系统中，利用教师对学生的示范功能，让学生也同样形成一个小型的力的系统。例如，教师教育强调理解和推理、转化和反省，教师利用自身所具有的学科内容知识、一般教学法知识、课程知识、学科教学法知识、学生及其特性知识、教育脉络知识、教育目的目标、价值、哲学及历史渊源知识，在自身提高和转化的同时，可以帮助学生获得理解，帮助学生向新知识迈进，带动学生学习力的形成，促进教学相长。教师的发展必须从只关注教师的外显行为到关注教师的知识及信念对教学行为影响的转变，因为他们的思想、判断和决策指导其课堂行为，并进而影响学生的学习过程和学习结果，同时也应该将自身培养成为自我反省能力、自我学习能力的实践者。

20世纪80年代美国的教师教育改革运动，提出一种以教师自愿为前提，以"分享（资源、技术、经验、价值观等），互助"为核心精神，以"共同愿景"为纽带把教师联结在一起，互相交流、共同学习的学习型组织。"该组织的形成正是教师专业发展的核心点，教师要获得专业发展，首要问题是学习，学习对于教师的成长具有重要意义。学习和学问是紧密相连的，学习是个体获得知识的途径。学习者主动参与的学习，可以是教师，也可以是学生，这种主动学习是自觉地、积极的、心情愉悦的、高效的。同时，教师要力图通过不断地"内省"，确立"学习即生活、学习即工作、学习即责任、学习即生命的重要组成部分"的价值判断，养成时时、事事、处处学习的习惯。学习可以提升教师的素养，增强教师的能力，学习也可以使教师不断地更新思想，保持创新的状态，这也成为教师带动学生学习力提升的核心价值观。

（二）教学风格与模式的抉择

"一个没有激发起学生学习兴趣的教师，就像一个使劲敲着生铁的铁匠。"

对于学生，教师首先可以示范你的学习动机，将要教授的主题神秘化，以切身的体验或自身对这种体验的渴望潜移默化地传达给学生，他们也将和你拥有同等感受，这时便会由于原有认知和新知识的冲突，造成学生对此主题的好奇心和兴趣，接着便可以进一步思考，让学生自己找出解决问题的途径，在遇到阻碍或困难时给予适当的疏通。其次，你可以与之交流需要的预期和归因，这就意味着学生可以分享你对学习的热忱，如果你在对待学生时把他们当成是热切的学习者，他们就可能成为热切的学习者，要让学生明白，你预期他们是好奇的，想获得理解，想把所学应用于日常生活中。

教师还可以设计轻松的学习气氛和课堂内容，当学生目标取向足够放松，自己在处理遇到的问题时在表现预期上没有任何焦虑，并能专心完成，这就足以调动学生的学习动机，教师应更多层次的去保护学生，免于对表现恰当性的焦虑和过度关心，帮助学生正确面对失败。

教师在教学风格和教学模式的选择上，首先要对学生的学习进行考察，例如，对该学科的看法和态度、兴趣和爱好、课堂学习的参与性，以及该学科的素养和在日常生活中的应用，因为教师知识的不同类型会影响学生学习的不同方面，这时课堂对话成为师生交流互动的思维模式，例如，当学生解释与论证自己的思维，以及接受来自教师与同伴的挑战时，学生经历对自己思维的一种澄清，从"知道"到更深层的把握其中的道理，不同的课堂对话方式也会影响学生对该学科的看法，而教师只有通过这种对话，才能选择最好的教学方式以促进学生学习能力的提升，才能选择合适的内容刺激学生的好奇心，对他们实施对知识渴求的正强化，只有聆听学生的不同想法、了解学生的思维，通过提出高层次的问题、质疑和挑战学生的思维，创造一个师生之间与学生之间的对话交流的氛围，才能达到教学相长的目的，才能形成自身的教学风格和模式，提供多种知识的学习途径，为新的学习者提供更多的学习支持。

（三）以学生为中心

安纳托·弗朗斯说："教学的艺术，实际上就是指通过激发学生的好奇心来达到满足好奇心的目的。"教师自身专业素质的提升更多的是要指导学生参与一个更有意义的学习活动，让他们体验到学习的成果和愉快，要满足学生多方面能力的需要，使得学生会努力地在课堂中寻找有意义的信息，教师们只有更加深入地、连贯地理解整个学习和发展的心理机制，才能给学生创造出一个具有挑战意义的课堂来促进学生的学习和发展。教师必须通过学习相关的知识和进行深入的思考，为学生创造一个具有吸引力的学习氛围，促进他们成为学习自律者。以学习者为中心的心理学原理产生于1993年美国心理学学会的《心理学在教育上的应用》报告书中，内容主要包括：将学习看成是个人根据已有经验，重新构建意义的一个动态的过程；学生在学习过程中，试图建立一个连贯的、有意义的知识结构；提高学生的元认知能力，有助于促进学生进行创造性和批判性的思考；学生们的信仰、目标、期望、情感和动机会影响他们的学习效果；学生们天生就充满了好奇心，他们喜欢学习，但是由于过度紧张的学习会导致焦虑和消极的情绪反应，并降低他们的学习热情；每个人在生理、智力、情感和社会性发展上都是不同的；在多种环境中与他人进行社会交往可以促进学习；所有人都会根据自己的个人信仰和思想来解释他们的生活经历；等等。

由于传统的标准化考试将层级负责制放在首位，这使得学生们了解不到自己的成长过程，才必然会导致学习动机减弱，逐渐失去了对学习的信心，不断消磨学生对学习和接受教育的愿望，教师只有了解这点，对学生的背景、动机、情感和态度比较敏感，才能促进学生发挥自己的最好水平。约翰·杜威曾提出过："学习日志可以帮助我们对学习过程进行思考和总结，当中既有成长过程重要特征的记录，也有各种特征之间的比较。它是智力组织和受过训练的大脑的核心。"应该引导学生建立内在的学习目标，诸如知识掌握、个人素质的提高及个人成就，减少建立在如考试成绩比较之类的外部动机上。

（四）创建进行性评估体系

所谓进行性评估是在一段时间内对某种能力、概念或者态度进行多次评估，以了解其纵向的学习过程和发展变化。当学生把教师的知识和责任内化的时候，他们就学会了如何进行自我评估，当教师们对学生的自我评估进行评价的时候，评价的重点就从对学习效果的评价转移到了对学习过程的评价，这表现为一种进行性评估。首先，此活动对于学生而言是有意义的，与他们的个人目标紧密相连，能激发他们的好奇心和想象力，吸引他们的注意力。其次，学生们进行反思实际上是元认知过程，也许还是一种元动机过程，因为他们知道该如何评判自己的学习方式，如何调节自己的认知策略，激发学习动机。因此，我们鼓励学生对自己的学习内容、学习成果、学习策略、学习过程进行反思。再次，当学生们在一段时间内获得成功，他们会受到启发去反思自己的成长过程。最后，这种能够促进反思能力的评估活动是以多种形式在进行的，因此也可以获得多种多样的评价结果。例如，学生也许会发现他们在数学计算上有惊人的进步，却在写作上提升缓慢，或者发现自己更爱读某些书籍，而不是大多数人喜欢的书籍，这种能够提升学生反思力的评估方式，的确能够启发学生反思自己在学习过程中的优缺点，帮助他们更加了解自我。

（五）注重培养创新能力

学习能力提升的另一个关键能力即创新力。创新人才作为经济知识的主体，具有健康的人生价值取向，对知识具有敏锐的预测力和准确的把握力，同时，此类人善于观察、独立思考并勇于挑战，强调个性但具有良好的心理品质，这些都是学会调节自身学习的基础。创新力的培养重视两方面，一方面是记忆力，我们所强调的是在记忆力提高的基础上注重创造力的培养，虽然在现代教学课堂中也存在对学生记忆力的训练，但主要强调的是一味地机械记忆，导致学生思维的僵化，在训练记忆力的同时缺乏科学性，没有融入创造力的板块中。另一方面则是大多数人所提倡的"背书"，这里所谓的"背书"并非死记硬背，而是在背书的过程中训练和提高学生的领悟与理解能力。例如，许多经典之作中包含的意蕴、内含、哲理等，既不能"一目了然"，也不能靠老师一次讲解就清楚，而是要反复体会，靠自己去领悟和理解，只有"禅透"才能领悟，只有领悟了的东西才是真正的理解，而创新力强调的正是要经历一种有效的领悟过程和培养一种有效的领悟方式来提高学生的领悟能力。早在古代佛经上提供的"禅"和"悟"就是一种古老而传统的教育及学习方式，对创新人才培养仍然具有十分重要的积极作用。

在上述内在的培养方法存在的同时，要培养创新人才，环境的创造也占据着举足轻重的地位。从一定的意义上讲，人是环境的产物，创造相应的环境显得尤为重要，可以将之称为创新潜能的环境开发，环境的创造显然包括多方面的内容。但一个极其重要的方面是让学生的才智找到一个集中活动点，使之在开放式的交流中相互启迪，使潜在的智慧得到充分的释放，在撞击中产生新的思想火花。这是任何封闭的教师与刻板的作业本所不能取代的。教师应该在这样的环境中引领学生走进自然、走向社会，从而激发他们的创新欲望，加强创新价值观的教育，让所有学生都能逐渐加深对创新意义的认识，逐步形成以创新价值为取向的人生观。引导学生走进自然，学会观察，在观察中发现不同事物的相似性和差异性，在此基础上产生好奇心和对未知事物的兴趣。正如培根说："类似联想的东西支配发明。"在一定条件下，好奇心和联想直接转化为创造的冲动和内在的欲望，并且还可以在教学的过程中使学生得到间接的创新体验，与此同时，实现知识的综合化，也是奠定知识创新的基础。在教学的过程中，必须把创新思维的训练引入各门学科及课堂的教学中，并使之成为教学改革的重要内容，同时开设创新成功心理的教育。对学生的任何"发现"给予尊重和鼓励，把学生在创新中获得的成功喜悦、尊重与鼓励有效地转化为稳定的心理品质，或者说形成创新成功心理。这是创新激励机制的一种内化，即把外部的尊重转化为内在的创新成功目标与自我激励。这种内在的自我激励具有稳定性、本源性的特点，也是创新人才克服任何艰难困苦，能排除任何干扰，能超越任何眼前利益的诱惑，能无怨无悔地献身于创新目标的内在动力。

第七章　大学生人际交往心理

第一节　人际交往概述

一、人际交往的定义

1.人际交往

所谓人际交往，通常是指人与人之间通过一定的方式进行接触，从而在心理上和行为上产生相互影响的过程。人际交往具有两个最主要的特征：其一是信息交流，凡交往必须有人与人之间的信息交流，如知识经验的交流，需要、欲望、态度、情绪的交流；其二是交往必须有交往双方心理上的接触和相互作用。交往的双方都是活动的主体。

人际交往是人类社会生活的一个重要现象。很多学科，如哲学、社会学、心理学等，都将其作为自己的研究对象之一。哲学家研究的是人为什么会交往，交往的前提条件是什么；社会学家通过人际交往引出的相关社会现象及社会问题来分析人与社会的关系；心理学家则侧重研究人际交往的心理条件、交往的动机、相互吸引与排斥的心理作用及交往的理想效果等。大学生心理学是以大学生的实际为出发点，综合运用这些学科的知识。

人际交往既是人的社会性的体现，也是人的社会性存在的前提条件。马克思主义认为，劳动创造了人，劳动实践使人产生了自己的社会性，这是人与动物的根本区别。人们的交往过程，是人们对在共同的生产活动中创造出的语言、文化及各种符号的相互理解。因此，也可以说人们的交往行为就是人与人之间用多种方式和手段进行的经验、知识和感情的交流。

在人际交往中，交往的主体包括个人或群体，交往的方式可以分为直接交往和间接交往、正式交往与非正式交往、单向交往与双向交往等类别。人际交往的双方往往互为主客体，在双方互动的状态下形成和发展，彼此既影响对方，也接受对方的影响。人际交往的工具包括语言符号系统和非语言符号系统。语言符号系统可以分为口头语言和书面语言；非语言符号系统可以分为视动符号系统、时空组织系统、目光接触系统和辅助语言系统。

2.人际交往和人际关系

人际关系是一种社会关系，是人与人之间通过交往与相互作用而形成的直接的心理关系，主要表现为人们心理上距离的远近、个人对他人的心理倾向及相应行为等，反映人们寻求满足需要的心理状态。大学生的人际关系主要有亲子关系、同学关系、师生关系、网络空间的人际关系等。

人际交往和人际关系是两个既有联系又有区别的概念。人际交往是人际关系实现的根本前提和基础，也是人际关系形成的途径；而人际关系则是人际交往的结果和表现。两者的区别在于，人际交往侧重于人与人之间的相互作用，是一个动态过程；人际关系侧重于人与人之间在交往的基础上形成的心理状态和结果，是一个相对静态的描述。从时间上看，人际交往在前，人际关系在后。

二、人际交往的意义

大学生生活在校园、家庭、社会中，每天都与人打交道。据估计，大学生每天除了睡眠以外，其余的时间有70%左右用于人际交往。人际交往是否正常发展、人际关系是否和谐，直接影响到大学生能否健康成长和成才。大学生人际交往的正常发展对他们的成长发展至关重要。

1.人际交往有助于大学生完善自我和重塑个性

心理学的研究结果表明，一个人与他人通过积极的交往形成亲密的关系，是其心理乃至身体正常发展不可缺少的条件。如果一个人缺乏了正常的交往及由此建立起来的信赖、亲密的关系，不仅性格发展会出现问题，连智力也会出现障碍。[1] 人际交往是大学生完善自我和实现个性发展的必经之路。大学生通过与他人相处，与他人比较，并通过他人对自己的评价，可以看到自己的优点和缺点，可以知道社会对自己的要求，从而正确认识自我，不断调整自己的行为，努力进取，完善自己的个性，使自己的潜能得到进一步发挥。大学生在与他人交往的过

---

[1] 陈楚瑞，耿永红.大学生心理发展与健康教育[M].大连：东北财经大学出版社.2011：91.

程中，将他人的优良品质，积极的人生观、价值观、精神风貌等吸收过来，融为己用，将促进自己个性的发展。

2.人际交往有助于大学生提高学习效率和智力开发

大学时代是一个人获取知识、走向成功的重要时期。在知识经济时代，知识的更新极为频繁，每个人都需要不断地进行知识的补充和更新。在积极的人际交往中，人与人之间积极沟通，相互学习、激励，在知识上互相补充和促进。"独学而无友，则孤陋而寡闻"，大学生彼此之间的畅所欲言，互帮互助，提高了学习效率，巩固了学习效果。积极的人际交往还能促进大学生的智力开发。在与人交谈时，人的思维比平时活跃，灵感会频频出现，许多新观点就是在思想的碰撞中产生的。英国大文学家萧伯纳说过："你和我是朋友，各自拿一个苹果彼此交换，交换以后仍然是各有一个苹果；倘若你有一个思想，我也有一个思想，相互交流，那么每人就有两个思想。"由此可见，人与人之间的交往对人的智力开发是何等重要。

3.人际交往有助于大学生身心健康发展

人是社会的动物，每个人都有强烈的交往需要，都害怕孤独，强烈的孤独感会影响人的身心健康。大学生远离家乡、远离亲人，来到一个陌生的环境读书，心中难免会产生失落、孤独的情绪。积极的人际交往能建立良好的人际关系，使大学生归属到一个集体或群体中，得到认同和关心，在接受和给予、爱和被爱的过程中感受到心灵的满足和幸福。同学之间互诉衷肠，互相诉说各自的喜怒哀乐，从朋友那里得到理解和宽慰，把忧愁和苦闷等不良情绪都宣泄出来，从而减少了心理疾病的发病机会。精神分析学家霍妮认为，神经症是人际关系紊乱的表现，人类的心理病态主要是由于人际关系失调而导致的。也就是说，人际关系的好坏直接影响到人的身心健康的发展。大学生人际交往是营造良好人际环境的有效方法，是身心健康的必备条件，是个性自由发展的关键环节。积极的人际交往，一方面可以帮助大学生宣泄、转移和遗忘不良情绪，使其放下不快，心理矛盾得到缓解，心理压力得到释放，不至于积重难返；另一方面可以使大学生心里有所依托，精神充实，心情舒畅，保持身心健康。

三、人际交往的原则

1.交互原则

从心理学上讲，每个人都是天生的自我中心者，都希望别人能承认自己的价值，支持自己、接纳自己、喜欢自己。由于这种寻求自我价值被确认和情绪安全感的倾向，在社会交往中，个体更重视自己的自我表现，希望吸引别人的注意，希望别人能接纳自己、喜欢自己。美国社会心理学家阿伦森的研究表明，人际关系的基础是人与人之间的相互重视、相互支持，对于真心接纳我们、喜欢我们的人，我们也更愿意接纳对方，愿意同他们交往并建立和维持关系。如果别人的行动偏离了我们的期望，我们会认为别人不通情达理，从而产生一种不愉快的情绪体验，对对方产生心理排斥。同样，对于排斥、拒绝我们的人，其排斥与拒绝对我们是一种否定。因此，我们必须报之以排斥与否定才是合理的、适当的，否则难以达到心理平衡。可见，我国古人所讲的"爱人者，人恒爱之""己所不欲，勿施于人"是有心理学基础的。

2. 功利原则

美国社会学家霍曼斯提出，人与人之间的交往本质上是一个社会交换的过程。

我国心理学家研究发现，由于人们的价值观不同，人际交往中存在着不同的社会交换机制。对于重内在情感价值的人而言，他们在人际交往中个人情感卷入更多，因而有明显的重情义、轻物质的倾向，与别人的交换倾向于增值交换过程。他们在人际交往中感到欠别人的情分，因此在回报时，往往也超出别人的期望，这种过程的循环往复，会使双方都感到得大于失。与此同时，对于重外在物质利益的人而言，他们在人际交往中的物质利益意识多于个人情感的卷入，因此倾向于用物质来衡量自己的得失，在人际交往中处于减值交换。

3. 自我价值保护原则

自我价值保护指个人对自身价值的肯定意识与评判。每个人为了保持自我价值的确立，在心理活动的各个方面都会有一种防止自我价值遭到否定的自我支持倾向。

当我们面对肯定的人转向否定时，我们面临两种选择：一是承认别人转变的合理性，否定我们自己，贬低自我价值；二是进行自我价值保护，尽可能维护自我价值，不使之降低。许多研究表明，自我价值的否定是非常痛苦的，因此当面临自我价值受威胁时，人的优先反应不是否定自身，而是尽可能保护自己。因此，人际交往必须遵循尊重、理解、宽容、真诚、信用等原则。

4. 尊重原则

尊重包括自尊和尊重他人两个方面。自尊就是在各种场合自重自爱，维护自己的人格；尊重他人就是重视他人的人格、习惯与价值，尤其是对隐私的尊重。只有尊重他人才能得到他人的尊重。

俄国作家屠格涅夫有一天走在街上，一个年迈体弱的乞丐向他伸出发抖的双手，大作家找遍衣袋，分文没有，他感到惶恐不安，只好上前握住乞丐那双脏手，深情地说道："对不起，兄弟！我什么也没有，兄弟！"哪知，大作家这一声声"兄弟"，却超过了钱币的价值，立刻使老乞丐为之动容，老乞丐泪眼盈盈地说："哪儿的话，这已经很感恩了，这也是恩惠啊！"无论是什么人，无论地位高低，渴求得到尊重的心情是一样的。

5. 真诚原则

真诚待人是人际交往中最有价值、最重要的原则。以诚待人是人际交往得以延续和深化的保证。美国一位心理学家曾列出了 555 个描写人品的形容词，让大学生说出最喜欢哪些、最不喜欢哪些，结果学生评价最高的八个形容词中，有六个和真诚有关，即真诚、诚实、忠诚，真实、信赖和可靠，而评价最低的品质中，虚伪居首位。古人说："以诚感人者，人亦诚而应。"在交往中，只有彼此抱着心诚意善的动机和态度，才能相互理解、接纳、信任，在感情上引起共鸣，使交往关系巩固和发展。那种"逢人只说三分话，未可全抛一片心"的交往信条，侵蚀着健康的交往关系。

6. 宽容原则

宽容表现在对非原则问题不斤斤计较，能够以德报怨。在人际交往中难免会遇到一些不愉快的人和事，要学会宽容，学会克制与忍耐。苏轼说过："匹夫见辱，拔剑而起，挺身而出，此不足为大勇也。天下有大勇者，猝然临之而不惊，无故加之而不怒，此其所挟持者甚大，而其志甚远也。"大学生在人际交往中心胸要宽、姿态要高、气量要大，遇事要权衡利弊，切不可事事斤斤计较、苛求他人、固执己见，要尽量团结那些与自己见解有分歧的人，营造宽松的交际环境。学会原谅别人是美德，学会宽容别人是高尚。有了这样的心境，就会有良好的人际关系，就会使每一天都快乐。

7. 理解原则

金玉易得，知己难寻。所谓知己，是能够理解和关心自己的人。相互理解是人际沟通、促进交往的条件。理解不等于知道和了解。就人际交往而言，你不仅要细细了解他人的处境、心情、特性、好恶、需求等，还要根据彼此的情况，主动调整和约束自己的行为，尽量给他人以关心帮助，多为他人着想，自己不爱听的话别送给别人，自己反感的行为别强加于人。古人说："己欲立而立人，己欲达而达人，己所不欲勿施于人。"当你在交往中，善解人意，处处理解和关心他人时，相信别人也不会亏待你。

8. 诚信原则

人际交往讲究诚信，诚信有两层含义：一是言必信，即说真话，不说假话，如果一个人满嘴胡言，尽说假话骗人，到头来连真话都不能使人相信了；二是行必果，即说到做到，遵守诺言，实践诺言。如果一个人到处许愿而不去做，必然会引起人们的反感和唾弃。无信不立，言而无信非君子。

要取信于人，第一，要守信，说到做到。第二，要信任，不仅要信任别人，而且要争取别人的信任。第三，不要轻易许诺，不说大话，不做毫无把握的许诺。第四，要诚实，即自己能办到的事一定要答应别人去办，办不到的事情要讲清楚，以赢得对方的理解。第五，要自信，相信自己能行，给人以信赖感和安全感。

9. 互惠原则

在现实生活中，人与人的关系之所以会出现不和谐的音符，产生一些矛盾和摩擦，其中可能与某方面的利益受损有关。因此，要有效化解矛盾，消除摩擦，就不能太自私，而应坚持"互惠"，追求"双赢"。比如，在交际心态上，不要只顾着自己享受，不让别人舒服，更不能以置对方于死地为后快；考虑问题时不能只为自己着想而不为他人考虑，只顾眼前的利益而不考虑长远利益；在双方意见不能统一时，可跳出"思维定式"，谋求一个折中方案；当利益有争议时，双方要坐下来诚恳协商，必要时不妨都做出一定的妥协。人际关系要达到和谐，必须保持一定的平衡，双方受益，如果一方长期受损，这种关系是长久不了的。在交际中，只要我们肯先退一步，肯把对方的面子给足，肯在自己的底线上留有一定的弹性，肯与对方利益共享，共谋发展，那么，就一定能取得沟通的最佳效果，也一定能使人际关系变得更加和谐。

总之，人际交往能力是现代大学生应具备的重要素质，也是衡量一个人能否有效适应社会的关键指标。作为国家未来和希望的大学生，要想在将来充满竞争的社会中求得一席之地，必须要学会与人打交道。学会与人合作共事。

四、人际交往中的心理效应

所谓心理效应，在人际交往的概念中是普遍存在的一个因素。可以说，心理效应对于个体在开展人际交往的行动中，对于其过程和结果有着最为直接和明显的重要影响。心理效应一般分为以下几个方面。

1.首因效应

首因即第一印象。首因效应指人初次对他人形成的印象往往最为深刻、鲜明、牢固，由此对以后的人际知觉及人际交往产生深刻影响。在人际交往中，首因效应往往带有片面性、表面性。首因效应对大学生人际交往的影响较普遍。有些大学生往往仅凭第一印象就轻易地对别人做出判断，这种先入为主的认知方式容易使人陷入人际交往误区，是应当避免的。

卡耐基在其著作《怎样赢得朋友、怎样影响别人》一书中总结出给人留下良好的第一印象的6种途径：①真诚地对别人感兴趣；②微笑；③多提别人的名字；④做一个耐心的听者，鼓励别人谈他们自己；⑤谈符合别人兴趣的话题；⑥以真诚的方式让别人感到他很重要。社会心理学家艾根1977年研究得出：同陌生人交往时，依照SOLER模式表现自己，可以显著地增加别人对我们的接纳性。SOLER模式：S表示坐或站要面对别人；O表示姿态要自然放开；L表示身材微微前倾；E表示目光接触；R表示放松。通过SOLER模式让对方感受到"我很尊敬你，对你很有兴趣，我内心是接受你的"，以此给对方留下良好的第一印象。从卡耐基和艾根的研究中可以看出，要给人留下良好的第一印象，必须有效地把握很多个"第一次"或"头几次"，在最初的交往中，要努力向对方传达积极的信息。

当然，我们要知道，虽然第一印象影响深刻，非常重要，但它并不是一成不变的，要获得良好的人际关系，我们不能指望凭借给人留下良好的第一印象就可以一劳永逸。人际交往是一个长期的过程，也是一个动态变化的过程，随着时间的推移，人们也可能根据交往对象思想和行为的变化而改变最初的态度。如一位大学生在刚刚担任学生干部时，工作积极、主动、热情，给老师和同学们留下了良好的第一印象。一段时间后，随着工作新鲜感的消失，这位同学工作的积极性下降，对布置的工作经常拖沓、应付。刚开始，老师和同学们还认为他是身体不适或心情不好，但时间一长，就可能觉得他真的有惰性，最初建立的良好的第一印象也发生了改变。所以，当我们已经给人留下了良好的第一印象时，切不可沾沾自喜、得意忘形；相反，当我们由于某些原因一开始就遭到同学们的误会，给人留下不好的印象时，也不可自暴自弃，要相信"精诚所至，金石为开""路遥知马力，日久见人心"，通过自己的良好表现，会改变他人对自己的看法。当然，我们在评价他人时，也应该用发展的眼光去看待他人，不要因为第一印象不好就全面、彻底地否定他人。

2.近因效应

近因即最后的印象。近因效应是指最后的印象对以后的认知具有强烈的影响。在大学生的人际交往中，在注重第一印象的同时，也不可忽视最近印象。一般而言，在对陌生人的认知中，首因效应比较明显；而对熟识的人的认知中，近因效应则比较明显。

为了防止近因效应带来的人际认知偏差，需要把"近因"与"远因"放在一起进行综合分析，用动态、历史、长远的眼光看待他人。比如，当我们为最近发生的一件小事而生朋友气的时候，我们可以把眼光放得更远一些，想一想他过去对自己的付出，自己可能会豁然开朗。

3.晕轮效应

晕轮效应也叫光环效应，是指在人际交往中，人们常从对方所具有的某个特性而泛化到其他有关的一系列特性上，从已知特征推出未知特征，根据局部信息形成一个完整的印象。在光环效应状态下，一个人的优点或缺点一旦变为光圈被扩大，其他方面就会退隐其后，从而被忽视。光环效应在大学生的人际交往中十分常见，受其影响的大学生在人际交往中容易犯以点带面、以偏概全的毛病，从而产生认知偏差，如"情人眼里出西施""一白遮百丑"。

4.刻板效应

刻板效应也叫定势效应，是指存在于人脑中的固有观念、固定化认知影响着人们的认识和评价。在人际交往活动中，当我们认知他人时常常会从原有的想法出发，按照事物一定的外部联系进行认知和评价，于是就产生了刻板效应。刻板效应在某种条件下有助于我们对他人做概括的了解，但往往会产生有害的偏见、成见，甚至错觉，从而导致认知的偏差。例如，我们会用地理分区来划分所属地区人们的性格特点，为其贴上标签。人们会经常这样说，北方汉子豪爽，南方男人细腻；北方姑娘爽朗，南方女孩温婉。

5.投射效应

自我投射是指内在心理的外在化，即以己度人，将自己的情感意志、特征投射到他人身上，强加于人，以为他人也应如此，结果往往对他人的情感、意向做出错误评价，歪曲他人愿望，造成交往障碍。

投射效应的表现也是各式各样的，譬如，情感投射是以以为别人与自己的好恶相同为基础的。例如，有个班级在节日里搞庆祝活动，其中安排半个小时请一位擅长摄影的同学作摄影讲座，该同学在讲座时用了许多术语、概念，但也未加说明，以为别人与他一样都很喜欢摄影。当他谈兴正浓时，一些同学离席而去，他认为他们是故意伤他的面子、拆他的台，别人向他解释说因为听不懂，去干别的事，他依然耿耿于怀，这是投射效应产生的后果。该同学认为自己懂的，别人也该懂一点儿，自己喜欢的，别人也就该喜欢，以自己的喜好来估价别人，结果产生误解。其问题在于忽视了自己与交往对方的差别，认为他人跟自己一样，对对方进行自我同化，导致交往不顺。

投射效应的另一个表现是对自己喜欢的人越看越喜欢，对自己不喜欢的人越看越讨厌，因而表现为过分地赞扬和吹捧自己所喜爱者，过分地指责甚至中伤自己所厌恶者。生活中常见某人与情人恋爱时，常在学友面前吹嘘女友各方面如何完美无瑕，可一学期过后，又常听他数落女友一无是处。原来他因失恋对女友的憎恨之情溢于言表，难免言过其实。投射效应使人认为自己所喜欢的对象是美好的，而认为自己所讨厌的对象是令人丑恶的，把自己的情感投射到对象身上，美化或丑化对方，失去了对交往对象评价的客观性。

此外，投射效应还表现为把自己的客观愿望投射于他人，也称愿望投射，认为他人也如自己所期望的那样，把希望当成现实。比如，一位女大学生喜欢一位男同学，希望他也能看上自己，她把对方在舞场上请自己跳舞、平时与自己开玩笑等一些言行都看成是对方有情意的表现，以为对方也爱自己，当她听说对方早已有女友时，非常烦恼，感觉对方是在玩弄自己，实际上她是把自身的愿望投射到了对方身上。愿望投射造成把主观意向强加于他人，出现对他人认知的偏差，带来交往问题。这种投射也容易造成疑神疑鬼，当双方在交往中出现矛盾时更容易这样。自己对某人有看法，就以为对方也在捣鬼，搜索一些似是而非的证据来表明确实如此，从而使友谊"灰飞烟灭"。

投射效应的影响就在于从自我出发认知他人，"你"和"我"不分，主观与客观不分，认知主体与认知对象不分。事实上，世界上没有完全相同的人，自己与他人的差异总是客观存在着，因此，认知应注意客观性，从他人的实际特点和具体情况出发去认知他人，促进交往的顺利发展。

6.互酬效应

所谓"互酬效应"，指人与人在思想、情感、行为、利益等方面的礼尚往来。在人际交往中，互酬效应包含性格互酬、感情互酬、信息互酬、兴趣互酬等方面。"互酬"可以增强人际联系，促进人际和谐，是正确处理人际关系的要素。在中华典籍里，崇尚"互酬"的文字和故事比比皆是。如《礼记·曲礼上》言：

"往而不来，非礼也；来而不往，亦非礼也。"《朱子家训》曰："滴滴之恩，当以涌泉相报。"

人际交往是一种双向性的信息、感情传导的过程，只有双向的"互酬"，人际关系才能在密切的互动中逐渐深化。也许有的同学会说，我投之以桃，对方没有反应，甚至扔我一个烂柿子，或者一块砖头，那可怎么办？这样的情况可能会有，不能排除。但是，个体不能因噎废食。一则个体行善示好是出于本性，并不是一种交易；二则情感互酬本是人际交往的普遍规律，无动于衷者毕竟是少数；三则凡事都有风险，不计风险的投资更显出投资者的风度。

7. 期待效应

期待效应又称皮格马利翁效应，源自古希腊的一个神话故事。皮格马利翁是一位雕刻师，他用象牙精心雕刻了一位美丽的姑娘，倾注了他全部的心血和感情。上帝被感动了，使象牙美女获得了生命，成了他梦寐以求的情侣。这就是人们所说的皮格马利翁效应。社会心理学家用这个效应说明，只要热情期待和努力，就能达到所希望的效果。美国心理学家罗森塔尔和雅各布逊曾进行过"期待效果"的实验。他们在一所小学 1—5 年级的小学生中随意抽取 20% 左右的学生，告诉任课老师说，心理测试表明，这些学生是全年级学生中智商最高的。结果，这些学生的成绩果然有了很大的进步。这是由于老师加强了对这些学生的期待，在潜移默化中给予了他们良好激励的结果。期待效应在人际交往中往往有着积极的作用。

上述心理效应，都有可能使我们形成一种偏见，使我们对他人的认识和判断产生偏差。因此，要在人际交往中更好地认识与我们交往的对象，就要有意识地避免这些效应的副作用。

第二节　大学生的人际交往

美国心理学家克特·W·巴克说："人离不开人——他要学习他们、伤害他们、支配他们……总之，人需要与其他人在一起。"因此，人生需要友情，人生需要交往，人生需要自我形象的推销与展示。不论从事何种工作，都必须学会处理各种人际关系，学会人生的公关。大学期间是学习交往、发展友情的大好时机，但部分学生由于很少融入一些实际活动中，导致不能形成合理的自我评价，也就对自己在所处环境中的地位与角色不能正确认识。加上交往中语言艺术和技术技巧的缺乏，人际交往带给他们更多的是打击和困惑。北京市曾对大学生心理问题产生的根源做了3次较大规模的跟踪调查，结果显示，人际关系适应不良或交往不良已成为诱发大学生心理问题的首因，占40%以上，已经超过了择业的压力、学业的压力及与异性交往的压力，成为困扰中国大学生四大心理问题之一。

一、大学生人际交往的内涵

（一）大学生人际交往的概念

大学生人际交往是大学生运用语言或非语言的媒介，与个体或者群体实现沟通信息、交流思想、表达情感和协调行为的互动过程，达到自我发展和完善。

（二）当代大学生人际交往特点

1.交往主体的自主性

开放性和互动性是"95后"大学生的突出特点，对现实世界充满很强的好奇心和求知欲的他们愿意在与他人的互动中表达自己的意见和态度。在交往过程中，拥有较高的自由度，完全可以发挥三观能动性，根据自己的兴趣，去认识了解他人，选择结交对象，拓宽自己的交际面。

2.注重交往的平等性

人与人平等是现代社会的显著标志。大学生在交往中追求人格平等，绝大部分的"95后"是独生子女，由于从小只能与大人对话，对话语权要求很高。他们更加重视人与人的平等，所以平等沟通是"95后"交流的中心点。

3.交往方式的虚拟性

交往方式是为了进行交往所采取的途径和方法。虚拟不是传统意义上的在人头脑中进行的思想实验，而是随着信息科学技术的发展而出现的虚拟现象。"是一种数字化方式构成，具有客观现实性的虚拟。"交往方式的虚拟性是指网络人际交往方式。2018年，中国互联网络信息中心发布第41次《中国互联网发展状况统计报告》，报告显示截止到2017年12月，我国网民规模达7.72亿，其中20—29岁年龄段的网民占比重最高达30%，对中国网民职业结构分析，学生占比重最大,2016年和2017年分别占25%和25.4%,显示学生群体网民数量不断增长。网络社交已经成为大学生主要的交往方式。"与'80后'在21世纪初刚刚成年之际接触互联网不同，这一代大学生是互联网的原住居民。"他们利用网络进行娱乐消遣、获取信息、学习和交流沟通。

二、大学生人际交往的类型

人际交往是大学生生活的基本内容之一。①根据大学生人际交往的对象，可以将其人际交往的类型分为以下五种。

（一）师生关系

教师与学生，是大学校园里的两大基本群体。教师是学生人际交往的重要对象，师生关系是学生人际关系的重要内容。师生关系如何，直接影响到学生在学校的健康成长和学习，并在很大程度上决定了学校能不能对学生的身心施加符合社会要求的影响。教师既是知识的传播者，也是大学生人格模仿的对象。教师对学生深刻的、久远的、广泛的影响不仅仅是课堂上有限的知识传授，更多的是教师无处不在的、无形的且强有力的内在人格和精神。另外，师生关系又是一种业缘关系，师生之间心理距离小，心理相容度高，教师对学生充满关爱，学生对教师敬仰，师生关系是一种纯洁无私的人际关系。所谓"亲其师，信其道"便是这个道理。

（二）同学关系

同学关系是大学生人际关系中的基本关系。但同学间的交往最普遍、最微妙，也最复杂。一方面，大学生年龄相仿，经历相似，兴趣爱好相近，又共同生活在一个群体中，学习相同的专业，沟通与交往容易；另一方面，大学生来自不同的地域，不同家庭背景，生活习惯和个性气质有差异。再加上大学生之间空间距离小，交往密度高，而且自我空间相对狭小，对人际交往的期望较高，一旦得不到满足，容易采取消极退避的态度。

（三）亲子关系

亲子关系是一种特殊的社会关系。它是人们生命过程中最早参与的人际关系，也是人一生中最为持久的人际关系。大学生与父母的关系大多数比较协调，一方面，此时更多的父母开始采取平等的态度对待子女，尊重子女的独立性与自主性；另一方面，大学生能够孝敬父母、理解父母，经常与父母进行沟通，但也有部分大学生与父母的关系紧张。这种紧张关系的出现有多种原因。首先是由于大学生正处于心理发育的过渡期，不能正确地看待和处理与长辈之间的"代沟"问题；其次是由于大学生生活环境和阅历的变化，产生了对父母认识上的改

---

① 王良骏，王雪梅.大学生健康教育概论[M].武汉：中国地质大学出版社.2005：69.

变；最后也由于有些家长依然习惯对子女事事包办代替，无形中剥夺了大学生的独立性与自主性。因此，大学生要特别注意加强与父母之间的沟通，应该对父母有更加全面、客观、合理的认识，力争使亲子关系随着自身的发展和成熟而更加和谐。

（四）网络交往的人际关系

网络拓展了人类交往的空间，网络交往已经成为一种重要的新型人际交往方式。一般来说，网络人际交往对大学生来说具有双重效应：一方面是积极影响。有的大学生通过网络结交了许多朋友，获取了很多有价值的信息，开拓了思路，使自己受益匪浅；另一方面是消极影响，有的大学生患上了网络人际依赖症，他们将虚拟当作现实，过度热衷于网络交往，过分迷恋在网络上产生的友谊或爱情，并幻想用这些虚拟的人际关系取代现实的人际关系。他们与周围的人没有共同语言，缺乏社会沟通和人际交流，容易出现孤独不安、情绪低落、思维迟钝、自我评价降低等症状，严重的甚至出现自杀意念和行为。

（五）社会交往的人际关系

大学阶段对人际沟通能力提出了更高的要求。就业压力日益增大的大学生们要想在激烈的竞争中脱颖而出，找到理想的工作，较强的社会交往能力是必不可少的条件。加入学生社团、参加社会公益活动、勤工助学等积极健康的社会实践活动是扩大社会交往面的重要途径。通过各种社会实践活动，大学生们既可以增加对社会的了解，也可以扩大社会交往的范围，还能够提高自己独立谋生的本领。

三、大学生人际交往的意义

美国成人教育家卡耐基曾说过，一个人的成功，只有15%是由于他的专业技术，而85%则要靠人际关系和他为人处世的能力。人际关系对大学生的成长和发展有重要意义，具体表现为以下四个方面。

（一）人际交往可以为大学生排除寂寞与孤独，促进心理健康发展，人际交往是维护大学生身心健康的重要途径

处于青年期的大学生思想活跃、感情丰富，人际交往的需要极为强烈，他们力图通过交往获得友谊，满足物质与精神的需要。一般来说，具有良好人际关系的大学生，大多精神愉快、情绪饱满，能正确认识、对待各种现实问题，化解学习生活的各种矛盾，形成积极、乐观、向上的优秀品质，迅速适应大学生活。相

反，如果缺乏积极的人际交往，不能正确对待自己和他人，心胸狭隘，目光短浅，则容易形成精神上、心理上的巨大压力，难以化解心理矛盾，严重的还可能导致病态心理。当代大学生多为独生子女，在家庭中情感依赖比较严重，进入大学后，很容易想念家人和原来的同学，所以常常有难以表达的孤独感和忧伤感。摆脱这些不良情绪的最好办法就是营造一个新的人际关系氛围，与大多数同学互相交流，诉说自己的喜怒哀乐，这样就变相地宣泄了积郁，排解了忧愁，增进了相互理解，能与他人分享幸福，完成"情感依赖"的相对转移。

（二）人际交往可以使大学生正确认识自我和他人，学会做人

人对自己的认识总是以他人为镜，需要通过与他人的比较和交流，把自己的形象反射出来，才能认识自己。别人是尊重、喜爱、赞扬你，还是轻蔑、讨厌、疏远你，这是认识自我的尺度。从他人对自己的反应、态度和评价中发现自己的长处和不足，找到自己恰当的社会位置。离开人际交往，就很难全面、准确认识自己。

（三）人际交往可以使大学生扩大信息交流，开阔视野

现代社会是信息的社会，信息量之大，信息价值之高，是前所未有的。随着信息量的扩大，人们对拥有各种信息和利用信息的要求也在不断增长。人际交往是交流信息、获取知识的重要途径。大学生通过交往，可以相互传递、交流信息和成果，使自己的经验更丰富，增长知识、开阔视野、活跃思维、启迪思想。由此可见，人际交往实际上就是一种获得和交流知识信息的社会活动。在当今信息化的社会里，不愿意与他人交往，必然在自己与社会之间筑起一道道屏障，从而孤陋寡闻。事实上，人际交往是实现人际沟通的基本条件。人际交往可以使人克服认识中的盲点，拓宽自己的知识视野，使信息真正成为当今社会经济发展的主导力量，而信息沟通又必然成为个人成功道路上的助推剂。

（四）人际交往可以使大学生学会合作，增进友谊

当今社会已经进入一个"在合作基础上的竞争，在竞争基础上加强合作"的新时代，为了更好地适应这种潮流，大学生必须在自己读书学习时练就这方面的才能，能够融入群体，善于团结和协调各种社会力量。在交往过程中，一个人的能力、才华、品格等得以充分表现，从而得到社会承认、人们肯定，他也在交往中获得尊重、友谊、爱情和自信。因此，人际交往是个人事业成功、在社会中实现自我的重要条件。

第三节　大学生人际交往中的心理问题及调适

一、大学生人际交往中常见的心理问题

处于青年时期的大学生，思想活跃，精力充沛，兴趣广泛，人际交往的需要极为强烈。他们力图通过人际交往去认识世界，获得友谊，满足自己物质上和精神上的各种需要。在交往中，有的顺利，心情舒畅，身心健康；有的受挫，心情郁闷，身心受损，产生各种不良后果。

（一）自卑心理

自卑是个体由于某种生理和心理上的缺陷或其他原因而引起的轻视自我的态度体验。

退缩和过分地争强好胜是自卑心理最明显的两种表现。这两种表现都会妨碍一个人积极而恰如其分地与人交往，尤其是过分退缩、畏怯。在大学里，分数不再是评价学生的唯一标准。一些名列前茅但无任何特长的大学生，可能还不如一些成绩一般但多才多艺、能说会道的人受欢迎、受尊重。因此，这些人很容易对自己的存在出现反感，产生自卑。除此之外，家庭经济状况、社会地位及自身的某些生理缺陷等，也会使大学生感到自卑。自卑的人容易消极地、过低地评价自己，总觉得自己在容貌、身材、知识、能力、口才甚至衣着等方面不如别人，低人一等，害怕与人交往。过分地争强好胜也是一种自卑心理，只是它隐藏在自傲清高的表象下。这样的人害怕别人在交往中发现自己的短处，所以试图先利用自己在某一方面的优势打压别人，或者虚构一种架子，但这样的行为和方式很容易把别人赶跑，尽管他的内心十分渴望与别人交往，渴望得到别人的关心。自卑感一旦形成，便具有很强的感染性和扩散力，很容易泛化，会给大学生之间的交往带来不利影响。

克服自卑首先要正确认识自己，客观、全面、辩证地看待自己与别人的差异，不能总是用自己的短处和别人的长处比较。同时，对自己在某些具体事情上的失败做恰当的外归因，不能以偏概全，归为自己内在的缺陷。其次，尽可能发挥自己的长处。在社会生活中，我们不仅要努力弥补自己的短处，更重要的是发挥自己的长处，所谓"一招鲜，吃遍天"就是这个道理。最后，多进行自我鼓励，

积极与人交往，积极参加各种活动，扩展自己的活动范围，多关注自己在活动和交往中细小的进步，鼓励自己。

（二）嫉妒心理

嫉妒是在人际交往中与他人比较，发现自己在能力、荣誉、地位与境遇等方面不如别人而产生的一种不悦、失落、不服、仇恨、害怕、愤怒，甚至带有破坏性的复杂情绪状态。嫉妒主要表现为对别人的成绩和优势不服气；看到别人失败而幸灾乐祸；当自己无法取得心理平衡时，就会怨天尤人。嫉妒主要针对的是和自己差不多的人，大学生中的嫉妒现象比较常见，但一般都比较隐蔽，不那么明显。如果嫉妒心过于强烈，自己不仅会感到非常痛苦，甚至还会出现攻击性言语和侵犯行为。

嫉妒者由于把别人的优势或成就视作对自己的威胁，怕别人的优势彰显出自己的无能，从而感到恐惧和愤怒。他们并不是通过自己的努力去弥补已经存在的差距，而是借助贬低、诽谤、中伤等手段攻击对方，拉对方后腿，以求心理上的满足，似乎认为这样就可以缩短自己与对方的差距。

消除嫉妒心理首先应该做到改变认知模式，正确面对失利。别人有别人的长处，我也有我的特点。社会生存必然要面临不断地与他人比较的状况，我们应当不断拼搏，用实际成绩来证明自己，而不是自怨自艾。其次，培养豁达的人生态度。看到同学的优点和长处要真诚地赞赏并向他们学习，他们不仅是我们的对手，还是促使我们不断向前的动力和源泉。最后，不断充实自己。培根说过，埋头沉入自己事业的人，是不会有精力去嫉妒别人的。

（三）猜疑心理

猜疑是指没有事实依据而凭主观想象进行判断推测，总怀疑他人、挑剔他人的一种不良心理。猜疑心过重的大学生在人际关系中常表现为敏感多疑、小心谨慎、戒备心强。习惯怀疑别人，把别人的一举一动与自己联系起来，并看成是自己的阻碍，完全处于一个自我封闭的心理防御中，一旦遇到意外或不顺心的事，首先怀疑别人是不是在背后做了手脚。

猜疑心理产生的原因主要是成长过程中缺乏安全感，缺乏对人的基本信任。疑心者给人的感觉是心胸狭窄、气度狭小，过分注意自己的得失，他们希望别人相信自己，又怀疑别人看不起自己、不相信自己。猜疑者自身也常常体验到在这种心理状态下很难进行正常的人际交往，既影响个人潜能的发挥，又影响朋友关系的建立和发展。

猜疑心理的克服首先要完善自己的性格，这需要深刻分析自己性格的形成过程，重建对人的基本信任感。其次，要学会及时沟通，消除误会。被人误会或是发生误解是很平常的事，关键是我们必须要学会消除误会。最好是创造机会深入交换意见，即便不能解决问题，至少也要明了双方真实的想法。最后，要学会自我安慰，自我解脱。如果被人非议或误解的事不是什么大事，或者无从解释，其实也就无须挂在心上，走自己的路，让别人说去吧！

（四）害羞心理

害羞又称社会焦虑，是指羞于同别人交往的一种心理反应，表现为腼腆、胆怯、拘谨、动作忸怩、脸色绯红、说话声音又低又小，有时动作还颤抖不自然。害羞是人际交往中普遍存在的心理现象，尤其是青少年在与异性的交往时。一个人如果过度害羞，在人际交往活动中就会过分约束自己的言行，无法充分表达自己的意愿和情感，从而妨碍良好人际关系的形成。

害羞的原因大致有三种：一是气质的因素，过于内向或抑郁的人，特别不擅长在大庭广众下表现自己；二是认知偏差的因素，过分关注自我，关注自己的举手投足，患得患失，易受他人支配，羞于与人交往，缺乏交往的主动性；三是创伤性经历，由于生活、学业中的挫折和失败经历，变得小心谨慎，消极被动地接受周围的一切。害羞的根源是缺乏自信，特别在意别人会怎么看自己，担心自己说错话、做错事，害怕给别人留下不好的印象，干脆不说话、不交往，这样就慢慢形成了恶性循环。

克服交往中的害羞心理，首先，要增强自信心，没有人是天生害羞的，想想我们在家里或和好朋友在一起时，我们是有能力自如交往的。其次，不必过多在意别人的评价，谁能做到人后无人说？被人议论或评价是正常的事，我们越是在意就越容易害羞，甚至害怕，反倒是豁出去的状态会让人表现正常。最后，要加强自我训练。例如，紧张时给自己恰当的暗示，有意识地模仿那些善于交际的朋友，从熟悉的环境锻炼开始，逐步扩大交流情境，慢慢地必然能克服害羞心理。

（五）自负心理

自负的大学生在行为中往往表现出目中无人、高傲自大、争强好胜、固执己见的特点。在大学共同的学习和生活环境中，自负的学生一般都片面强调自我需求的合理性，不顾及他人的感受和需求，让别人围着自己转，在同学中显得非常霸道，表现为极端自私和自以为是。不高兴时会不分场合地乱发脾气，高兴时则手舞足蹈，完全不考虑别人的情绪和感觉。自负心理往往会使大学生陷入自我感觉良好却已彻底孤独的境地中。人们都讨厌和这种类型的人交往，因此，自负的人最终会在人际交往中成"孤家寡人"，会遭到他人的疏远和孤立，无法与人建立亲密的关系，很难与人友好相处，难有知心朋友。

二、大学生人际交往心理问题的调适

对于大学生人际交往过程中产生的一些异常心理问题的调适，最好的引导方法是人际交往原则与技巧的制定。大学生可以借助这些内容，当作进行人际社交的准绳和参考，进而逐步生成自己的交际理念，为其更好地融入集体提供有力保障。人际交往原则和交往技巧的具体内容如下。

（一）把握好大学生人际交往的原则

1.平等互爱

所谓"平等"是指交往双方在进行人际关系的交往过程中要平等待人，凡事做到一视同仁，不能因为相互之间的家庭、经历、经济、能力等方面的差异而对人"另眼相看"，也不能因为自己各方面的条件比对方优越而看不起别人。"互爱"则是交往双方要互相友爱，共同努力，共同维护友谊。

有研究表明，人都有友爱和受人尊重的需要，都希望别人能够承认自己的价值，希望别人能够接纳自己，喜欢自己。人际交往是建立在相互尊重的平等基础上的人与人之间的一种相互友爱的情感。脱离了这种情感，人际交往只能是一厢情愿的。因此，就大学生而言，无论交往对象的各方面条件如何，是好是坏，是优是劣，在交往过程中都要做到平等待人、自尊自爱，像尊重自己一样地尊重他人。同时，人际交往中的厌恶与喜欢、疏远与亲密是相互的，对于真心喜欢我们的人，我们在心理上也会对对方产生好感和接纳的倾向，愿意相互交往并建立良好的人际关系。

2.真诚互信

真诚是指在交往过程中，待人接物、与人相处、说话办事等都要有心诚意善的动机和态度。互信则是指交往过程中人与人之间要互相信赖、讲信用，要说真话，要遵守诺言、实现诺言，做到"言必信，行必果"。真诚互信原则通常被认为是人际交往中最有价值、最重要的原则，对人以诚相待，以信取人，不仅是做人的美德，还是人际交往得以延续和深化的保证。

在交往中，只有心怀诚意，才能感动别人，才会得到对方的真心、尊敬和信任。孟子曾说："诚者，天之道也；思诚者，人之道也。"只有真诚待人，才能在交往中获得友情。在现实生活中，人们多数喜欢和诚实正派的人打交道，而普遍厌恶口是心非、阳奉阴违的伪君子。社会经验证明，真诚互信是为人交友的根本，真诚才能使人放心，才能赢得他人的信赖。我们要在赢得他人信赖的同时，也要相信对方的人品和能力，遵守彼此之间的约定，勇于承担属于自己的责任。

3. 互助互利

互助互利原则是指双方在交往的过程中互相帮助，在满足对方需求的同时，又得到对方的回报，这是使交往实现双赢的条件。人的一切行为都是为了寻求某种需要而进行的，也许是物质上的需要，也许是精神上的需要，或是物质和精神结合的需要，无论是哪一种，当各自的需要与对方所具备的条件刚好成互补时，就会产生强烈的吸引力。通过交往，建立和发展人际关系，既可以把自己的优势传递给别人，又可以从别人那里获得自身所缺少的东西。如果其中一方只索取不给予，交往就不会再继续。互利性越高，交往双方的关系就越稳固，互利性越低，交往双方的关系就越疏远。

互助互利在人际交往中起着重要作用。每个人都有帮助他人之心，帮助他人的人会从对方的感激中获得很大的安慰与快乐。正因为如此，对于交往双方来说，不能只想着自己如何给予对方帮助，也要考虑如何给对方机会让他为你服务、为你提供帮助。有意求助他人是一种主动与人交往的策略和技巧，求助他人本身表达了你对他的知识、能力、品性的肯定和承认。让对方在帮助你的同时，感受到那份助人的快乐，感受到他在你心中的位置和分量。只有在互助互利的情况下，双方的关系才会更加密切。

4. 理解宽容

人们常说"金玉易得，知己难求"，也就是说，能理解和关心自己的人是很难找寻的，如果要找到自己的知己或成为他人的知己，关键是理解和宽容。理解不是简单地等同于知道和了解，而是在知道和了解的基础上，细心感受他人的处境、心情、需求等，要根据彼此的情况，调整和约束自己的行为，尽量给他人关心、方便，多为对方着想。宽容，就是如果在交往过程中出现矛盾，遇到冲突也要有耐心，心胸要宽广，对人要豁达，不计前嫌，能容忍对方的个性和缺欠。在交往中，由于每个人的个性、习惯、兴趣、爱好各不相同，因误会、不理解而产生矛盾是不可避免的，这就要求大学生在人际交往中要学会宽以待人，心胸一定要宽，姿态一定要高，气量一定要大，不可计较细枝末节，要尽量团结与自己不同意见的人，营造宽松的交往氛围。宽容是一个有信心、有坚定意志、有理想、开朗豁达的人对他人的谦让，并非是怕人，不是没有力量反击人，而且为了团结，为了减少不必要的冲突和心理障碍，主动地容忍对方。

（二）掌握好大学生人际交往的技巧

人际交往是一门科学，需要掌握一定的规律和方法，人际交往也是一门艺术，掌握得当，有助于改善人际关系，增加人际交往的吸引力。交往的技巧多种多样，这里介绍主要的几种。

1. 良好的第一印象

第一印象的好坏直接决定着交往发展的方向，并对以后的交往造成一种心理定式。初次见面，有的人会给人一种相见恨晚的好感，有的人却使人感到不快，甚至厌恶、反感。虽然第一印象不一定完全正确，但良好的第一印象往往会使交往有一个良好的开端。那么，如何才能给别人留下良好的第一印象呢？首先，要注意自己的外在形象，即仪表，包括人的外貌、穿着、体态、风度等因素。仪表美的人特别容易受欢迎，因而在交往中要注意衣着得体，干净利落，不可不修边幅，更不可蓬头垢面、不修边幅。其次，要提高自身的修养，包括一个人的道德品格、学识教养、处世态度等。饱满的精神状态，诚恳的待人态度、洒脱的举止、适当的行为神态、高雅的言辞谈吐等都会给对方留下良好的第一印象。

2. 要学会运用语言

正确使用语言，可以达到传情达意的目的，不正确地使用语言，就会导致"恶语伤人"的结果。巧用语言，往往可以产生化忧为喜、化敌为友的效果。语言包括口语和非口语，其中口语是指谈话时所使用的语言，非口语是指肢体语言、形体语言等。

（1）口语的使用。交往中正确地使用语言，主要是根据不同的场合、不同的交往对象，选取最恰当的交往用语。比如称呼语，一般来说，这是人们交往时说出的第一个词，怎样称呼对方、称呼是否正确，往往会影响交往是否会继续。称呼一定要根据对方的身份、年龄、职业等具体情况而定。如对长辈应尊称"您"，以示尊敬；对同辈或下属可用"小张""小李"称呼，以表亲切等。在交往中，语言要朴实，通俗易懂，不可咬文嚼字，故弄玄虚，更不可对人满嘴污言秽语或漫无边际地高谈阔论，甚至对人冷嘲热讽、出口伤人。要注意避讳语的使用，对一些不应说的话，不要说出来伤害对方，如令对方不愉快的事或对方的生理缺陷等，在交谈中都应注意避讳。

（2）非口语的使用。口语是人际交往中进行沟通的主要形式，但并非唯一的形式，有时候，非口语比口语更能传情达意。例如，①表情，在人际交往中，特别是情感交流时，表情的作用非常重要。人的五官都在表达着喜怒哀乐，如紧皱的眉头代表着不喜欢、不愿意，舒展的眉头代表着心情愉快等。在交往中最常用的面部表情是笑容，恰到好处的笑，是交往能力的重要指标。美国心理学家卡耐基曾经说过："你的笑容就是你好意的信差。你的笑容能照亮所有看到它的人。"对那些整天都皱着眉头、愁容满面的人来说，你的笑容就像穿过乌云的阳光。尤其对那些受到上司、客户、老师、父母或子女压力的人，一个笑容就能帮助他们了解：一切都是有希望的，世界是有欢乐的。由此可见，真诚的、发自内心的微笑，会给对方留下美好而深刻的印象，给人以温暖的感觉。②眼神，眼睛是人们"心灵的窗户"，通过眼睛可以读懂一个人的内心世界。眼神主要用来表示对交往对象的友好、重视、关心和注意。我们在与他人进行交谈时，眼神应表现出专注、专心，应注视对方，视线不能在对方身上不断移动或游离于交谈对象之外，这是一种很不礼貌的表现，别人会认为你不专心听他讲话，轻视他的存在。③手势，手势往往是人们在交往中使用最多的一个动作。如不愿意、不喜欢时会摆手，夸奖他人时会跷起大拇指，生气时会紧握拳头等。手势在交往中如果运用得当，会强化信息的清晰度和效果，也可表达自己内心的情感。比如，在描述一样物品时，如果用手势比划会让对方更快地了解到物品的形状、大小；在车站、码头送别朋友时，当车船渐行渐远时，朋友已经听不到你的话语，但不断挥动手臂能表达你依依不舍的心情；当看到远方而来的朋友时，远远就向朋友张开双臂，表示你欢迎朋友的到来。④姿势，姿势在人际交往中反映着人的思维活动，良好的姿势是举止得体的表现。姿势分为站姿和坐姿，人们一般认为站姿和坐姿应该是"站如松、坐如钟"，站要有站相，坐要有坐相。站立时要如松柏一样挺拔，切不可左重右倒，或一有可以倚靠的东西就靠过去；坐着时不能歪歪扭扭地坐在椅子上，或倒在沙发上，跷起二郎腿，这样会给人很懒散的印象，让人反感或讨厌。良好的姿势，能帮助你获得交际的成功，并给人留下彬彬有礼的美好印象。

3. 要学会赞扬和批评

美国心理学家詹姆士说："人类最殷切的需求就是渴望肯定，适当的赞扬他人是人际关系的润滑油……赞扬能使羸弱的身体变得强壮，能给恐怖的内心以平静与依赖，能让受伤的神经得到休息和力量，能给身处逆境的人以务求成功的决心。"赞扬能释放一个人身上的能量，调动人的积极性。对别人发自内心的真诚的称赞，可以让别人心情舒畅，营造良好的交往气氛。此外，赞扬的关键在于真诚、准确、具体和实在，要恰到好处，过度的赞扬会让人反感。

与赞扬相对的是批评。一般情况下，应多赞扬，少批评。批评是负性刺激，只有在用意善良、符合事实、方法得当时，才有可能产生积极的效果，才能促进对方的进步。批评时应注意场合，注意措辞和态度，应对事不对人，不能将一个人全盘否定，批评的最后应给对方提出中肯的意见，以便其改正。

4.要懂得把握交往的时间和空间

（1）要把握好交往的时间。时间，对于每个人来说都是十分宝贵的，因而把握交往时间的第一个要求就是守时。不管是你约对方，还是对方约你，一定要在约定的时间之前到达，不能让对方在等待中浪费时间。迟到是很不礼貌的行为，这也说明一个人缺乏严谨的作风。第二个要求是尊重他人的私人时间。每个人在巨大的学习、工作压力下，都希望有自己私人的时间可以好好休息一下，放松放松。如果你在对方的私人时间里要打扰对方，必须先征得对方的同意或事先约定，不然贸然登门拜访会令人反感。第三个要求是注意把握交往的间隔时间。要保持良好的人际关系，应长期保持来往，但频率不应过密或时刻都与对方在一起，这样会令人觉得厌烦或有一种不堪承受的压力。

（2）把握好交往空间。每个人都希望为自己拥有一个不受侵犯的私人空间，在这个私人空间内，人是最舒适的，也是最安心的，当私人空间被他人侵犯时，人们会本能地做出某种姿态予以防御。比如，在一个自修教室里，有两个不相识的人在学习，当这两人相距有一定的距离时，两个人相安无事，如果其中有一个人坐到另一个人旁边，另一个人就会觉得不自在而离开，因为他认为自己的私人空间被侵犯了。

第八章 大学生性与恋爱心理

第一节 爱情概述

有人生就有爱情，有生活就有爱情。现实生活中，青年男女祈求爱、渴望爱，这是生活中的自然现象，也是人生的必经之途。然而，并不是每一个青年男女都懂得什么是爱情，能够把握好爱情。爱情虽然甜蜜，但也会带来复杂、独特而微妙的情感体验，甚至产生心理困扰。

一、爱情的含义

什么是爱情？如果让 100 个人来回答这个问题，肯定就会有 100 种甚至多于100 种答案。有人说，爱情就是"一场游戏一场梦"；有人坚信爱情就是"金钱和地位的附庸"；也有人说爱情是"两颗心相互碰撞的产物"等。正是因为对爱情的理解不一样，也就形成了每个人不同的恋爱观。

马克思说："真正的爱情是表现恋人对他的偶像采取含蓄、谦恭甚至羞涩的态度，而绝不是表现在随意流露热情的过早的亲昵。如果你以人同世界的关系是一种充满人性的关系为先决条件，那你只能以爱去换取爱，以信任换取信任。如果你想欣赏艺术，你必须是一个有艺术修养的人，如果你想对他人施加影响，你必须是一个能促进和鼓舞他人的人。你同人及自然的每一种关系必须是你真正的个人生活的一种特定的、符合你的意志对象的体现。如果你在爱别人，却没有唤起他人的爱，也就是你的爱作为爱情却并不能使对方产生爱情，如果作为一个正在爱的人你不能把自己变成一个被人爱的人，那么你的爱情是软弱无力的，是一种不幸。"

苏霍姆林斯基说："真正的爱情，这意味着不仅是欣赏美，而且要培植美，创造美"；"在生活中还有别的事情的时候，爱情才会是美好的，如果没有崇高的社会目标将人们联结在一起，爱情就会变成地狱。"

别林斯基说："爱情是生活中的诗歌和太阳，但是在我们这个时代，如果想把幸福大厦仅仅建立在爱情之上，并在内心指望自己的一切意愿都得到充分满足，他将是不幸的。"

瓦西列夫在《情爱论》中说："爱情是作为男女关系上的一种特殊的审美感而发展起来的，爱情创造了美，使人对美的领悟能力敏锐起来，促进对世界的艺术化认识。""爱情把人的自然本性和社会本质联结在一起，它是生物关系和社会关系、生理因素和心理因素的综合体，是物质和意识多方面的、深刻的、有生命的辩证体。"

罗兰说："爱情可能是恒久的，那是一份坚贞和执着，但也可能是很脆弱的，那是当你存有太多幻想而又不肯忍受现实的缺点的时候，能维持长远的感情，其中定有很多的宽容与原谅。"

弗洛姆说："爱是我们对所爱者的生命与成长的主动关切，没有这种关切就没有爱。"

邓颖超说："真正持久的爱情不是一见倾心，因为相互的全面的理解、思想观点的协和，不是短时间就能达到的，必须经过相当时期才能真正了解，才能实际地衡量双方的感情。"

通过以上名人对爱情的描述，我们说，真正的爱情是指男女双方在相互交往与了解的基础上形成的彼此爱慕和依恋的情感。

二、爱情的特点与类型分类

（一）爱情的特点

1.爱情的形式特点

一般来说，爱情在形式上有两大特点。第一，爱情与喜欢不同。爱情和喜欢是两种不同的情感，爱情不是喜欢的特殊形式。喜欢是一种快乐的情绪，而爱情是与多种情绪并存且与矛盾情绪相联系的，经常是既爱又恨。喜欢是为己的，是要对方满足自己的需要，而爱情的本质是利他的，是要满足对方的需要。第二，爱情与激情之爱不同。激情之爱经常在瞬间爆发，是建立在对一个人的幻想而不是现实的评价基础上的，是一个人强烈甚至不现实的情感投入，其情感的强烈程度会随着时间的推移而减退。而爱情相对复杂，没有太多幻想的成分，是相对更现实的精神生活的高级需求。

2.爱情的阶段特点

完整的爱情发展会经过几个具有特点的阶段：模糊晕轮期、认知磨合期、理性平淡期。

（1）模糊晕轮期。爱情对象身上的某种闪光之处就像日月的光环，让人产生错觉，整体形象得到美化。这种光环效应在两个人刚刚接触或者交往的初期较为常见，属于"情人眼里出西施"的阶段。

（2）认知磨合期。随着彼此的了解越来越全面、深入，恋爱双方的热情有所下降，并且越来越多地发现对方身上存在的缺点，甚至突然觉得对方的一些特点简直让自己难以忍受，甚至会后悔当初的选择。这个阶段往往会伴随较多的争吵，情绪忽高忽低，起伏较大，甚至一方或双方会想到分手或提出分手。这是一个比较艰难、需要双方坚持和努力的阶段，也是恋爱进程中的一大考验。

（3）理性平淡期。恋爱双方经过相互磨合，对彼此已经比较了解，也有了一定的默契，双方感情逐渐成熟和稳定。初期的那些理想化、不理性的想法及期望，已被平和与温情所替代。

以上三个阶段各具特点，也有其独特的优势与问题。对于不同的人来说，每个阶段持续时间的长短、各阶段典型特征的明显程度都可能存在较大的差异。

（二）爱情的类型

1.爱情三元理论

心理学家斯腾伯格的"爱情三元理论"认为，爱情由亲密、激情，承诺（以下简称"爱的三元素"）三种基本成分组成。

其中，亲密是爱情的温暖成分，以动机为主，包括热情、理解、交流、支持和分享等内容。激情是爱情的热度成分，以情绪为主，主要以对方的性欲望及对身体的欲望激起为特征。承诺是爱情的理性成分，以认知为主，指自己愿意与所爱的人保持并且主动维持这种感情。

如图8-1所示，在现实生活中，不同情侣的爱情，其爱情表现特点及它的含义也有所不同。

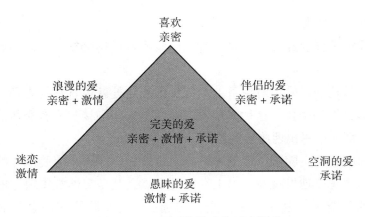

图 8-1　不同爱情模式的元素构成

在爱的三元素中，这三种成分是彼此重叠、相互关联的。承诺和亲密较为稳定，而激情是最容易产生变化和最难于控制的。完美的爱情应该是"亲密＋激情＋承诺"，但这几个部分并不是固定的。一方面，三种成分的强弱、比例不同时，三角形的形状就会发生改变。另一方面，随着时间的推移和环境的变迁，三角形的形状也会不断发生变化。

如图 8-2 所示，随着时间的推移，激情程度会变至最大值，然后开始不断下降，而亲密和承诺值不断增加，并最终保持在一定的稳定水平。

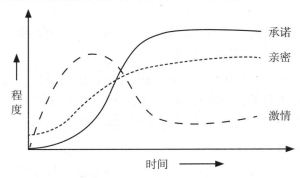

图 8-2　"爱情的三元素"程度与时间的关系

2.爱情六因素理论

社会学家约翰·李根据爱情体验的深度，将爱情划分为激情式，游戏式、占有式、友谊式、奉献式和实用式等 6 种类型。

（1）激情式的爱。"我们的爱情强烈且令双方满意。"这种类型的爱情强调形体美或者一见钟情，如"我的爱人的长相很漂亮，我和我的爱人一见钟情"。

（2）游戏式的爱。"有时候我会同时与两个人保持关系，以便从中选择适合我的人。"视恋爱如游戏，只追求个人需求与满足，对其所爱者不负道义责任，将更换恋爱对象视为轻易之事。

（3）占有式的爱。"如果我的爱人忽略了我，我常常会干一些傻事来引起其注意。"对所爱的对象，给予极强烈的感情，希望对方以同样的方式回应，极具占有欲。

（4）友谊式的爱。"随着时间的推移，我们由朋友变成恋人。"法国作家莫洛·亚说，在真正幸福的婚姻中，友谊与爱情必须融合在一起。在这种类型的爱情中，爱情实际上是一种深层次的亲密关系。

（5）奉献式的爱。"为了爱人，我愿意忍受一切痛苦。"信奉"爱情是付出，不是回报"的原则，甘愿为其所爱牺牲一切，不求回报。在爱情中宁可自己受罪，也不愿爱人受苦。除非爱人幸福，否则自己也不会幸福。

（6）实用式的爱。"在选择爱人之前，我会尽量对我的生活加以计划。"在选择爱人之前，会考虑对象的工作单位、经济收入、社会地位、个人性格、能力因素及是否与其家里人的要求相符。

三、爱情的本质

（一）真爱的本质是学会自爱

爱要注意反省、修正并完善自己的行为，提高爱的自信与能力。埃里希·弗罗姆在《爱的艺术》中将自爱描述为尊重我们自己的完整性和独特性，需要学会喜爱和欣赏自己，需要建立和谐而稳定的自我感，还需要对自己负责。恋爱中的双方首先应学会自信、自省和自爱。自爱是要成为你自己，特别是女性，更要关注恋爱中的自我。爱自己还包括对自己负责，恋爱不是为了让我们放弃自我，而是要学会更加负责地生活。

（二）真爱的本质是善于爱他

弗罗姆将爱区分为成熟的爱和不成熟的爱。他认为，不成熟的爱是以自我为中心的爱，集中在获取和占有他人或他人的爱。而对于成熟的爱，人们可以克服依赖和自我主义，不会为了自己的需要而去剥削他人的需要。

真爱是接纳与尊重，是承担应有的责任，理解与关注你爱的人，在给予与获得、尊重与包容之间，保持公正与平衡。真爱最高的境界不是占有，而是善于爱他，包括包容、自由、平等、尊重、真诚，能够换位思考，是给予多于得到。如果真的爱上一个人，虽然很想拥有对方，但是如果你的爱对于他或她来说，是一种负担，是一种痛苦的话，那么放手也许是对彼此最好的选择。

总之，真正的爱情是自信与关怀，接纳与尊重，责任与承担。真爱的本质是性爱与情爱、自爱与爱他的和谐统一。真爱是要用自己的全部去承诺另一个生命，处理好每一个共同成长的足迹与细节，共同收获幸福与美好。

第二节　大学生的恋爱心理及恋爱观

一直以来，在校大学生谈恋爱都是一个让高校德育工作者颇感棘手的敏感问题。从最早"在校期间，不准谈恋爱"的明文禁止到"不提倡、不反对"的普遍默许、卿卿我我、你侬我侬的校园情侣一直是大学里一道特有的风景，而由之带来的一系列不良倾向也日益凸显，成为高校德育工作无法回避的重要课题。

一、大学生恋爱的动机

（一）生理因素

满足性冲动的生理因素是促使大学生投入恋爱活动的重要诱因。[1] 性意识的发展有一个萌生、疏远异性、向往异性到恋爱的过程。随着性意识的发展，性欲需求会日益强烈，性意识发展过程中弥散化的性冲动会逐渐投射到选定的特殊对象上。出于性冲动的驱使，青年开始脱离群体化的两性活动而单独约会，这就是恋爱。由此可见，生理需要对恋爱中的青年十分重要。

（二）心理因素

在恋爱的开始，许多青年不是追求性欲的满足而是着重于精神上的向往，这本来是一个正常阶段，但如果长久陷于这个阶段，致力于用精神去压抑性冲动就不正常了。有些人在整个恋爱阶段坚持认为爱情是神圣纯洁的，从而不愿意承认自己对恋人的性要求，这是有害的。性冲动是生理现象，它不会随着压抑而消除，只会在压抑中积蓄力量发动下一次冲锋。长久的压抑会造成剧烈的心理紧张、焦虑和抑郁。

处于青年前期的青年不再像儿童那样满足于血缘带来的亲近感，而是有意识

---

① 耿润.大学生心理健康教育教程 [M].上海：上海交通大学出版社.2018：157.

地结交一些个人密友。处于此阶段的青年正处在发展迅速的关口，有许多烦恼不能也不愿向长辈倾诉。于是大多数人发现，如果没有一个可以相互吐露心声的亲密知己，日子将会很难过。到了青年中、晚期，亲密的关系需要进一步发展，此时的朋友已不仅仅是倾诉对象。人格的交流，背景的融合，对青年的交友影响都很大。进入大学校园，对大多数人意味着脱离以前的群体进入新的环境，必须重新建立各种关系。不过，由亲密关系的需要而引发的情爱可能会出现一种危险，即把亲密关系需求与爱情混为一谈。青年（尤其是刚进校门的大学新生）对亲密关系的需要很强烈。当他极其缺乏亲密关系时，某个异性与他交往便满足了他的愿望。这时的青年不一定能分清亲密关系与爱情的区别。友谊一类的亲密关系表现为亲近、信任和互惠，爱情亦如是。混淆爱与友情之间的差异是造成单相思的重要原因之一。除了父母之外，青年恐怕不会承认有比恋人更亲密的人，而且恋人间的亲密在某些方面是父母子女间关系所比不上的。因此，对亲密关系的追求把孤独的青年引向恋爱是极其自然的事。心理学家沙利文指出，亲密关系和性冲动最终结合成人类的情爱。

人从属于社会，总要归属于某个群体，得到他人的承认。即使完全脱离社会，一段时间内不能与社会交流的人也会在自我认识中保持某种归属感。如鲁滨孙的十年荒岛生涯就是在把自己看作拓荒的白人社会中的一位英雄而度过的。他甚至在那儿建立起模拟白人社会的小天地。马斯洛把归属感和爱摆在一起，认为它是在人的安全需要之后的精神层面的高一层次需要。由此可知其重要性所在。归属需要促使青年向群体认同。群体活动增加了男女青年交往的机会，对群体的共同归属（尤其是一些很小的群体）又增加了两人之间的人际吸引力，进一步的发展便可能导致爱情的产生。在恋爱中，恋人能感觉到自己属于另一个人和被另一个人爱抚、关心的滋味。两人共同分享所有东西，如财产、感情、秘密。恋爱能直接满足归属和服从的需要。

（三）功利色彩

人们常说，校园里的爱情是最纯洁、最真诚的，喜欢就是喜欢，爱就是爱，这种不掺杂任何物质利益的真、纯是你走进社会后谈恋爱所无法拥有的。但曾几何时，社会上所谓的"唯物""拜金""实用"主义之风让这一方"净土"也开始变得浮躁和功利。"白手起家、共同打拼"的爱情被更多的大学生们视作一个美丽的童话，他们对未来生活的规划日趋现实。对方对于自己今后的发展是否有足够的"利用价值"，对方的家庭背景、钱财等能否成为自己通向成功、享受安逸的捷径成为恋爱的首选条件，"因为我爱，所以我爱"的神圣而纯洁的校园爱情开始蒙上一层实际且功利的外衣。

大学生谈恋爱已经成为当今大学校园里一个不可能回避也无法回避的客观事实，而大学生恋爱中出现的不良倾向及带来的消极影响更是不容忽视。对此必须要给予充分认识和高度重视，并加以正面教育与积极引导。认知如镜，照之则明；情感如水，导之则畅；理念如山，立之则稳。只有直面大学生的恋爱问题，正确加以引导，让没有涉足爱情的大学生全身心投入学业，已经拥有爱情的大学生把恋爱变成学习的动力，才能让风华正茂的大学生们妥善地处理好爱情与学业、爱情与友谊、爱情与婚姻的相互关系，理智而健康地对待爱情和自己的未来。

二、大学生恋爱的心理特征

（一）恋爱普遍，成功率低

据北京性健康研究会新近完成的全国高校学生性健康状况调查显示，大部分大学生已考虑谈恋爱或已在谈恋爱，"从未考虑"或"对学习期间谈恋爱反感"的学生所占比例较少。南京大学心理协会的一份关于"大学生恋爱问题"的调查数据也显示：在接受调查的学生当中，有近99%的人在校期间有过谈恋爱的经历。

我们这里讲的大学生恋爱的"成功率"，是以最终结合即结婚为标准而言的。调查数据显示：希望毕业后结婚的仅占到0.39%，而在校期间因种种原因导致分手的比例竟高达81.7%。大学生特别是毕业生在面临毕业、就业等诸多方面压力时，一两个月的分手率竟暴增至13.6%。这表明"大学恋情"的脆弱性，就像温室里的牡丹，放到现实环境中不堪一击。

（二）恋爱心态健康，择偶标准个性当先

最近一项调查表明，在现代大学生的择偶标准中，他们最看重的既不是经济能力，也不是社会地位，而是个性和能力，经济在他们心目中排名落后。大学生心目中的"白马王子"和"白雪公主"是什么样子？在他们的眼中，学历、外貌、金钱、能力哪一点最重要？针对"选择男、女朋友时条件地位"的调查结果显示，在外表、个性、学历、经济、能力等多项条件中，不论男生女生，绝大部分人都认为"个性"是择偶最重要的因素，其次则是能力因素，而经济和学历因素反而并没有受到大学生的青睐，尤其是经济排名最后。在个性要求中，女生对男生的性格要求，首选专一；而男生则最喜欢温柔体贴和乐观的女孩子。对大学生的调

查也显示：两情相悦仍是 80% 以上学生对爱情的选择。这表明金钱并非恋爱中的重要因素，大学生恋爱的心态基本是健康的。

（三）注重恋爱过程，轻视恋爱结果

恋爱向来被看作是为了寻觅生活伴侣，是婚姻的前奏。当代大学生注重的是恋爱过程本身，至于恋爱的结果已经不太在意。[①]注重恋爱过程，有利于双方相互了解、加深认识，也有利于培养感情、增加心理相容度，同时也反映出大学生不愿落入世俗，着意追求爱的真谛。但是，只注重恋爱过程，强调爱的"现在进行时"，把恋爱与婚姻相分离，不考虑爱的"将来完成时"，未免失之偏颇。现在大学生中流传着一句顺口溜"不求天长地久，只求曾经拥有"。一些大学生把恋爱当作一种感情体验，及时行乐，借以寻求刺激，满足精神享受；一些大学生是为了充实课余生活，解除寂寞，填补空虚，把恋爱当作一种消遣文化，只注重恋爱过程，轻视恋爱结果，实质上是只强调爱的权利，而否认了爱的责任。

（四）恋爱低年级化、世俗化

当前大学生的恋爱呈现低年级化，人数呈上升趋势。大学一年级就开始谈恋爱的已不是个别现象，有的学生甚至一进校就谈恋爱。一份在南京某高校中进行的调查统计显示，从大学一年级到四年级，谈恋爱的学生在同年级学生总数中所占的比例分别是 20%、40%、60% 和 80%。

大学生恋爱的世俗化有两种含义：一是大学生恋爱中的性冲动明显增多；二是恋爱的非责任化倾向明显。所谓非责任化，就是不少大学生对恋爱更多地抱有一种游戏的态度，而不是以十分严肃的态度对待恋爱。用大学生自己的语言讲，就是"玩玩"而已。在这里，享乐主义和玩世不恭的人生观、价值观对当代大学生是有明显影响的。玩物丧志、玩人丧德、对待恋爱的游戏态度使得一部分大学生的人生追求趋于低俗，客观上也使那些对恋爱抱有严肃态度的人更容易受到情感的伤害。

三、大学生恋爱观

恋爱观是指个人选择恋爱对象和对待恋爱经历的基本看法与态度。个人生活经历、现实需求、社会文化、教育经历等因素，都会影响一个人恋爱观的形成。

一般来讲，随着家庭、社会等成长环境的变化，青年大学生的价值观尚未成

---

① 冯宪萍，张洪涛 . 大学生心理健康教育 [M]. 济南：山东人民出版社 .2015：124.

熟，可塑空间大，这就要求大学生要用心改正自己对爱情不恰当的观点和看法，努力培养积极健康的恋爱观。

（一）以审慎的态度对待爱情与恋爱

爱情与恋爱都是实现婚姻的基础和前提，是关系个人终身的大事，必须审慎对待。人活一生，在世界上相伴时间最长的人是夫妻。如果婚姻美满，双方可以度过幸福的一生；如果婚姻不尽如人意，就可能烦恼、痛苦一生。因此，大学生在学习期间切不可以用轻率的或者游戏的态度对待恋爱和爱情。否则，将自食苦果，后悔莫及。

如何以审慎的态度对待爱情与恋爱呢？就是要坚持在相互交往、相互了解的基础上建立爱情。"人不可貌相"，不能根据外表的印象来了解一个人，也不能凭借心理测验，而要通过共同的生活实践来进行考察。考察一个人，就是看他如何对待学习，如何对待工作，如何对待他人，如何对待有关国家和人民利益的大事。仅仅根据对方对自己好不好，不足以判断对方的人品。因为人在恋爱的时候总是表现得好，总是互相关心、互相爱护、互相帮助，结婚以后能否这样就不得而知了。如果我们了解一个人在各方面都表现得比较好，就比仅仅了解他对自己好要可靠得多。

（二）坚持理性的抉择，调控恋爱的动机

男女恋爱的动机是一种复杂的系统，有满足眼前短时需要的动机，有满足终身婚姻需要的动机，有追求物质需要的动机，也有发展事业需要的动机。恋爱双方必须根据主客观的条件和长远的需要进行明智的抉择。

人都有爱美的天性。男性喜欢女性美丽、苗条；女性喜欢男性高大、英俊；男性喜欢女性温柔、体贴，善于持家；女性喜欢男性聪明、能干、对家庭负责，有事业心。然而，在这些相互喜欢和期望的人品中，有些是长期起作用的，有些只是暂时起作用的。爱美之心，人皆有之。在恋爱之初，美是起重要作用的因素。然而，外表的美是随着年龄的增长而变化的，年龄大了，面貌和身材就不再美了。如果人们仍以外貌的美作为维系爱情的主要因素，那么，随着年龄的增长，婚姻就会产生危机。维持婚姻长期稳定的主要因素是志趣相投、互相关心和体贴。除此之外，还要有对家庭的责任感和道德感。这样，当家庭面临意外事件的冲击、遭遇不幸时，才能迎风搏击，渡过难关。

卢梭说："道德的美必然增添爱情的美。"因此，大学生在选择恋爱对象时，要善于识别和把握那些对婚姻稳定长期起作用的因素，并把对这些长期因素的追

求作为恋爱的主导动机。外表的美要能体现心灵的美，爱情必须有道德感维系，这样才能消除婚姻中隐藏的危机。

（三）区别友情与爱情

异性大学生间的友情与爱情，有时会交织在一起，犹如孪生姐妹、色彩各异的并蒂花那样，很难辨别清楚。但是它们之间既有相似之处，又有不同点。总的来看，异性青年的友情是爱情的最初表现形式，但是友情并不等于爱情，爱情是友情发展的一种结果，而异性友情并不必然发展为爱情；爱情是友情的延伸和继续，而不是友情的结果；获得爱情的人同时会享受到友情的芬芳，而获得友谊的人则并不都能体验到爱情的那种前味。

爱情是一种专一的感情，具有封闭性、排他性；而友情则产生在普遍的人际关系中，是开放、广泛和可以传递的。爱情具有"隐秘性"，不愿在众目睽睽之下谈恋爱，把自己爱情的言行公开在他人面前，但友情则是公开的。不仅是友情的对象，表达和交往的方式也同样如此。友情与爱情的不同点还表现在下面几个方面。

1. 交往不同

友谊最重要的交往是：彼此了解；而爱情是依靠感情面对对方的美化，这往往很难像分析好朋友一样分析爱人的优缺点。

2. 地位不同

朋友之间立场相同、地位平等，既有人格的共鸣，又有剧烈的冲突；而爱情则有一体感，两者不是互相碰击，而是互相融合。

3. 变化不同

友谊可能是暂时的，因环境的改变、工作的变迁、思想的分歧而随之发生变化；而爱情则是长久的、永恒的。

4. 责任不同

友谊关系主要承担道德义务，朋友之间要做到忠诚、热忱、友爱互助，要讲原则明是非；而爱情关系的双方不仅要承担道德义务，结为婚姻关系后还要承担法律义务。

在大学生活中，友情是大学生人际交往的重要方面。它为大学生活提供了和谐、理解的氛围，使朋友和同龄人的意见更易于吸收，为大学生个性心理发展创造了良好的环境。同时，同学之间的友好交往会使大家感到集体的温暖，有利于消除个人的孤独感，有利于培养大学生良好的心理素质。友情的存在，给了在集体中生活的同学感情上的慰藉、生活上的帮助、学习上的指导和同龄人之间的理解。因此，大学生更需要友情，也更应注意正确区别友情与爱情，认为男女之间只有爱情没有友情，或者错把友情当爱情，都不可能获得真正的友谊和爱情。只有正确区别了友情与爱情，才能去大胆建立友谊，建设爱的桥梁，才能实现对爱情的向往和追求。

（四）把握感情之舵

在恋爱过程中，强烈的情绪体验，使爱情强烈、奔放、焕发生机，使生活五彩缤纷，使恋爱过程甜酸苦辣俱全，从而大大丰富了爱情的浪漫和吸引力。它还能提供巨大的动力，青年想念心爱的人会彻夜不眠，看上理想的异性后可以花几天时间写一封有生以来最费脑筋的长信；约会时，宁愿跑得大汗淋漓，也不愿迟到一分钟。爱情还具有一定的评价作用，青年在恋爱时，产生的情绪反应和情绪体验，会使自己知道最喜欢的是什么，自己爱上了对方哪些方面。但是，在这种情感的影响下，青年的某些心理过程也会产生特异的改变，出现一些和平常不同的特点。比如，热恋中的男女，相恋情感高涨而理智有所蒙蔽，"情人眼里出西施"，这似乎是爱情领域中一种规律性的现象。在这种现象的作用下，他们感到对方完美无缺，只看到对方的优点，看不到对方的缺点，甚至把缺点看成是优点。如果别人指出恋人的缺点，就会觉得别人多事。

爱情的这种现象是由于爱的"炽热""融化"了自我，并且具有如下特点：失去独立意识，完全与恋人保持一致；似乎"注射"了对方的灵魂；盲目崇拜或听信恋人；似乎对方说的一切都有道理；自己却显得十分幼稚，因此变得朴实谦虚起来；会放弃自己的个人利益，积极主动地迎合恋人的愿望；为对方做自己力所能及的任何事情，只讲贡献不求索取；宽容对方的某些缺点和不足。

大学生从少年期刚刚过渡到青年期，生理成熟的速度高于心理发展的速度，更高于道德认识的速度。阅历浅，人生观和性格还未定型，对恋爱婚姻问题缺乏全面的认识。因此，极易由于感情放纵造成不应有的失误。

大学生对婚姻大事要慎重，要把握好情感之舵，如果一个人个性失去太多，就会变得脆弱，使对方感到失去了爱慕的对象和客体，自己也会失去魅力。如果过分迎合对方，还可能使自己个性特点逐步消失或者畸形发展，甚至为对方干出一些不正常的事情。爱情的发展和增强也有强大的推动作用，使恋人的形象在头脑中理想化，剔除了其中引起不良体验的部分，爱情会由此而变得更加纯洁、强烈，更令人向往。然而爱情也能使当事人产生错觉，甚至对恋人的某些本质性缺点视而不见，把友人的好心忠告当作耳旁风，一意孤行，最终酿成大错。一旦冷静下来，失去理想的光环，才发现对方并无光彩，因此青年在恋爱时，客观的评价是非常必要的。

热恋中的双方情感专注热烈，指向性很强，他们心中只记挂着对方，恨不得时时刻刻在一起，而对两人感情活动以外的其他活动兴趣不大。大学生要控制这股如火的热烈情感，使之成为追求学业的动力。

四、纯真、自然的交往

男女之间的爱情是一种纯真而美好的感情，这种纯真的爱情生活是人类的一种高尚的精神生活。只有在这种爱情基础上发展起来的恋爱和婚姻关系才是美满和幸福的。

在恋爱过程中我们要做到如下几点。

（一）真诚相见

帮助对方了解自己，两人在相互的展示中，能够找到更多的共性，产生较强的共鸣。

（二）互相尊重，讲求礼貌，平等相待

恋爱双方应是平等的，每个人都应该尊重对方的看法，尊重对方的选择和行动自由，不应以"主人"或"支配者"的地位自居。

（三）互相谅解，尊重人格，互相帮助

帮助对方解决各种困难和难题，是感情培养的重要方向。

每个青年都需要爱情，但每个人也都需要别的东西，比如，理想、事业、前途等。如果一方在建立爱情的同时也追求这些东西，另一方要支持恋人的追求，这样两人的心会贴得更紧。

爱情是男女两性交往和精神交流的产物，尽管离别助长爱意，但在爱恋中有一定的交往频度还是必要的，特别是在感情建立初期更是如此。不过，交往不应过于频繁，有的人一旦爱上对方，恨不得一天见一次或者整天待在一起才好。这不但浪费时间，也不利于感情的培养。接触过频，有时会感到发展过快，不能冷静考虑，从而造成一些不必要的麻烦；有时也会因过于熟悉，慢慢失去激情和新鲜感，使人觉得爱情过于平淡枯燥，缺少令人兴奋的内容，感到对方身上的光彩慢慢消退，失去吸引力。恋爱不等于结婚，所以必须保持一定的距离，善于用恰当的形式表达自己的爱。就像俗语说的："真正的爱情的表达不是用嘴，而是通过全部生活来体现的，真正的爱情的接受不是用耳朵，而是用心灵来体验的。"

爱情的甜蜜和幸福并非只表现在相互亲昵上，它还包括在事业上的相助、学习上的互惠、生活上的互相体贴和困难中的互相照顾。工作、学习是无止境的，亲昵也应当适可而止，应主动参加一些有益的集体活动，到朋友中去、到大自然中去。

（六）践行爱情道德

自古以来，人们都赞美坚贞的爱情。真正的爱情是经得起人生道路上的各种曲折、磨难的考验的，使人们在艰苦的生活和工作面前能够互相激励、增强信心和勇气，所以说，它是一种特殊的情感。这种情感应该是强烈而持久的，绝不是一时的感情冲动；应当是纯洁又高尚，绝不允许存在别有用心和虚伪；是应该面向生活并有明确的责任和义务，绝不能脱离生活和实际困难而空想。美好的爱情应当是单一的、强烈的、持久的，这样才能使生活更加美满幸福。

诚实专一是恋爱道德的核心。只有诚实专一的阳光雨露，才能培育出艳丽的爱情之花。当然，在一个青年即将进入恋爱生活的时候。他有权进行选择，一个人在几个人中选择自己的对象，看看与谁建立恋爱关系合适，这是允许的，也是必要的。但是，这种选择更多的应该在友谊的基础上进行，然而我们都知道，友情没有数量和性别的限制，爱情则除了友爱之外还有性爱的因素等，因此，一个人不能同时与一个以上的人发生爱情，搞三角恋爱，不管是认识上的不足还是出于其他什么动机，都是作弄他人、伤害他人感情的行为，只会给别人带来痛苦。总之，交友可以广泛，爱情只能专一，一心一意者高尚，心猿意马者糊涂，来者不拒者虚荣，左右逢源者轻薄，游龙戏凤者堕落，门当户对者封建。

婚姻恋爱的实质，就是经过慎重选择。由两个人参加，结成生活道路上共同战斗的忠诚伴侣，组成一个家庭生活单位，成为社会中的一个细胞。因此，践行爱情的道德要求是十分重要的。因为它不是纯粹个人的私事，要对双方负责，要对后代负责，要对社会负责。真正的爱情必须是忠实的。既然在爱情上做了慎重的选择，就要对彼此间的爱情负责，承担道德上的责任和义务，一个人爱另一个人或接受另一个人的爱，那么他对另一个人便承担着严肃的社会和心理责任。有人说这是做感情的奴役，但是列宁说："克己自律绝不是奴役，它们即使在恋爱方面也是必要的。"

（七）走出失恋困境

恋爱不可能总是成功的，因为存在着不利于恋爱的各种社会和个人的因素。失恋对任何人来说都不是甜的滋味，但是对一个有明确生活目的、有理智、能控制自己感情的人来说，它是可以解脱的。爱情只可追求而不可强求；既要尊重自己的选择，也要尊重别人的选择。做到失恋不失智，不失德。

1.改变对恋爱的错误认知

面对失恋的打击，不同的人会出现不同的反应。原因首先在于不同的人看待问题的方式不同。要减少失恋对一个人的负面影响，最主要的是排除一些恋爱中不合理的观念，比如"爱情是人生的全部""再也不会遇到比他更好的人"等。失恋者应换个角度看问题，爱情在人生中占有重要地位。没有爱情的人生是不完美的，但爱情不是生命意义的全部，只为爱情活着是苍白的；应看到爱情的脆弱性一面。恋爱既可能成功，也会遭遇失败。一次失恋不等于整个爱情生命的结束，人还会再恋爱，时过境迁，说不定是柳暗花明；失恋只是一种选择的结果，每个人的欣赏角度不同，不同的人对于恋爱对象的心理需求各有侧重，对方不选择自己并不等于自己一无是处。

2.了解"失恋过激反应"的心理机制

人们对现实的感受往往并不等同于现实，最多只能接近现实。心理学家契可尼通过实验证明，一个人的记忆有这样一个奇特的方面，它对已完成的事情极易忘却，而对中断了的、未完成的事情却总是记忆犹新，这被称为"契可尼效应"。没有结果的恋情让人刻骨铭心，回味无穷。从心理学上解释，也许正因为它是未完成的、不成功的，如果我们懂得这一心理学常识，也许对于没有结果的爱就不会那么执着和念念不忘了。

3.多为对方着想

一个人对伤害自己的人会本能地产生仇恨，这也是失恋者不能从痛苦中走出来的重要原因。我们应失恋不失态，失恋后不要穷追不舍、纠缠对方，甚至产生报复心理。谁都有选择爱的权利和拒绝爱的权利，既然是你所爱，就应设身处地为对方着想，让对方做选择，告诉对方尽管自己很痛苦，既然对方觉得这样更幸福，自己就尊重他（她）的决定，并祝他（她）幸福。仇恨和报复并不能挽回失去的爱情，只能使自己的心态更加失衡，只有宽容才能让人释怀。

4.转移自己的注意力

失恋之后之所以难以摆脱恋情的困扰，是因为我们还把自己放在昔日与恋人的美好回忆情境中，因此要学会将自己的情感与注意力适当地转移到失恋对象以外的人或事。如清理掉与其相关的物品，避开以前常去的地方。同时，扩大人际交往，积极参加学校的各种娱乐活动，投身于大自然，在自然的怀抱中得到慰藉。

5.适当地发泄情绪

不要把失恋的痛苦压抑在内心深处，一个人慢慢品味。寻找合适的途径把痛苦、难堪和绝望的情绪发泄出来，以减轻心理的负荷。找个没人的地方痛哭一场，或找朋友或亲人倾诉自己的痛苦，得到他们的理解、关心和支持；或者通过心理辅导老师的帮助，宣泄苦闷，重新建立起心理平衡。

第三节　大学生的性心理及问题调适

一、大学生常见的性心理问题与调适

大学生常见的性心理问题有自慰紧张困扰、性幻想焦虑困扰、性梦压抑困扰、性冲动困扰、性别认同困扰等。

（一）自慰紧张困扰

自慰又称"手淫"，是指在没有异性参与的情况下，用手或其他物体刺激身体动情区，以获得性快感和性高潮的一种自我刺激和自我安慰的行为。自慰行为来源于性补偿和性宣泄心理，能够解除性压抑，缓解心理压力，让人获得身体上的舒适和心理上的满足。

我国某高校抽查统计发现，男生自慰率近60%，女生自慰率近20%，自慰普遍存在，男女都有。其中，受"一滴精，十滴血"等错误传统观念的影响，有的青少年认为手淫是恶习，怀疑自己身体有问题，因此产生了严重的心理问题，对种种"可怕后果"感到自责、恐惧和焦虑，甚至出现失眠、疲乏、精神不振等症状。

研究表明，自慰是一种自体性性行为，不会感染性病，更不会妨碍未来正常的性生活，而且适当手淫自慰可以缓解由于性冲动压力而引起的不安和躁动，是一种合理的性宣泄手段，是不会影响身心健康的。然而，由于自慰还具有一定的成瘾性，所以自慰是否会带来伤害，不在自慰本身，关键在于看待自慰的态度和自慰的自控能力。只要不过于频繁，对日后的智力、能力、社会适应及性功能、生育功能都不会有负面影响。克服过度手淫，首先，要多学习掌握一些性心理健康知识，改变行为态度，增加自控能力。其次，要注意生活细节，比如，注重宽松穿着，不穿过紧内衣裤，不盖过暖或过重的被褥，要注意生活规律，讲究个人卫生，勤洗澡，常换衣，要饮食规律，作息规律，还要积极参加文体活动和社会实践活动等，转移注意力。

（二）性幻想焦虑困扰

性幻想指的是自编的带有性色彩的故事，通常表现为在某特定因素的诱导下，"自编""自导""自演"的与异性交往内容有关的联想。性幻想可导致生理上的性兴奋、性器官充血，也可偶尔出现性高潮。因此，性幻想是性冲动的发泄形式之一，是对性行为的一种替代或暂时性满足。

性幻想在当今大学校园比较普遍，并且男生多于女生。当然，性幻想如果过于频繁，容易失控，甚至出现把性幻想当成现实的病态表现。

克服性幻想过频，首先需要加强性知识的学习，别太把性幻想当回事，不必为此自责。其次，尽量少接触与性爱有关的内容作品，远离相关信息的刺激影响作用。最后，要把自己的精力集中到专业学习及其他丰富多彩的活动中去，多让积极向上的东西充实自己的时间和空间，把性能量予以转移、升华。

（三）性梦压抑困扰

性梦是指进入青春期以后在睡眠过程中出现与性内容有关的梦境。一般认为，性梦与性激素达到一定水平、睡眠中性器官受到内外刺激或潜意识作用所引起的性本能活动有关。

（四）性冲动困扰

性冲动经常出现在遇到有吸引力的异性时。与被吸引异性或与自身有关的性的意念、裸体表象、性感部位及体验都可归结为性冲动。

有人将性冲动称之为"见不得人的事情"或"有损健康的行为"。这种性心理态度与观念，有的是受到家庭环境和成长经历的影响，有的是受到消极传统观念的错误引导。当然，如果性冲动发生过于频繁，如男生看见异性隆起的乳房或裙子里隐约可见的内裤线条，就会有躁动甚至发生勃起现象，那必然会影响到正常的学习、生活和工作，以及与女生的正常相处。如果这种心理负担持续发展，还会影响日后为人处世的态度、社会交往的信心和与异性的接触。更严重者，甚至会引发性功能障碍。因此，大学生要理性看待性冲动和合理控制性行为。首先，要及时改变自己的错误看法，积极正面地看待性，重新树立理性认识，性不是有损健康的行为。其次，要学会有效地控制或调适性冲动。如加强专业课学习或参加课外文体活动，通过加强意志锻炼等途径，转移注意力，净化刺激源，弱化冲动欲。当然，必要时也需要咨询专门机构，采取心理治疗、行为矫正等方式。

（五）性别认同困扰

心理性别一般在 3 岁左右就已经确立且较难改变。研究表明，性别认同困扰与婴幼儿时期接受的性教育不当有关。如从小被当作女孩抚养的男孩，长大后极易出现性别自认甚至性欲倒错的问题。当然，最新研究表明，这种性别认同问题也可能存在先天性的生物学决定因素。

性别认同困扰者首先要尝试悦纳自己，包括接纳自己的性别与性格，并在日常生活中注意培养男性气概或女性气质，最终实现个体生物学的"性"与心理学的"性别"和社会学的"性角色"之间的合理统一。

二、大学生性健康与自我保护

（一）养成良好的生殖卫生习惯

要注意养成良好的生殖卫生与健康护理习惯。男女均要做到每天清洗性器官，注意宽松着装、勤换衣裤和保持良好的作息习惯。男生还要注意运动时对睾丸的保护，不抽烟不喝酒，不过度自慰。

（二）预防性传播疾病

性传播疾病，简称"性病"，是指可以通过性接触传染的一组传染病。我国目前重点防治的常见性病有梅毒、淋病、艾滋病、非淋菌性尿道炎、尖锐湿疣和生殖器疱疹等。这些疾病的病原体不同，表现也不一样，但都可以通过性交传播。通过性接触可以传染的还有细菌性阴道炎、外寄生物感染、疥疮、阴虱等。预防性病，要做到性生活与生殖器官卫生，要注意个人的日常卫生，特别是外出旅行时要注意防止传染，在性生活方面更要洁身自爱等。

第九章 大学生挫折心理

第一节 挫折概述

进入21世纪，我国社会主义现代化建设呈现出新的阶段性特征。社会在快速发展，矛盾亦不断凸显，人们的利益和价值观多元化，情感日趋复杂。面对社会的转型、学习和就业的压力、情感的困惑，大学生越来越多地受到各种挫折的困扰，导致众多心理适应不良和心理障碍。因此，大学生正确认识挫折，提升自己的身心素质显得非常重要。

一、什么是挫折

在人们的日常生活中，挫折是指失败、阻碍、失意。由于人类社会生活的复杂性，挫折的概念有狭义和广义之分。广义的挫折，泛指一切能够引起人们精神紧张、造成疲劳和心理反应的刺激性生活事件；狭义的挫折，是指有目的的活动受到阻碍或者失败时而产生的消极情绪反应。在心理学上，一般来说，挫折是人们在从事有目的的活动过程中，因主观或客观的原因而受到阻碍或干扰，致使原有动机不能实现、需要不能得到满足时的焦虑、悲伤、气愤等消极的情绪体验。导致活动目的无法实现的障碍或干扰称为挫折事件或者挫折情境。

挫折的概念通常包括三方面的要素：一是挫折情境，即指在有目的的活动中，使需要不能获得满足的障碍或干扰的一种情绪状态。二是挫折认知，即受挫者对挫折情境的感知、体验和评价，它受个体的认知结构影响。挫折认知一般可以分为两种情况：第一种是受挫者对真实挫折情境形成的认知，这是真实的挫折认知；第二种是对想象挫折情境形成的认知，这是想象挫折认知。三是挫折反应，指伴随着挫折认知，受挫大学生对自己的需要不能满足时产生的情绪和行为反应，常见的有焦虑、紧张、愤怒、攻击或躲避等。挫折情境、挫折认知和挫折反应三者同时存在时，即构成了典型的挫折心理。但在有些情况下，即使没有挫折情境，只有挫折认知和挫折反应这两个因素，也能构成挫折心理。有时即使事实上存在一个挫折情境，但由于没有把它作为挫折情境，个体也不会产生挫折心理；只有当个体感知或意识到挫折情境时，才会产生挫折心理。可见，挫折情境和挫折反应之间并非必然的联系，往往要通过挫折认知来确定，挫折反应的程度主要取决于挫折认知。若个体主观上将严重的挫折情境，感知、评价为不严重，挫折反应就会很小；反之，若个体主观上将不严重的挫折情境，感知、评价为严重，那么就会引起很强的情绪反应。此外，受挫者的挫折认知与受挫次数具有一定的关联。随着受挫次数的增加，个体的挫折认知将发生变化，或提高，或降低，或自暴自弃。因此，在构成挫折心理的三个要素中，挫折认知是最重要的，它决定着挫折反应的强度。所以，在挫折面前一定要保持清醒的头脑，对挫折要有正确的认识，不要过分夸大挫折的消极影响。

二、挫折产生的原因

人们产生的任何心理挫折都与其当时所处的情境有关。构成挫折情境的因素是多种多样的，分析起来主要有两大类。

（一）外在的客观因素

构成心理挫折的外在的客观因素主要来自自然和社会两方面。

1.自然因素

自然因素是指由于自然的或物理环境的限制，使个体的动机不能获得满足。如任何人都不能实现长生不老、返老还童的愿望，都难免遭到生离死别的境况和无法预料的天灾人祸。以上是由自然发展规律和时空的限制而形成的心理挫折，对人类来说不是主要的。由社会因素制约形成的心理挫折，才是具有重大影响的。

2.社会因素

社会因素是指人在社会生活中所受到的人为因素的限制，其中包括一切政治、经济、民族习惯、宗教信仰、社会风尚、道德法律、文化教育的种种约束等。如学非所用，在工作岗位上不能充分发挥作用；学习的课程与兴趣的矛盾；家长和老师教育方法的不当；等等。凡此种种社会因素，不但对个人的动机构成挫折，而且挫折后对个体行为所发生的影响也远比上述自然因素所产生的心理挫折要大。

（二）内在的主观因素

由内在主观因素引起的挫折包括两类：一类是由于个人容貌、身材、体质、能力、知识的不足，不能达到自己所追求的目的而产生的心理挫折；另一类是由于个人动机的冲突而引起的挫折。

1. 动机冲突

在有目的的行为活动中，个体常常会因一个或几个目标而同时产生两个或两个以上动机。但由于条件所限，这些并存的动机不可能同时实现，而必须做出取舍，于是动机冲突便产生了。如果这种心理矛盾持续强度大、时间长，就可能引起挫折感。

动机冲突的实质是需要之间的冲突。大致有以下四种动机冲突形式。

（1）双趋冲突。在两个目标都符合需要并有相同强度的动机中，个体因迫于情势不能两者兼得，从而在心理上产生难以取舍的冲突情境。所谓"鱼和熊掌不可兼得"。

（2）回避冲突。两者同时违背需要，造成厌恶或威胁，产生同等强度的逃避动机，由于情势又不能同时避开，由此产生的难以抉择的斗争。

（3）趋避冲突。即某一目标对个体既有利又有害，既有吸引力又有排斥力，处于既爱又恨的矛盾状态。

（4）多重趋避冲突。即两个或两个以上的目标，每个目标对个体既有吸引力又有排斥力。

2. 自我评价与抱负水平过高

一个人自我评价和抱负水平过高，就容易产生一些按自己目前条件与实际能力根本无法实现的需要与动机，因而即使再努力，需要也很难得到满足，于是挫折感便产生了。我们可以用公式来表示挫折感：挫折感＝自我期望值/实际有效行为。

3. 认知不当

一些大学生因认知不当常表现出以下几种态度和行为："防人之心不可无"，事事怀疑别人的行为和动机；不相信世上有真正的友情，从而导致与谁都无法深交；"只有自己能照顾自己"，拒绝别人的帮助，把自己与别人隔离开来，或夸大自己的能力，以示自己与众不同，使人无法接近；"人见人爱"，企图取悦所有人或讨好别人，做老好人，不懂得拒绝别人，有时为讨人欢心甚至损害自己的做人原则或人格尊严；"人生不过一场戏"，游戏人生，对什么事都采取旁观者的态度，对任何人或事都无所谓，不肯积极投入到生活中去，结果无所寄托，整个人显得空虚、无聊和孤独。

第二节 大学生挫折反应与应对

生活在社会中的大学生，在学习、生活和社会活动中，不可避免地会遭遇挫折。面对挫折，大学生的心理平衡往往会遭到破坏。在大多数情况下，他们感到困扰、不适应，甚至是痛苦的体验。[①]出于人的自我保护的本能，大学生在受挫折以后，就会自觉或不自觉地采取某种活动方式消除或减轻内心的不平衡或压力。大学生这种挫折后的行为反应具有的摆脱痛苦、减轻不安、平衡心理的自我保护机制，通常称为心理防御机制或心理自卫机制。心理自卫机制常常可以起到缓冲心理挫折、减轻焦虑情绪的作用，包括不成熟的原始消极的反应方式和成熟的积极的反应方式。

一、情绪性反应

情绪性反应即原始性消极行为反应，也是大学生受挫以后常常表现出来的行为特征。常见的有以下几种表现。

（一）攻　击

当个体受到挫折时，常常会引起愤怒情绪，产生攻击行为。攻击有直接攻击和转向攻击两种形式。

直接攻击是个体受到挫折后，把愤怒的情绪和行为直接指向造成其挫折的人或物。这种攻击性的强烈程度与挫折程度的大小成正比，挫折越大，攻击性越强。直接攻击常常发生在容易冲动、自控力差的个体身上，或发生在年龄较小的学生身上，或发生在相对愚昧无知、缺乏修养者的身上。心理学家认为，如果将怨恨的情绪或攻击的冲动强行制止，反而会对人的身心健康造成不良影响。若能采取一种社会认可的表露方式，适当表露一下怨恨是有好处的，因此应引导大学生把握好这个度。

（二）冷　漠

冷漠是一种与攻击行为相反的行为反应，它是指个体在遭受挫折以后表现出对挫折情境漠不关心或无动于衷的态度及行为。这是一种比攻击更为复杂的心理

---

① 敖凌航，张少平.大学生心理健康[M].武汉：武汉大学出版社.2011：159.

反应，它对身心健康的损害是很大的。冷漠并非不包含愤怒的情绪成分，只是个体把愤怒暂时压抑，以间接的方式表现出来而已。这种现象表面显得冷淡退让，内心深处则往往隐藏着很深的痛苦，是一种受压抑的情绪反应。

有人认为，如果个体在遭受挫折后采用攻击方式能够克服挫折情境，那么以后就会更多地采用攻击方式；反之，如果采用攻击方式来对付挫折情境反而遭受更大的挫折，那么以后就可能采取逃避方式，如果不能逃避，就只能以冷漠的方式应对了。

（三）固　着

固着又称病态固执，是指个体在受到挫折后，采取刻板的方式盲目重复某种无效的行为。尽管反复进行这些行为并无任何效果，于事毫无补益，但仍要继续这种无效的行为，而不能以其他更适当的行为取而代之。例如，有的大学生学习方法很不科学，致使学习成绩总是很差，当别人提出应当改进不当之处后，却仍然我行我素，不予理睬。心理学研究表明，严厉的或长时间的惩罚，会造成挫折情景而产生固着症状。同时，固着往往与对犯错误者的批评教育方式的不妥有直接关系。一般说来，如果采取简单粗暴的强硬手段，人为地使犯错误者感受到一种强烈的挫折，则会导致其继续坚持原来的错误，甚至出现比原来更错误的行为。

（四）逃　避

逃避是大学生受挫和预感受挫时表现出来的一种消极行为反应。在现实生活中，大学生受挫或预感受挫，便逃避到自认为比较安全的情境中。逃避主要有三种表现方式。

1.逃到另一"现实"中

这种情况在大学生中比较常见。其实，大学生逃避与自己成长和发展有着最直接关系的学习环境到其他活动中去，可能在某个时候有一定的缓解作用，但并不能真正消除内心的紧张，因为紧张的心理以"潜意识"方式从当前现实转入"另一现实"中，它在一定条件、一定时期，可能对大学生产生更大的不良影响。

2.逃向幻想世界

受挫的大学生在受挫以后，往往沉溺于不合实际的幻想之中，以非现实的想象方式来应付挫折。这时，受挫的大学生为了暂时解脱现实问题的困扰，展开不受制约的想象，在幻想中求得平静和安宁。幻想在一定时期、一定程度上使人暂时脱离现实，有缓解挫折感的作用，得到暂时的精神解脱，因而有助于对挫折的容忍和提高个人对将来的希望。但是幻想毕竟是幻想，在大多数情况下无助于现实问题的解决。因此，大学生在幻想之后，应实事求是地面对现实去应付挫折。例如，某大学生学习不好考试失败以后，幻想将来克服困难取得好分数和走上好的工作岗位的愉快情况，这可能使他鼓起勇气学好功课，这样的幻想有积极意义；但如果不面对现实，一味沉醉于幻想，就会形成一种不能适应生活的坏习惯。

3.逃向疾病

在日常生活中，人们对一个人的行为总是有一定要求的。如一个健康的大学生，人们认为他应该是奋发向上、学习刻苦、对人热情、精力充沛、适应社会的。但如果对象是一个病人，社会对他的各种要求都可能暂时取消或减轻，对他的过失也不严格计较。

（五）轻　生

轻生是受挫者受挫以后表现出的一种极为消极的行为反应。在现实中，出于受挫者反复受挫，周围缺少帮助，又找不到摆脱挫折的方法与途径，受挫后愤怒的情绪使之失去理智，而以自杀形式消除内心紧张的心理。大学的学习活动需要大学生不论在智力还是在体力方面都要付出艰辛的劳动。而学习的竞争又相当激烈，一些大学生难以适应这种局面，他们在无助中往往选择了这种不该选择的消除内心紧张心理的方式。此外，大学生生活在社会之中，一些对大学生直接影响的负面事件引起他们强烈的挫折感，他们又无法摆脱这些挫折感，轻生也就成了这些大学生和社会的遗憾。

（六）反　向

一般来说，个人的行为方向和他的动机方向是一致的，即动机发动行为促使行为向满足动机的方向进行。但是人受挫后，自己的内在动机不能为社会所容忍。出于他不敢正面表露自己的真实动机，于是便从相反的方向去表示出来。这种把自己不符合社会规范、不被允许的愿望和行为，以某种截然相反的态度或行为表现出来，以掩盖自己的本意，避免或减轻心理压力的行为反应，称为反向。例如，一些自卑感很强的大学生，往往在同学中以高傲自大、夸夸其谈等自我炫耀的方式掩盖自己内心的自卑和孤独；有的大学生对某异性大学生非常倾慕，然而由于害怕遭到拒绝而装出一副不屑一顾的样子。

反向行为由于与动机相互矛盾，因而表现得过分夸张、做作。它虽然可以在一定程度上掩饰个体的真实动机，但是掩饰包含着压抑，长期运用会从根本上扭曲自我意识，使动机与行为脱节，造成心理失常。

（七）压　抑

压抑的行为反应在大学生生活中比较常见。大学生在学习、生活中，常常把不愉快的经历不知不觉地压抑到潜意识里，不再想起，不去回忆。由于压抑、痛苦的经历似乎被遗忘了，使人在现实意识中感受不到焦虑和恐惧。

压抑是行为主体的一种"主动遗忘"，它和由于时间延续过久而发生的自然遗忘不同，它只是个体把不为社会接受的本能冲动、欲望、情感、过失、痛苦经验等不知不觉地从现实意识压抑到潜意识中去，使之不侵犯自我或使自我避免痛苦。但是这些被压抑的东西并没有消失，它在日常生活中往往不知不觉地影响着人们的正常心理和行为，并且一旦出现相近的场景，被压抑的东西就会冒出来，对个体造成更大的威胁与危害。它不仅影响个体的正常活动，而且会引起心理异常和心理疾病。

二、挫折应对

既然挫折是客观存在的，我们应当主动进行挫折心理训练和挫折教育，从预防入手，提高自己对待挫折的容忍力，同时树立正确的挫折观，采取有效的心理防卫机制，走出心理困境。具体来说，可以从以下几方面进行挫折心理的调整。

（一）树立正确的挫折观

在挫折情境中，许多不理智的反应、不正确的行动，都源于缺乏对挫折的正确认识。为此，我们应该树立正确的挫折观。

1.挫折存在的普遍性与必然性

自然界、社会中的万事万物，无一不是在曲折中前进、螺旋式上升的。挫折是人们认识世界过程中的必然现象，任何人的成长过程中都不可避免地会遇到不同程度的挫折。如果有了正确的挫折观，认识到挫折是人生的一部分，做好了充分的心理准备，就能把挫折当作进步的阶石、成功的起点，从而不断取得进步。

2.挫折意义的双重性

大文豪巴尔扎克说过："世界上的事情永远不是绝对的，结果完全因人而异。困难对于天才是一块垫脚石，对于能干的人是一笔财富，对弱者是一个万丈深渊。"挫折既有消极的一面，也有积极的一面。挫折会给人以打击，带来损失和痛苦，但也能使人受到磨炼和考验，变得坚强起来、成熟起来，并因此而增长知识和才干。获得解决问题的能力，使挫折向积极方面转化。

3. 挫折的可克服性

正确的挫折观还在于当挫折发生时，要勇于面对它、正视它、解决它，并坚信挫折是可克服的。强者之所以为强者，不在于他们遇到挫折时根本没有消沉和软弱过，而恰恰在于他们善于克服自己的消沉和软弱。鲁迅彷徨过，哥白尼忧郁过，伽利略屈服过，歌德、贝多芬还想过自杀，但他们通过斗争最终都坚定地走向了辉煌，他们成就事业的过程往往也就是战胜挫折的过程。

4. 大度乐观，正确地评价自我和社会

个体对挫折的承受力往往与其人生价值观和处世态度有着密切的关系。一个乐观向上、性格开朗的人，比一个患得患失、郁郁寡欢的人更具有化解挫折的能力。学会容忍挫折，心怀坦荡，情绪乐观，满怀信心，最终还是能够战胜挫折的。一方面，要从自身找出原因，找出缺点与错误，不能一味地埋怨社会环境和客观条件，这样只会使你错上加错；另一方面，应当正确地认识自己的优点和长处，不要稍遇挫折，就责备自己、否定自己、自暴自弃，这样也会使你走入自我挫败的境地。正确的态度应是实事求是地评价自己，愉悦地接纳现实的自我与社会条件，在此基础上，冷静地分析客观、三观目标及环境等方面的因素，采取有效的补救措施。

5. 放弃偏见，主动寻求帮助与支持

个体在遭受挫折后，除了可以自发地运用各种心理防卫机制来缓冲挫折感维持心理平衡之外，还可以主动寻求他人或机构的帮助与支持。目前，半数以上的高校都设心理咨询中心，大学生可以得到心理咨询员的专业性帮助和支持。

（二）构建积极的心理防御机制

个体遭受挫折后必然会有所表现，以解脱挫折对自己带来的心理烦恼，减轻内心的冲突与不安。这是自我意识的防御作用，称为自我防御。自我防御机制在现实生活中是一种相当普遍的心理现象，但它有积极与消极之分，有的人形成了消极的自我防御机制，有的人则发展了积极的自我防御机制。我们应当教育和引导学生发展积极的心理防御机制，形成健康的人格特征，增强挫折的免疫能力。

1. 通过集体主义和为社会服务行为满足心理需要

人生在世，总有所需，当个人的需要不能得到满足时，有的人或强行索取，或消极不满，有的人则采取使自己的行为与社会、集体的利益相一致，为他人做出自己所能做的贡献，从而受到社会、集体和他人的赞许，从中满足自己的物质及心理需要。如有的学生学习成绩不十分突出，但在参加集体文化体育活动方

面，或为其他同学服务方面做得很突出，同样会受到大家的尊敬和赞扬。这种人格化的自我防御机制，是心理健康发展的表现之一。应该教育学生懂得，人所需要的满足既不可能离开社会，又要受到社会各种因素的制约。一个人只有把自己积极地社会化，拥有集体主义意识和为社会服务的行为，才能在满足社会需要的同时满足自己的需求。如果学生能形成这样的意向和特征，那么，就会经常得到高尚的、积极的心理满足和平衡。

2.学会积极的预期

自我防御机制发展积极而成熟的人，不是等不利的情况出现后才消极应付。而是善于对即将发生的事情进行预测，未雨绸缪，拟订应对计划，做好准备，包括心理准备。如有的学生总是在考试前及时做好各种准备，力争不打无准备、无把握之仗。同时，还估计到各种困难和不利后果，使自己处于主动地位。具有这种人格特征的学生，就不容易出现消极自我防御特征。

3.发展坚强的自我克制心理品质

人的自我防御机制一般是在无意识的情况下发挥作用的。有些人往往以"一时冲动"等借口为自己的某些言行辩解，其实，他们都只是看到人在当时当事的表现，而没有发现其内部原因。心理学认为，一般说来，人人都有某些不现实、不正确乃至不健康的欲念或冲动。有的人不能控制，有的人消极压抑，有的人却能以理性的自觉和坚强的意志去克服、消除，抛弃某些不良意念和冲动。这种差异并不是"一念之差"，乃是长期形成的思想意识的必然结果。应当引导学生分析认识消极防御机制及错误行为的思想根源，认识意识、意志、人格在调控行为方面的作用。帮助学生在自觉提高思想觉悟的同时，自觉加强心理品质修养，特别是要发展高层次的自我监控、自我调整、自我控制的良好心理品质，以便在任何条件下都能保持正确健康的思想行为方向，不被消极思想行为所左右。

4.倡导转移和升华

当一个人的思想、愿望、要求不能实现时，不是消沉、埋怨和发泄，而是采取理智、冷静的态度，改变不正确、不现实、不可能的思想要求，转向客观条件许可的高尚思想行为，这即是转移和升华。如一个在事业上发展很顺利的人，突然因某种原因被他人替代并送自己去不想去的单位，学自己不想学的专业，但他并不因此而怨恨消沉，而是下决心利用高等学府的良好条件，多学点知识，或转攻外语、电子计算机、书法、美术等，以陶冶自己的思想情操。升华作用并不是消极压抑自己的情感需要，而是理智地进行情感和需要的一种转移，是对心理冲突的疏通引导，使之向更合理、更高尚的方向发展，这是一个人心理健康和成熟的最重要的标志。弗洛伊德将升华作用称为自我防御机制的最高水平。

第三节　大学生挫折承受力的提高

一、正确认识挫折

孟子说："天将降大任于斯人也，必先苦其心智，劳其筋骨，饿其体肤，空乏其身，行拂乱其所为，所以动心忍性，增益其所不能。"体验痛苦，经历挫折，才可以一步步走向成熟，走向成功。

哲学家黑格尔说过：在人成长的道路上，如果你不懂得某个道理，生活就会安排一次挫折，让你学习；如果你还不明白，生活就再安排一次，直到你明白为止。在你成功之前，上帝经常会悄悄地告诉你，为什么你还没有成功，你应该怎么办。但是上帝不会直接告诉你，他会派一个使者告诉你，这个使者就是"挫折"。别因为这个使者相貌丑陋就不喜欢它，要知道，它传递着你怎样才能接近成功的秘密。如果你怠慢它，甚至拂袖而去，那么你就永远无法揭开自己失败的谜底。握握它的手，拥抱它，跟它真诚地交流，听懂它的语言，你就会明白：挫折是个可贵的朋友，它会给你丰厚的回馈，给你的人生带来创造性的变迁。从某种意义上说，挫折是人生的里程碑。

（一）挫折是一种机遇

挫折不仅是很好的锤炼，而且是很有价值的发现，是转败为胜的契机。有人问：聪明的人与愚蠢的人最大的不同是什么呢？有人答：前者能将不利变为有利，而后者即使遇到有利的情势也会白白错失。

（二）挫折可以锻炼人的意志

轻度的挫折是人们的"精神补品"，每战胜一次挫折，就能为下一次应对挫折提供更加强大的精神力量。

（三）挫折有助于提高自身认知、评价能力

失败能为我们带来的最大转机是赋予了我们一个重新选择自我，塑造自我的机会。失败是对事件的评判，从某种意义上说，是自己、他人和社会对结果的一种解释。从失败中汲取力量、重新驾驭自己的生活时，不仅要客观地寻找失败的原因，更重要的是用积极的眼光看待过去，从中找到成功的种子。

（四）增强情绪反应能力和解决实际问题的能力

所谓"吃一堑，长一智"，从挫折中，我们会学到人生的智慧，能够提高分析问题、解决问题的能力。

二、大学生挫折能力的提升

所谓挫折承受力，是指个体遭遇挫折情境时，能否经得起打击和压力，有无摆脱和排解困境而使自己避免心理与行为失常的一种耐受能力，亦即个体适应挫折、抵抗和应付挫折的一种能力。一般来说，挫折承受力较强的人，往往挫折反应小，受挫折时间短，挫折的消极影响小；而挫折承受力较弱的人，则容易在挫折面前不知所措，挫折的不良影响大而且易受伤害，甚至导致心理和行为异常。

挫折承受力的大小反映了一个人的心理素质和健康水平。挫折承受力标志着一个人适应环境的能力。提高挫折承受力，不仅能使人意志更加坚强，人格更趋成熟，而且更有能力应付充满挑战和机遇的社会。许多人的心理问题是由于遭受挫折而又不能很好地排解和调适造成的，增强挫折承受力，是获得良好的挫折适应能力和保持心理健康的重要途径。

（一）积极参与社会实践活动

坚强的意志品质是战胜一切困难的保证。人的意志总是在实践中培养和锻炼出来的。大学生之所以心理承受能力弱，其中一个主要原因就是缺乏社会实践的锻炼。大学生应积极投身于实践活动，在实践中不断磨炼自己，提高自己的意志力，培养坚强的意志品质，发现个人价值的内容和体现方式，完善自身的社会性人格和心理机制，提高战胜挫折、克服困难的能力。大学生要利用一切机会积极参加各种社会实践活动，比如，积极参加校园的一些公益劳动，参加一些体育比赛、知识竞赛、技能比赛等竞争性强的校园文化活动，在活动中体验甜与苦、喜与怒、胜与负的酸甜苦辣，从而使自己正确对待挫折，不断增强耐挫力。

（二）用乐观积极的心态面对生活

听过"半杯水"的故事吗？一个人看到半杯水，说：只剩半杯水。而另一个人说：还有半杯水。两字之差，却是截然不同的感觉。前者在叹息水将尽，后者则在庆幸还有水喝；前者感到的是"遗憾"，后者则感到"幸运"。这样不同的认识，当然也就决定了不同的心情，前者体验着消极，后者则是充满积极，从而形成了两种不同的对未来的态度，前者是悲观的，后者则是乐观的。

塞利格曼等人认为，乐观主要是后天形成的一种人格特质，它虽然在不同的人身上存在着不同的表现方式，但大部分人都可以通过学习而形成"习得性乐观"。一个人一旦形成了乐观的人格特质，他就会把生活环境中所面临的困难归于外在的因素，在任何环境条件下他都会朝好的结果去努力。

（三）找人倾诉苦恼

倾诉是完全说出心里的话。它是用语言将自己的情绪向别人表述的宣泄方法，也是一种尽快达到心理平衡、心理净化的手段。在大学生活中，当大学生遭遇挫折后，将积蓄在心里的所有痛苦、委屈。困扰、愤慨一股脑地向周围人倾诉出来，是保持心理平衡、促进良好适应的较好方法。

（四）积极总结经验教训

1.目标是否恰当

如果个体已经尽了全力仍未达到目标，这时个体应该检查主观的智力、能力、体力等水平是否适应目标的达成。若目标过高，就要及时调整目标，既可以降低目标，也可以更换目标，甚至应学会放弃。否则，明知自己不能达到目标而固执前行，只会遭到更大的挫折。

2.方法是否稳妥

若目标确属可行，就要检查达到目标的途径、方法是否稳妥。如发现"此路不通"，就要改弦易辙，另辟蹊径，不要停留在十字路口观望、徘徊，坐失良机。

3.弄明白阻力来自何方

有时即使目标可行、方法妥当，但还是失败了，这时要进一步分析造成挫折的原因，是自然因素还是人为因素，要想方设法排除阻力，化阻力为动力，做到败不馁、不达目的不罢休。

4.正视失败，不懈追求

如果经受过挫折，尝受过苦果，对挫折仍漠然视之，若无其事；或是打肿脸充胖子，把错误当正确；或是灰心丧气，自暴自弃，都不可能将消极情绪变为积极情绪。只有正视挫折、认真吸取挫折教训的人，才能将"失败"变为"成功之母"，才不会因暂时的挫折而气馁。只要我们不被失败的情绪所压倒，在总结经验与教训的基础上不懈追求，就一定能取得成功。追求—失败—成功，这便是人类通往文明的奋斗之路。

第十章 大学生情绪管理

第一节 情绪概述

一、情绪的概念

"情绪"一词常出现在生活中，人们在认识和理解这个词时并不会感到困难或产生分歧和误解。例如，我们观看一场扣人心弦的体育比赛时会感到兴奋和紧张，失去亲人时会感到痛苦和悲伤，完成一项任务或工作后会感到喜悦和轻松，遇到挫折时会感到悲观和沮丧，遭遇危险时会感到恐惧，面对敌人的挑衅时会感到按捺不住的愤怒，工作不称心时会感到不满，美好的期望落空时会感到失落，面临紧迫的任务时会感到焦虑。这些感受上的各种变化就是我们通常所说的情绪。

情绪是一种多形式、多水平、多功能的复杂心理过程。从形式上看，情绪既具有独特的主观体验，又具有鲜明的客观表现；既可以以心理状态的形式构成其他心理活动的背景，又可以以心理特质的形式蕴含在人的人格结构中。从水平上看，情绪既是脑的各级水平（包括大脑皮层、边缘系统、丘脑系统、内分泌系统、自主神经系统和骨骼肌系统）的整合活动的结果；又是特定情境与人的需要之间关系的评价产物，这种评价是各种认知水平（包括感知、记忆、思维、意识上和意识下）的整合活动的结果。从功能上看，情绪既具有适用性和有用性，又具有动机性和组织性，以及交际功能和社会化功能。

面对如此复杂的情绪现象，情绪心理学家通过多年的研究，把情绪的结构归纳为三个不可分制的成分：主观体验、生理激起和外显表情。

情绪的主观体验是脑的一种感受状态，是心理活动的一种带有独特色调的知觉或意识。从发生上来看，它与人的切身需要和主观态度密切相连。情绪活动不同于认识活动，它不是对客观事物本身特性的反映，而是对客观事物与人的需要之间关系的反映。凡是与人的需要有关的事物，由于对人有一定的意义，人必然对之产生一定的态度，并以带有某种特殊色调的主观体验或内心感受的形式表现出来。例如，有些事物使人喜悦、快乐，有些事物使人忧愁、悲伤，有些事物使人赞叹、热爱，有些事物使人厌恶、愤怒。由于情绪体验的意义和特有"色调"是从人与客观事物相互作用中的需要满足与否的感受状态发展而来的，因此，许多普通心理学教科书把情绪定义为"人对客观事物与其自身关系的反映"或"人对客观事物的态度体验"。

情绪的生理激起包括在情绪活动中产生的所有生理变化。任何情绪都有其生理基础，并总是发生在一定的生理激起水平上。神经系统某些部位的激活为情绪的发生和活动提供了能量；从延髓到脑干部位的网状结构上行激活系统向中枢神经系统及大脑皮层传送的弥散性冲动，支持着脑的情绪；网状结构的下行纤维又把信息输送回来。协调脑的激活水平和情绪状态。与此同时，有机体的内脏器官也会产生一系列生理变化，并突出地表现在呼吸系统、循环系统、消化系统、内分泌系统及新陈代谢过程的自然节律等活动的改变上。这些生理变化不仅支持和维持着情绪，而且影响着情绪的强度和持续时间。此外，其变化的梯度还可以提示各种情绪之间的性质差异。

情绪的外显表情指表征具体情绪的面部表情和身体姿势。在情绪活动中，人的面部、四肢和躯干的动作、姿态会发生明显的模式性变化，如目瞪口呆、捶胸顿足、咬牙切齿和手舞足蹈等。这些变化可以被他人直接观察到，是情绪活动的表面特征，所以被人们称为表情。从种族发展的角度来看，表情是人类祖先生存适应过程中残留下来的遗迹，是与特定生存活动有关的身体变化。因此，人的基本情绪的表情形式具有跨文化的先天性质和模式化的对应结构。表情在情绪活动中具有独特的作用，既是传递具体情绪体验的鲜明标记，也是情绪体验的重要发生机制。

完整的情绪活动由生理激起、外显表情和主观体验这三种成分共同构成。换句话说，任何单一的成分都不足以构成情绪，只有当三种成分相互整合时，情绪才能产生。同时，在情绪活动中，这三种成分以反馈的方式相互影响或循环往复地相互作用；彼此间相互加强或减弱，相互补充或改变。

综上所述，我们可以给情绪下这样一个定义：情绪是一种由客观现实与人的需要相互作用而产生的整合性心理过程，它包含体验、生理和表情三种成分。

二、情绪与健康

作为心理活动的重要组成部分，情绪与个体的学习、生活及身心健康等方面联系密切。健康的情绪能够提高工作、学习的效率，促进身心健康；不健康的情绪不但会影响日常的工作和学习，而且还会诱发各种身心疾病。

人们从多种不同的角度对健康情绪的标准进行论述，但健康情绪和不健康情绪之间的区别是相对的，很难有严格的界限。目前大多数人所采用的一种观点认为，健康情绪应当符合以下几个标准。

1.情绪是由适当的原因所引起的

情绪反应都有其原因或对象，当事人一般都能觉察到，并且周围的人也能觉察到情绪产生的原因，或赞同其对情绪产生原因的解释。毫无原因的情绪反应不是健康的情绪反应。

2.情绪反应的强度和引起它的情境相适应

过于强烈的情绪反应或强度不足的反应都不是健康的情绪反应。

3.情绪反应能够随着客观情境的变化而转移

在日常生活中，人们的情绪反应持续的时间并不相同。当引起情绪的因素消失后，有的情绪反应能够在较短的时间内恢复平静，但有的情绪（如失恋、亲人的死亡）则需要较长时间才能恢复到正常的状态。不能随着客观情境的变化而变化的情绪反应，不是健康的情绪反应。

三、情绪的功能

（一）情绪的动机作用

1.情绪具有激励作用

情绪能够以一种与生理性动机或社会性动机相同的方式激发和引导行为。有时我们会努力去做某件事，只因为这件事能够给我们带来愉快与喜悦。从情绪的动力性特征看，分为积极增力的情绪和消极减力的情绪。快乐、热情、自信等积极增力的情绪会提高人们的活动能力，而恐惧、痛苦、自卑等消极减力的情绪则会降低人们活动的积极性。有些情绪同时兼具增力与减力两种动力性质，如悲痛可以使人消沉，也可以使人化悲痛为力量。

2.情绪被视为动机的指标

情绪也可能与引发行为的动机同时出现，情绪的表达能够直接反映个体内在动机的强度与方向。所以，情绪也被视为动机潜力分析的指标，即对动机的认识可以通过对情绪的辨别与分析来实现。动机潜力是在具有挑战性环境下所表现出的行为变化能力。例如，当个体面对一个危险的情境时，动机潜力会发生作用，促使个体做出应激的行为。对这个动机潜力的分析可以由对情绪的分析获得。当面对应激场面时，个体的情绪会发生生理的、体验的及行为的三方面的变化，这些变化会告诉我们个体在应激场合动机潜力的方向和强度。当面临危险时，有的人头脑清晰，沉着冷静地离开；而有些人则惊慌失措、浑身发抖，不能有效地应对现状或及时地逃离现场。这些情绪指标可以反映出人们动机潜能的个体差异。

（二）情绪的调控功能

情绪情感对于人们的认知过程既有积极作用，也有消极作用。大量研究表明：适当的情绪情感对人的认知活动具有积极的组织功能，而不当的情绪情感对人的认知活动具有消极的瓦解功能。

1.促进功能

良好的情绪情感会提高大脑活动的效率。提高认知操作的速度与质量。耶基斯–多德森定律说明了情绪与认知操作效率的关系。不同情绪水平与不同难度的操作任务有相关关系。不同难度的任务，需要不同的情绪唤醒的最佳水平。在困难复杂的工作中，低水平的情绪有助于保持最佳的操作效果；在中等难度的任务中，中等情绪水平是最佳操作效果的条件；在简单工作中，高情绪唤醒水平是保证工作效率的条件。总之，活动任务越复杂，情绪的最佳唤醒水平也就越低。我们了解了情绪与操作效率之间的关系，就能更好地把握情绪状态，使情绪成为我们认知操作活动的促进力量。

2.瓦解功能

情绪对认知操作的消极影响主要体现在不良情绪对认知活动功能的瓦解上。一些消极情绪，如恐惧、悲哀、愤怒、焦虑、紧张等，会干扰或抑制认知功能。恐惧情绪越强，对认知操作的破坏就越大。考试焦虑就是一个典型例子，考试压力越大，考生越容易出现考试焦虑，考场上越容易紧张，考砸的可能性越大。一般来说，中等程度的紧张是考试的最佳情绪状态，过于松弛或极度紧张都会瓦解学生的认知功能，不利于考生正常水平的发挥。当一个人悲哀时，会影响到他的工作或学习状态，导致注意力不集中、易分神、思维流畅性降低等。

由此可见，情绪的调控功能是非常重要的。情绪的好坏与唤醒水平会影响到人们的认知操作效能。

（三）情绪的健康功能

人对社会的适应是通过调节情绪来进行的。情绪调控的好坏会直接影响到人的身心健康。

常听人们叹息"人生苦短"，在一般人的情绪生活中，常是苦多于乐。在喜怒哀乐爱恨中，正面情绪占 3/7，反面情绪占 4/7。情绪对健康的影响作用是众所周知的，积极的情绪有助于身心健康，消极的情绪会引起人的各种疾病。我国古代医书《黄帝内经》中就有"怒伤肝，喜伤心，思伤脾，忧伤肺，恐伤肾"的记载。有许多疾病与人的情绪失调有关，如溃疡、偏头痛、高血压、哮喘、月经失调等，有些人患癌症也与长期心情压抑有关。一项长达 30 年的关于情绪与健康关系的追踪研究发现，年轻时性情压抑、焦虑和愤怒的人患结核病、心脏病和癌症的比例是性情沉稳的人的 4 倍。所以，积极而正常的情绪体验是保持心理平衡与身体健康的重要条件。曾有人说过，一个小丑进城胜过一打医生，就非常形象地说明了情绪对人身体健康的影响。

（四）情绪情感的信号功能

情绪是人们在社会交往中的一种心理表现形式。情绪的外部表现是表情，表情具有信号传递作用，属于一种非言语性交际。人们可以通过一定的表情来传递情感信息和思想愿望，一个手势、一个眼神、一声咳嗽、一种语气，都代表着特殊的含义，同时也是通过对交往对象的表情的识别来了解对方内心的真正意图的，人们正是通过听其言、观其行、察其色才能知其人的，心理学家研究了英语使用者的交往现象后发现，在日常生活中 55% 的信息是靠非言语表情传递的，38% 的信息是靠言语表情传递的，只有 7% 的信息是靠言语传递的。表情是比言语产生的更早的心理现象，在婴儿不会说话之前，主要是靠表情来与他人交流的。表情比语言更具生动性、表现力、神秘性和敏感性。特别是在言语信息暧昧不清时，表情往往具有补充作用，人们可以通过表情准确而微妙地表达自己的思想感情，也可以通过表情去辨认对方的态度和内心世界。所以，表情作为情感交流的一种方式，它被视为人际关系的纽带。

第二节 大学生情绪与情绪困扰

一、大学生的情绪特点

（一）情绪的冲动性

大学生对事物的情绪体验比较强烈，富于激情，并"喜怒形于色"。由于大学生对新事物比较敏感，加上精力旺盛，虽然具有一定的理智和自我控制能力，但冲动暴发的情绪活动一旦失控，往往造成可怕的结果。如集体斗殴、离校出走、因感情挫折而自杀等都与大学生情绪的冲动性相关。情绪冲动的特点表明了大学生情绪活动的强烈程度，大学生的情绪冲动性是有其生理和心理基础的。由于性成熟，性激素分泌的旺盛会通过反馈影响下丘脑（此为情绪的定位部分）的兴奋性，而大脑皮层的调节作用一时还不能适应这种情况。因此，在皮层和皮层下之间出现了不平衡状态。由于大学生心理发展相对于生理发展较为缓慢，心理调节机制不完善，缺乏对外界变化的弹性和应变能力，缺乏对心理活动调节和支配的意志和能力，从而使得大学生的生理和心理的发展出现了某种程度的不平衡，影响了情绪的表现，使得情绪容易冲动。

（二）情绪的两极性明显

一方面，大学生的情绪容易从一个极端跳到另一个极端，情绪跌宕起伏，表现出时而高涨、时而低落的状况，他们的积极性往往随着情绪的起伏而涨落。另一方面，强烈的情绪活动在大学生身上容易事过境迁，激情不能始终一贯地保持下去，情绪活动随其认知标准的改变而改变。

（三）情绪活动心境化

大学生情绪活动一旦被刺激引发，即使刺激消失，情绪状态有所缓和，但其持续影响时间较长，会转化为心境，对其后的活动会产生持续的影响。大学生的许多不良情绪，如焦虑、抑郁、自卑等都具有这种心境化的特点。大学生情绪心境化还与大学生想象丰富的思维特点有关。大学生富于理想，遇事爱幻想，由刺激引发的情绪反应易受当事人想象的影响，想象对情绪反应的程度、持续时间都起着催化剂的作用。大学生常会陷入某种想象性的情绪状态，而难以被另外的情绪所取代。

（四）情绪的压抑性

大学是情感最丰富、最强烈的时期，同时也是一个充满压力和冲突的时期，而这往往会导致大学生情绪的压抑性。寻致大学生情绪压抑性的原因主要有两个，一是大学生正好处在人格发展的"自我同一性"阶段上，大学生内心自身的矛盾冲突处于剧烈阶段；二是由于在实际生活环境中，大学生遇到了诸多问题，他们的需要没能得到满足。

（五）情绪的内隐，文饰性

大学生的很多情绪是一眼就能看出来的。考试第一或者赢了比赛就马上喜形于色。但大学生在成长过程中面临着学习、交友、恋爱和择业等具体问题，再有对人生、社会的思考加深，知识经验增加和自我意识的成熟、社会意识的觉醒，使得大学生的内心体验、情绪表达深藏不露，具有很大的内隐性。有时情绪的外在表现和内心体验很不一致，从而表现出文饰性。例如，两位男女大学生虽有爱慕之心，但在公开场合下表现得十分冷漠。

（六）情绪活动趋向丰富，高级射虎情感逐渐成熟

大学生时期的重要心理变化是自我意识的不断发展。各种社会的高层次需要不断出现且强度逐渐加强，这一发展在情绪上表现为情绪活动的对象、内容增多，大学生出现较多的自我体验，自我尊重需要强烈，自卑、自负情绪活动明显。大学阶段突出的情感活动之一是恋爱，恋爱活动及其伴随的深刻情绪体验是许多大学生在校期间印象最深的。有研究表明，大学生较早或频繁的恋情可能对其社交发展产生消极影响，一对大学生的恋情愈深，他们就愈少听取别人的意见，对私人事务也越少暴露，即使对亲人也是如此。道德观、罪恶感、集体感、爱国感、利他主义、理智感、美感等高级情感活动在大学时期开始对其生活产生明显的影响，左右其情绪反应。如大学生部分确立了道德、正义的观念，当出现与之不符的观念与行为时，他们通常会感到自己有过错，感到痛苦，会进行严厉的自我谴责。情绪体验极端痛苦。

二、大学生情绪的构成

情绪是个体与环境、事物之间关系的反映，它具有独特的主观体验和外部表现形式，对人的活动有着非常重要的影响。当代大学生是社会上最活跃敏感的人群，他们的心理和生理都处在迅速的变化之中；同时又面临着竞争、社会责任等方面的压力，大学生活中的复杂的人际关系等不良的刺激也对大学生个体构成心

理压力。[①] 大学生的情绪构成主要是四个部分：生理变化、主观感觉、表情与行为冲动。

（一）生理变化

情绪是人类的一种心理现象，伴随着情绪活动会发生一系列生理变化。这些客观的生理变化，称为情绪生理反应。它涉及广泛的神经结构，如中枢神经系统的脑干、中央灰质、丘脑、杏仁核、下丘脑、蓝斑、松果体、前额皮层及外周神经系统和内外分泌腺等。情绪生理反应是一种生理的激活水平，不同的生理反应模式是不一样的，如满意、愉快时心跳节律正常；恐惧和暴怒时，心跳加速、血压升高、呼吸频率增加，甚至出现间歇或停顿；痛苦时，血管容积缩小等。

（二）主观感觉

主观体验是个体对不同情绪和情感状态的自我感受。每种情绪都有不同的主观体验，它们代表了人们不同的感受，构成了情绪和情感的心理内容。情绪引起的主观感受具有两极性的特点，表现为积极的和消极的、紧张的和轻松的、激动的和平静的、强度的和弱度的。积极的主观感受可以提高人的活动能力，如愉快的主观感受驱使人积极的行动；消极的主观感受则会使人的活动能力下降。

（三）表　情

表情是情绪和情感状态发生时身体各个部分的动作量化形式，包括面部表情、姿态表情、和语调表情。情绪的外部表现涉及发声、共鸣的技巧，还涉及语态、手势语、身势语等诸多问题。人在交往时，不论是否面对面，都在不断表达着情绪。表情向交往的人提供着刺激。而对方对刺激予以反应，做出"应答性"的表情。心理学家关心的正是如何在情绪上表达我们自己，以及如何确切地从别人处识别情绪。识别并非针对表情本身，而是针对它背后的意义。

（四）行为冲动

在负性的情绪比如生气、恐惧、难过、紧张等作用下，人会产生行为的冲动；而在正向的情绪比如高兴、喜欢、骄傲、关爱等作用下，人会产生情绪的顺应。

大学生行为因情绪而发生的反应大致分为三类。

1. 攻击性行为

当负面情绪需要排解而无法控制时，人往往会通过攻击产生这种情绪的对象或间接对象，让情绪得到缓释。

---

① 周春明，徐萍.大学生心理健康[M].北京：北京理工大学出版社.2009：208.

2.退缩行为

在委屈、沮丧或者害怕等情绪的作用下，当事人会采取一种消极的态度，躲开或躲避接触令自己产生这些情绪的人或事。退缩行为虽然在表面上可以缓解负向情绪，但是在潜意识里却在不断地积累负向情绪。

3.固执行为

往往是在正向情绪的作用下，将能引起这些愉快情绪的行为继续下去，以保持正向情绪；但有时出于逆反心理，当事人也会在负面情绪的作用下，固执于自己原本的行为。

第三节　大学生常见的情绪困扰与调适

一、大学生常见的情绪困扰

（一）焦　虑

焦虑是十分常见的现象，是一种类似担忧的反应或是自尊心受到潜在威胁时产生担忧的反应倾向，是个体主观上预料将会有某种不良后果产生的不安感，是紧张、害怕、担忧混合的情绪体验。焦虑也是在大学生中常见的消极情绪状态，当他们在学习、工作、生活等方面遭遇挫折或担心需要付出巨大努力的事情来临时，便会产生这种体验。大学生常见的焦虑有：自我形象焦虑、学习焦虑与情感焦虑等。焦虑对大学生的影响是复杂的，既可以成为大学生成才的内驱力，起到促进作用，也可以起到阻碍作用。心理学的实验证明：中等焦虑能使学生维持适度的紧张状态，注意力高度集中，促进学习；但过度焦虑则会对学生带来不良的影响，被过高的焦虑所困扰的大学生常常会感到内心极度紧张不安、惶恐害怕、心神不定、思维混乱、注意力不能集中，甚至记忆力下降，同时还容易产生头痛、失眠、食欲不振、胃肠不适等不良生理反应。焦虑的大学生在内心深处有一种无法解脱、不愿正视自我的心理问题，焦虑只是矛盾、冲突的外显，借此作为防御机制以避免更深层次的困扰。

（二）冷　漠

冷漠是指人对外界刺激缺乏相应的情感反应，对生活中的悲欢离合都无动于衷。具体表现为：凡事漠不关心、冷淡、退让的消极情绪体验。如有的大学生对周围的人和事漠不关心，对集体和同学态度冷淡，对自己的前途命运、国家大事漠然置之，似乎自己已看破红尘、超凡脱俗，独来独往，把自己游离于社会群体之外。这种冷漠的情绪状态多是压抑内心情感情绪的一种消极逃避反应。具有这种情绪的人从表面上看似很平静，内心却往往有着强烈的痛苦、孤寂和压抑感。如果长时间处于这种情绪状态下，巨大的心理能量无法得到释放，超过了一定限度，就会以较为极端的形式爆发出来，致使心理平衡遭到破坏，影响身心健康。

（三）自　卑

自卑是个体在自我认识过程中对自己的能力或品质评价过低，轻视或者看不起自己，担心失去他人尊重的一种心理状态。产生自卑感的学生大多情绪低落，干任何事情都提不起精神，不敢或不积极参与各项工作和各种活动，甚至在学习上不敢提问，造成了心理上、能力上、学习上的恶性循环。有自卑感的学生由于自我评价过低，导致行为畏缩、瞻前顾后、多愁善感、自尊心极强、过于敏感，严重影响各方面的正常发展。

（四）抑　郁

抑郁症状不单指各种感觉，也是情绪、认知与行为特征的一个典型。抑郁最明显的症状是压抑的心情，表现为仿佛掉入了一个无底洞或黑洞之中，正被淹没或窒息。其他感觉包括容易发火，感到愤怒或负罪感。抑郁常常伴随着焦虑，对所有活动失去信心和乐趣，渴望一个人独居。抑郁也伴随着个体思维方式的转变，这些认知改变可以是一般性的，比如，注意力不集中、记忆力衰退或者很难做出决定。在思考中可能有更多的心境转变，消极地看待世界、自我和未来。一般来说，这种情绪多发生在性格内向、孤僻、敏感多疑、依赖性强、不爱交际，生活遭遇挫折和长期努力却得不到报偿的大学生身上。另外，那些不喜欢所学专业，或因人际关系处理不当、失恋等问题的大学生也会产生抑郁情绪。

（五）人际交往不良

人际交往不良是大学生在人际交往中常表现出的紧张、动作不自然、缺乏自信心、思维不清及讲话缺乏逻辑性，有时甚至不知所措，形成人际交往障碍等诸如此类。大学生渴望友谊，希望拥有丰富的人际交往，也正因为如此，由交往所产生的苦恼和困惑就显得格外突出，如同学间的意见不合，师生间的分歧或误解等。这些问题如果得不到及时解决，便会对大学生的学习、生活乃至身心发展造成严重影响。

（六）愤　怒

愤怒是由于客观事物与人的主观愿望相违背，或因主观愿望无法实现时，人们内心产生的一种激烈的消极情绪反应。心理学研究表明，当愤怒发生时，可能导致人体心跳加快、心律失常、高血压等躯体性疾病。同时还会使人的自制力减弱甚至丧失，思维受阻、行为冲动，干出一些事后后悔不迭的蠢事或造成不可挽回的损失。

愤怒是大学生中常见的一种消极情绪，处于精力充沛、血气方刚的青年时期的大学生，在情绪情感发展上容易产生好激动、易动怒的特点。如有的大学生因一句刺耳的话或一件不顺心的小事而暴跳如雷；有的因人际协调受阻而怒不可遏、恶语伤人；有的因别人的观点或意见与自己相左而恼羞成怒；有的因暂时的挫折或失败而悲观失望，痛不欲生。如此种种，遇事缺乏冷静分析与思考，图一时之快，逞一时之勇的好激动、易动怒的不良情绪特点，在一些大学生身上时有体现。这种情绪对大学生的影响是极其有害的。

二、大学生情绪困扰的危害

现代心理学研究证明，人的情绪直接关系着人的健康水平、工作绩效、事业成败和生活质量。对于青年学生来说，不良情绪的危害大致有以下几个方面。

（一）影响生活质量，导致精神痛苦

情绪作为人的精神内容和形式，作为人的态度和行为，如同人需要空气、水分、阳光一样重要。人若无情，便如草木没了灵魂。若被不良情绪长期缠绕，更是人生的不幸。抑郁使人被阴影笼罩，忧愁使人整日不得开心，焦虑使人惶惶如临大难，怨愤使人怒火中烧、苦不甚言……如此，何谈人生幸福，何谈事业有成？

（二）干扰学习过程，影响才智发挥

心理学研究证明，积极情绪是推动学习的动力，消极情绪则影响才智的发挥。心理良好，乐观开朗，大脑就容易处于激活和兴奋状态，就能够创造性地学习。反之，则会思维受阻，智力水平下降。同时，情绪还会影响学习态度。情绪高涨，富于热情，会促使人去探索研究；反之，就会不思进取，放弃学习。正如列宁指出的："如果人们没有'人类的情感'，那么过去、现在、将来都永远不能寻找到人类的真理。"

（三）导致判断力下降，形成认知偏差

带着不良情绪看事物，如同戴着有色眼镜看世界，必然产生偏见和错觉，被假象、表象所迷惑，从而影响个人成长和成材。情绪的变化，使人对同一事物的认识也往往大相径庭；当然，对事物的态度，对知识的理解，对教育的反应也不一样。

（四）难以融入集体

一般来说，冷漠、自卑、脆弱、紧张等心理本身具有闭锁性特征，难以接纳别人，也难以被别人所接纳。因此，情绪不良者多为人际关系不良、落寞惆怅者，他们往往缺乏朋友，孤独寂寞，很难融入集体。

（五）危害身心健康

现代医学、心理学研究表明，心理因素的致病作用大于生理因素。心理之于躯体，既有治病的功效，也有致病的作用。良好的心境是治病的"良药"，健康的"卫士"；不良的情绪是疾病的"温床"和"活化剂"，可以将潜伏的疾病激活，使已患的病情恶化。高血压、心脏病、心血管病、急慢性胃炎、消化道溃疡、癌症等30多种疾病与消极情绪有关，并被称为心因性疾病。我国古代医学经典《黄帝内经》早就发现："悲哀忧愁则心动，心动则五脏六腑皆摇。""七情动之，内伤脏腑，外形于肢体。"长寿学者胡夫兰德，更视不良情绪为致病的头号恶魔，他说："一切对人不利的影响中，最能使人短命夭亡的就是不好的情绪和恶劣的心情。"

三、大学生情绪困扰的调适

情绪智力是评价一个人做人的能力的重要参数。所谓情绪智力是一个人把握与控制自己的情绪的能力；了解、疏导与驾驭别人情绪的能力；乐观人生、自我激励与自我管理的能力；面对困境与挫折的承受能力；人际关系的处理能力及通过情绪的自我调节不断提高生存质量的能力。人的智商与情绪智力相互制约，互相促进，分工不同。

现代心理学的研究成果表明，在决定一个人成功的要素之中，智商起大约20%的作用，而80%的因素则是情绪。仅仅是高智商难以成就大业，只有智商和情绪智力都高的人，才能在现代社会里自由翱翔。古今中外，无数实例反复证明：良好的心理素质，是一个人成败的决定性条件。有学者针对目前我国大学生的情绪智力状况进行了问卷调查。结果发现在校大学生的克制能力、乐观能力、

抗挫能力和自知能力方面呈明显优势；而处世能力、意志能力、自信能力和性格倾向性居中等水平，其潜力有待于进一步挖掘；适应能力、包容能力、情绪稳定性和气质随和性最为薄弱，因而迫切需要加强这些方面的能力素质与个性特征的教育和培养。

情绪智力教育是人生修养的重要内容，它能使我们在工作学习中达观开朗、精神清爽；它能使我们在人际交往中更具魅力、广结人缘；它更能使我们自我激励，从而把许多"不可能"变成现实。培养大学生的情绪智力主要有以下一些方法途径。

1. 提高修养水平

古人云："君子所取者远，则必有所待；所就者大，则必有所忍。"胸怀宽广、肚量宏大的大学生，能把注意力集中在对人生更有意义的事情上，能从全局和长远的角度看待问题。他们不会因眼前琐事或蝇头小利而津津乐道，斤斤计较，不会为一时一事的得失成败或起伏变幻而大动感情，冲动失节。

2. 培养容人之心

要想在遇到不顺心的小事时心平气和，必须养成能原谅别人缺点和过失的气度。俗话说："水至清则无鱼，人至察则无徒。"待人接物不能过于苛求，否则只会把自己孤立起来。生活中令人烦心的琐事是很多的，没有一点儿容人的气度，是很难做成大事的。

3. 增强适应能力

生活有酸甜苦辣，有喜怒哀乐，有进退成败，有得失荣辱。大学生如果不能适应生活的变化动荡，情绪就必然会消极、低沉；只有具备了足以适应它的能力，才能坦然处之，理智对待，始终不改积极、乐观的精神面貌。

4. 学会转换心情

生活中不愉快的事情总是有的。当这种事情发生时，不要老是去想它，"既来之，则安之"，忧思苦滤无济于事，不如丢开它，去做、去想一些能转换心情的事情。如果老是郁积于心、耿耿于怀，不仅于事无补，反而会使不良情绪不断蔓延，抑郁日益加重。

5. 加强自我激励

进行自我激励，首先要有适当的目标。适当，就是要贴近自己的生活，符合自己的实际情况，因为只有那些看得见的、通过努力能实现的目标更易让人树立信心。同时，在实现目标的过程中，必须紧盯目标，不断向既定目标迈进，不因挫折半途而废。其次要有自信心，相信自己的能力，坚定地认为自己能行，把"我能行"的观念深深地植入心中。

四、做自己情绪的主宰者

情绪是我们自己思想的产物。没有思想，就没有情绪；有什么样的思想，就有什么样的情绪。我们对自己的情绪不是无能为力的，可以通过调节自己的思想来调节自己的情绪。如果我们把思想集中在事情的积极方面，就会产生积极情绪；如果我们把思想集中在事情的消极方面，那就会产生消极情绪。能不能保持精神愉快，主要还得看自己。看看那些善于驾驭自己情绪的人，或那些我们称之为情绪上有修养的人，他们并非像一般人所想象的那样"解决"了所有情绪上的问题，他们也和我们一样会遇到各种情绪上的麻烦，但是他们知道应该如何看待这些问题，懂得如何使自己保持精神愉快。心理学家通过理论研究和实践验证，创立了许多行之有效的情绪自我调节方法，大学生可以根据自己的心态有选择地加以使用，从而主宰自己的情绪。

（一）合理宣泄

大学生活的"三点一线"看起来很平淡，但也不是没有烦恼的。有的学生缺乏知心朋友，有的学生感觉自己缺乏魅力，有的学生经济紧张，更多的学生感到未来迷茫，这些都会使人心烦意乱。当烦恼袭来时，闷在心里，只会使烦恼越积越多，情绪也会越来越差。这时，可以通过适当宣泄不良情绪，排解心中的烦忧，防止不良情绪对人的困扰。

合理宣泄情绪不是放纵自己，不是任性胡闹，需要注意适度，不能妨碍别人。宣泄要选择恰当的场合、恰当的方式，不能不分时间、场合、地点乱发泄一通，那样不仅不能调节好情绪，反而会造成不良后果。对不良情绪的合理排遣和语言宣泄是一种自我调节的好方法。

每个大学生宣泄的方式多种多样，只要不影响他人而且有效果，都是合理的。有的大学生宣泄的方式是选择到无人的地方，通过强烈的、无拘无束的、痛快淋漓的大声叫喊，内心积郁的烦忧伴随着喊声一起发泄出来。有的大学生心情烦恼时会向亲近的人、知己及关心自己的人倾吐，通过诉说烦恼，把内心难过的事情及想不通的事情讲出来，将心中的焦虑和担忧坦率地说出来，能使内心踏实。

（二）转移调节

转移注意法是指把注意力从自己的消极情绪转移到其他方面上。心理学研究表明，当一个人产生某种情绪时，头脑中就会出现一个较强的兴奋区。这时，如果另外建立一个或几个兴奋区。就可以抵消或冲淡这个较强的兴奋区。转移可分为注意转移和行动转移。注意转移是指把注意力从自己的消极情绪转移到其他方面上：行动转移是指把怒气等消极情绪转移到其他积极活动中。例如，当怒发冲冠时，有意识地转移话题或做点别的事情来分散注意力，可以使情绪得以缓解；当悲伤、忧愁情绪发生时，先避开某种对象，不去想或遗忘掉，可以消忧解愁；还可以通过运动、娱乐、散步等活动使紧张情绪松弛下来。

大学生心绪不佳、有烦恼时，可以外出参加一些娱乐活动，换换环境、换个想法，因为新异刺激可以忘却不良的情绪。大学生可以通过有意识地强迫自己转移注意力来调节情绪。转移注意力是把注意力从引起不良情绪的事件转移到其他事件上，这样，改变了注意的焦点，意识被其他事件所占据，就不会再沉醉于消极的情绪中。你可以做一些自己喜欢的事情，从事自己感兴趣的活动，诸如游戏、运动、上网、听音乐、和朋友相聚、看电影、享受一顿美食、读一本好书等有意义的活动，激发积极愉快的情绪反应。

（三）运动调节

运动是一种有效驱除不良情绪的好手段。当大学生心情不愉快时，喜欢静缩在一个角落里，不愿活动，情绪也越来越低落，从而形成恶性循环。

缺乏运动的人情绪比爱好运动的人要差，经常参加体育运动的人肌肉灵活性强。动作敏捷，其思维的敏捷性也相对较高，能很快意识到自己的不良情绪。在运动中，当肌肉得到锻炼时，情绪得到了放松，烦恼被丢在一边。在大学里，爱运动的学生往往洋溢着一种健康和阳光的风采，引人注目。所以大学生要参加体育锻炼，增加运动机会。健身运动尤其是有氧运动，如跑步、骑车、游泳等，能使身体出现良好的生理变化，产生愉悦感。

（四）音乐调节

音乐作为一种艺术，是人的情绪情感的一种表现方式。曲调和节奏不同的音乐，可以使人产生不同的情绪体验。听音乐是许多大学生调节自己情绪的一种重要手段。舒缓、古典的音乐能缓解甚至消除负性情绪，流行音乐尤其是节奏感强的音乐会使人萌发一种兴奋感。沉浸在音乐冥想中，就像在做心理"按摩"，这一切让大学生内心的风暴、消极的情感就像月光下退潮的海水一样逐渐平息下来。除了听音乐外，许多大学生也喜欢唱歌。高声歌唱是排除紧张激动情绪的有效手段。当大学生内心存在焦虑、忧郁等负性情绪时，可以开口唱唱歌，让优美的旋律、动人的歌词萦绕在脑海中，心胸就慢慢地宽广起来。而唱歌时有节律的呼吸与运动，可以使人神清气爽。

（五）理性情绪调节

同样一件事，会因所持的人生态度不同而有不同的感受。人的情绪变化更多的并不是事物本身引起的，而是由事物背后的认知评价引起的，改变对事物的评价，改变观念，情绪也会相应发生变化。要想积极地面对生活，应该改变自己的观念，使自己能够以乐观的态度去看待问题、思考问题。

（六）意志调节法

意志调节法也称升华作用。培养良好的意志品质是培养大学生健康情绪的一个重要调节手段，人的意志品质和意识能动作用能够调节情绪的发生和强度，起到升华作用，即调动思想中的积极情绪去抵制和克服消极情绪，将痛苦、烦恼、忧愁等消极情绪升华转化为积极有益的行动。在现实生活中，大学生应学会将积极情绪与理智、坚强意志相联系，激励自己克服各种艰难险阻去实现目标；同时，大学生也应注意用理智和意志去控制、减少自己的消极情绪，用意识控制情绪，不断加强自我修养。

（七）矛盾取向法

运用"矛盾取向法"是在进入或摆脱某种情绪状态的强烈愿望无法实现时，故意反其道而行之。我们常会有这样的经历：当你急于进入或摆脱某种情绪状态时，越急越带来相反的结果。如越想尽快平静下来，越平静不下来；越想不慌，慌得越是厉害，这种情况使我们想到：既然过于强烈的愿望会带来完全相反的结果，那么是否可以借助于一种完全相反的愿望来实现原来的愿望呢？心理治疗的实践证明这种可能性是存在的。创立"意义疗法"的德国心理学家弗兰克就曾经让患有畏惧症的病人故意去要他所害怕的东西，结果只用了很短时间，就治好了他的畏惧症，这种心理治疗技术就是矛盾取向法。大学生可以在某些时候采用矛盾取向法进行情绪自我调节。如有时你因无法在众人面前掩饰自己的紧张而感到十分难堪。你越不愿意表现自己的紧张，就越显紧张；越怕人笑话，就越出洋相。这时候，你可以采用矛盾取向法调节，告诉自己：紧张吧，使劲紧张吧！哆嗦吧，使劲哆嗦吧！世界最数你没出息，最稳不住自己。如果真是这样，反而可以平静下来，摆脱恶性循环。

（八）学会幽默

幽默是适应环境的工具。当一个人在困窘中无地自容时，幽默可以帮助其摆脱困境；当不小心唱歌走调、发音不标准、说话不恰当时，自我嘲笑、自我安慰可以使受窘的紧张情绪释放出来，还可以使尴尬的局面在笑声中消逝。幽默的态度可以使你在难堪和不友好的场面中客观地看待眼前的事实，不因难堪而陷入激动与偏狭的状态。幽默可以降低情绪的激动水平，化解愤怒不安的情绪。幽默是可以自我培养的。大学生要培养自己的幽默感，可以加强自身知识学习辩证地看待事物，尤其要学会以积极的态度看世界，因为见多识广的人心胸才会开阔，对生活中的一切事件才会从多种角度去看待，从而拥有积极的人生态度。人生态度积极的人才会以幽默、乐观的方式对待生活的痛苦和困难，战胜挫折与失败，富有幽默感。而人生态度消极的人，只从悲观的角度看待事物，无法跃出自卑与不安的困境，生活将非常沉重。生活中缺乏幽默感的人，不但缺乏笑容，也缺乏朋友。

第十一章　大学生网络心理

第一节　网络概述

一、互联网的特征

（一）全球性与开放性

网络拓展了人类的认识和实践空间，使得终生难以相见的人瞬间变成了近在咫尺的网友。庞大的地球在不知不觉中变成了"地球村""电子社区"，人人都可以成为其中平等的一员；人人都可以在网络上使用最新的软件和资料库，不同的观念和行为的冲突、碰撞、融合就变得直接和现实；网络还把异质的宗教信仰、价值观、风俗习惯、生活方式呈现在人们面前，经过频繁的洗礼和自主的选择，不同国家、不同民族、不同生活方式的人们通过交往、学习、借鉴，达成共识，获得沟通和理解。互联网无论在广度上，还是在深度上，都在我们无法想象的空间蔓延、伸展着，它突破了种族、国家、地区等各种各样有形的或无形的"疆界"，真正体现了全球范围内的人类交往，体现了人与人之间的"无限互联"。互联网的作用很大，互通的程度非常高，共享信息异常丰富，开放性很高。在这里，人们不分国家、种族、贫富、性别、职位高低、年龄大小，都可以体会网上冲浪的乐趣。

（二）平等与个性化

互联网作为一个自发的信息网络，所有的用户都是自己的领导和主人。因为所有人都拥有网络的一部分，所有人都有发言权。这样，网民可以充分感受到自由性与主体之间的平等性。网民可以阅读来自许多外国信息源的消息，可以自由选择议论的话题。网上的信息不为某个人独有，而是平等地属于每一个网民。互联网的这种特点。使网民的意识和思维进一步走向平等和双向沟通，思维方式更加多样化，从而也更加具有个性和创造性。每个网民都有可能成为中心，人与人之间趋于平等，不再受等级制度的限制，个体的个性意识逐渐增强。网络呈现出的分散性、自主性等特点正是网民生活的个性化体现，这种体现还包括上网浏览内容的多样性及言论和创作的新用性。可以说，网络为人的个性发展提供了广阔的空间，使个体的创造性能够获得良好的客观环境。

（三）虚拟性

网络世界是人类通过数字化方式连接各计算机节点，综合计算机三维技术、模拟技术、传感技术、人机界面技术等一系列技术所生成的一个逼真的三维的感觉世界。进入网络世界的人，其基本的生存环境是一种不同于现实的物理空间的电子网络空间或赛伯空间。这样，一方面，网际关系的虚拟性与实体性是相对的。交往主体隔着"面纱"，以某种虚拟的形象和身份沟通、交流着，交往活动也不再像一般社会行动那样依附于特定的物理实体和时空位置。另一方面，网际关系的虚拟性并非与虚假性等同，尽管由于人的恶意操作，它会堕落变质为虚假。在人工构造的虚拟情境中，网络赋予人一种在现实中非实在的体验，从功能效应上说，这是真实的，所发生的虚假关乎于交往者的德行，而与网络的上述功能无关。

（四）身份的不确定性

在现实世界中，网民的社会关系大多是亲戚、朋友、同事、邻里、师生……在很大程度上是一种"熟人型"的，其交往活动依附于特定的物理实体和时空位置，并受着较为稳定的社会价值观念文化的支撑和规约。而在网络世界里，尽管计算机专家可以将一切信息还原为数字"0"或"1"，换言之，信息在其构成上是确定的，但是信息的庞杂性、虚拟性和超时空特征使得作为行为目的、意义和情感的传播通道并不是清晰可辨的。同时，网络世界是一个开放多元的世界，它跨越了时空的地理界线，却无法聚合历史文化的差异。这些都使得发生在人与人之间的网络交往易变、混沌，网络世界中的人际关系也因此充满了不确定性。

二、互联网的应用特点

（一）信息查询

互联网的开放性，使得其如同一个信息的聚宝盆。这些取之不尽、用之不竭的多彩信息赋予了网络无穷魅力，很多大学生正是把互联网看作一个庞大的信息库，经常上网寻奇觅宝，这也正是大学生们上网最主要的目的。

（二）收发邮件

随着学习生活节奏的加快和电子信箱的普及，E-mail 作为一种传递信息迅速、及时、费用低廉的通信方式，正在逐渐取代传统的书信而成为大学生人际交往的重要手段。每天开邮箱收发邮件已逐步成为当代大学生日常生活的一部分。

（三）网上聊天

在网络上聊天交友，是大学生在网上的主要活动内容之一。各式各样的聊天室是大学生漫游网络的第一个驻足地，也是他们课后经常光顾的地方。聊天、交友、网友见面成了一些大学生日常生活的组成部分，有的人乐此不疲，甚至深陷其中，不能自拔。

（四）网上游戏

与游戏机或游戏光盘相比，在线游戏因其具有交互性，更加显得魅力难挡，因此，游戏网站也是大学生们经常光顾的地方。有的大学生在游戏网站一待就是七八个小时，甚至为此逃课逃学，严重影响了学业。当然，并不是所有大学生上网都以聊天或游戏为目的，但问题的关键是，这样的情况远没有我们想象的乐观，很多大学生没有很好地利用网络来增长知识、增加才干，相反，却把大多数的时间和精力都放在了聊天交友和游戏娱乐上。

（五）声讯影像娱乐

网络中，多媒体声色俱佳，让大家可以有广泛的选择。大量的来自全世界最新、最全的文化产品都能轻松从互联网上获得。

互联网作为一种崭新的信息技术，把网民带入了一个真正的信息时代。今天，网民不仅可以通过互联网了解世界、学习、购物，而且可以在网上交友、聊天、开会甚至玩游戏、赌博等，互联网正在改变网民的学习方式、工作方式和生活方式。浩瀚的信息，开阔了人们的视野，但是也让一些不良信息进入人们的视野；宽松自由的网络环境，让人们得到了休息和放松，也招致了贪婪自私的膨胀意识。互动的音像便利了人们进行交互式的学习，但是也给某些人提供了色情服务的工具。

第二节　大学生的网络心理特点

一、大学生的网络心理特点

大学生是互联网的忠实使用者和重要使用者，从整体上划分，大学生的网络心理可分为积极与消极两种心理需求。

（一）积极心理需求

1. 强烈的求知欲与好奇求新心理

互联网以其信息快、内容新、手段先进等优势极大地吸引了大学生的好奇心，引起了他们的特别关注和兴趣，激发了他们学习和掌握网络知识及应用技能的欲望。

2. 自由平等的参与意识与自我实现欲望

网络平等自由的氛围适应了当代社会中对自由、平等呼声最高的大学生群体。在网络这个虚拟空间里，种种现实社会的限制都消失了，只要参与进来，任何人都是互联网的"主人"，都可以在网上按自己的意愿和口味虚拟社会，做自己想做的事。

3. 追求开放性和多元性

网络是一个开放的信息源，各种文化、思想，观念都可以在这里争鸣。这就为大学生追求开放性和多元性的文化、观念提供了平台。

（二）消极心理需求

1. 猎奇心理

追求感官刺激。相当一部分大学生上网的目的是猎奇，即追寻一种在现实生活中难以了解、通过正当渠道难以获得的奇艳事物或信息，并借以获得感官刺激。他们往往会出于好奇或冲动的心理刻意去寻找一些色情、暴力信息。

2. 发泄欲求

在互联网上，大学生们可以比在学校里、家庭里更随便地发表自己的见解，抒发自己的爱与憎，表达自己的思想信仰，而不必担心会受到限制或承担责任。平时对学校不敢提、无处提的意见可以贴到 BBS 上，平时对女同学不敢表达的感情则可以在聊天室里淋漓尽致地抒发。

3. 急功近利心理

网络信息的丰富与快捷使许多大学生把上网当作通往成功的捷径和有利条件。在他们眼里，网络就是商机，网络就是生财之道。同时，一定程度上的社会误导（包括网络上基于商业目的的信息误导）也使大学生对"成功"的理解产生了偏差。于是，电子商务、留学资讯、成才捷径、求职之路就备受一部分大学生的关注。他们渴望凭借这些信息省一些力气，走一步先棋，成为网络时代的成功人士。

4. 逃避现实的解脱心理

大部分学生在大学生活中都会遇到这样那样的挫折和危机，诸如学习上的、感情上的、人际关系上的。同时，复杂的社会生活也会使思想相对不成熟的青年学生感到难以应对。但遗憾的是，部分学生在现实中受挫时，往往愿意到虚幻的网络空间去倾诉，互联网成了他们逃避现实、寻求自我解脱的一个良好的渠道和环境。

5. 焦虑心理

一方面由于网络技术的迅速发展，使大学生担心自己的知识更新赶不上网络的发展，被新技术淘汰，从而产生心理焦虑；另一方面，网络通道拥挤，传输速度缓慢，网上人际关系的不确定性与隐匿性、内容庞杂无序、良莠不齐、访问速度太慢等缺陷，使大学生上网无所适从，连连"碰壁"之下产生焦虑心理。

6. 虚拟的自我实现心理

强烈的自我意识是大学生群体的一个显著特征，虚拟的网络可以成为大学生实现自我的一个理想王国。在网络上，大学生可以享受到网络特有的平等、自由、成功、刺激的感觉；学习与就业的压力、社会与家长的希望造成的心理上的压抑与孤独，在网络上一扫而光；他们可以突破社会及他人对自己行为的评价，轻松地实现从小梦想成为的侠客、富翁；可以在模拟战争中指挥千军万马搏杀疆场……部分大学生上网为了玩游戏，在游戏获胜后有一种成就感，这是因为网络游戏能够部分满足他们的自我实现需要。

7. 自卑心理与抵触情绪

自卑是不信任自己的能力因而用失败衡量自己及未来的一种心理体验，它来源于心理上消极的自我暗示。这种心理常见于那些初次尝试的大学生，当他们怀着兴奋与好奇的心理来到网上时，但由于缺乏系统的网络知识和检索技能，操作不熟练，英语水平有限，与身旁那些操作娴熟、进出自如的用户相比，差距甚远。在羡慕的同时会产生出某种无形的心理压力，初始的兴奋、喜悦之情自然被自卑心理所代替。还有些人习惯于传统文献的检索、查阅程序，当他们面对上网查询这一全新的检索方式时，可能会产生一种以往的经验被抛弃，自己会落伍被置于自动化系统之外的不安，因而产生抵触情绪。

二、网络心理健康的标准

关于网络心理健康的标准截至目前尚无明确定论，但比较普遍的看法有以下几种：

健康的上网动机和意识，合理满足自己和他人的需要；

能使用健康的网名，保持较稳定的自我身份；

比较真实、客观地表达自我，较少欺骗行为；

尊重他人，不攻击他人及网站；

适度宣泄情绪、压力，有效管理时间；

客观对待网络环境，有较强的信任感与安全感；

不把网络作为生活中唯一的兴趣爱好，影响正常生活、学习、工作；

自我监控能力良好，不影响到身体健康；

能保持网上网下人格的和谐统一和良好的情绪情感；

合理发表言论，不把网络当作非法之地。

第三节　常见的网络心理障碍与调适

网络心理障碍是指因无节制地上网导致行为异常、人格障碍、交感神经功能失调。大学生网络心理障碍主要包括三类：网络成瘾、网络孤独、网络依恋。

一、大学生常见的网络心理障碍

（一）网络成瘾

网瘾已成为一个不容忽视的社会问题。网络成瘾又称因特网性心理障碍，临床上是指由于患者对互联网络过度依赖而导致的一组心理异常症状及伴随的一组生理性不适。有学者认为，网络成瘾是由于重复地使用网络而导致的一种慢性或周期性的着迷状态，并且带来难以抗拒的再度使用欲望，同时对上网带来的快感只有生理及心理依赖。也就是说，因为网络的许多特质带给使用者许多快感，同时又因很容易重复获得这些愉悦的体验，使用者便在享受这些快感时渐渐失去了时间感，一方面逐渐对网络产生依赖，另一方面导致对网络沉迷和上瘾。

网络成瘾其表现症状为：开始是精神上的依赖，渴望上网，随后发展为身体上的依赖，不上网则情绪低落、疲乏无力、外表憔悴、茫然失措，只有上网后精神才能恢复正常。大学生网络心理障碍大多数表现为感情上迷失自我、角色上混淆自我、道德上失范自我、心理上自我脆弱、交往上自我失落。同时，在现实生活中受到打击或者遭遇挫折的大学生，其自我控制和调节能力较弱，而网络的理想化和成就感恰恰弥补了现实的缺憾。随着这些学生上网时间的增加和对现实的漠视，其精神世界由于得不到充实，造成了对网络依恋的进步加深。

（二）网络孤独

这主要是指希望通过上网获取大量信息、网上娱乐、网上人际交往来提高或改变自己，但上网未能解除孤独（甚或加重了原有的孤独），或反而因为触网而引发孤独感这样一类不良心理状况。一些大学生（女生居多）由于性格内向、自卑，惯于自己承受心理负荷，心思敏锐，不愿意或不善于与他人交往，厌恶社会上那种虚情假意的人情来往。当互联网走进他（她）们的生活时，他（她）们青睐于网上交往这种匿名、隐匿性别和身份的形式。常上网向网友发泄自己的不良情绪，排解忧虑，讲自己的"心情故事"，这时，他们觉得心情得到了一定的放松，从网友那里得到了一定的心理支持。可是下网后，他们发现自己面对的依然是孤独，并且由于人与人交往中80%的信息是通过非语言的方式（如眼神、姿势、手势等）来传达的，当那些善于通过这些身体语言来解读对方心理的性格内向者试图借助网络来排泄自身的孤独时，网络所能给的只能是键盘、鼠标和显示器造就的书面语言，这使得他们感到网络对孤独抑郁的排解只是"隔靴搔痒"。

（三）网络依恋

长时间沉溺于网络游戏、上网聊天、网络技术，醉心于网上信息，网上猎奇，造成对网络的过度依赖和依恋，导致个人生理受损，正常的学习、工作、生活及社会交往受到严重影响。网络迷恋心理障碍包括这样几种类型：网络色情迷恋，即迷恋网上所有的色情音乐、图片及影像；网络交际迷恋，即利用各种聊天软件及网站开设聊天室长时间聊天；网络游戏迷恋，即沉迷于网络设计的各种游戏中，他们或与计算机对打，或通过互联网与网友联机进行游戏对抗；网络恋情迷恋，即沉醉在网络所创造的虚幻的罗曼蒂克的网恋中；网络信息收集成瘾，即强迫性从网上收集无关紧要的或者不迫切需要的信息，堆积和传播这些信息；网络制作迷恋，即下载使用各种软件，追求网页制作的完美性和编制多种程序为嗜好。在这六种类型中，网络交际迷恋者、网络游戏迷恋者、网络恋情迷恋者及网络信息收集成瘾者占大学生网络迷恋群体中的多数。

二、大学生网络心理问题调适

（一）自律与自我管理

对于一个人来说，只有自律才能既充分体现其自尊、自主与自由，又充分培养其自我控制力，养成良好的"慎独"习惯。在网络社会里，一方面，由于信息含量十分巨大，各种文化与价值理念交织纷纭，各种论断莫衷一是，各种诱惑比比皆是；另一方面，网络社会又是一个充满自由的社会，缺乏非常强大的外在约束。面对这一虚实难辨、是非难断却又无明确而强力约束的多彩世界，大学生会因认知偏差或侥幸心理而产生心理困惑与矛盾，以致产生各种各样的网络心理问题。

大学生应合理安排好自己的日常生活，保持正常的生活、工作、学习规律，控制上网时间。同时，要勇于直面人生，积极面对现实，应多参加有益的社会活动。

（二）团体心理辅导

团体心理辅导是由心理辅导者指导，借助团体的力量和各种个体心理辅导理论与技术，就团体成员面对的心理问题与他们共同商讨，提供行为训练的机会，为团体成员提供心理帮助与指导，使每一位团体成员学会自助，以此解决团体成员共同的发展或共有的心理障碍，最终实现改善行为和发展人格的目的。在团体中，网络心理障碍者在讨论交流等相互辅导活动中意识到他们不论是在交流解决问题、探索个人价值、人格形成，还是发现他们共同的情绪体验上，同一团体的人都可以提供更多的观点，并分享团体中的共同资源。在团体辅导的环境中，求询者之间潜在地存在着情绪、态度和行为意向的互动、相互感染的群体氛围和群体压力，存在着成员之间的模仿与监督，这些有利于网络心理障碍者健康心理的获得与稳固，有利于心理障碍者行为的改善。更为重要的是，团体是社会的缩影或反射，是一个"微型社会"，因而它为网络心理障碍者提供了一个人际交往行为训练的练习场所。

在团体相对安全的氛围里，网络心理障碍者共有的或相似的情感、人类行为及一些态度如对抗、恐惧、怀疑、孤立等都可以被辨别出来并加以讨论；心理辅导师所提供的行为训练的理论与操作技巧指导可以在这里得到检验、反复练习和强化，这样健康的态度和行为更容易习得和稳定下来，并在日常生活中运用。

（三）建立良好的人际关系，在现实世界中获得理解与支持

在大学生的网络偏差行为中，网络交往成瘾占有相当大的比重。针对此种情况，大学生要深切认识到网络交友缺少伦理制约、身份认同，存在很大的安全隐患和情感盲区。要知道，网络交友只是人们传统交友方式的一种延伸和补充，与现实社会的人际交往相去甚远，是无法完全替代现实中的人际交往的。因此，在网络交友时要遵循"三不一要一忠告"。"三不"：不轻易泄露个人的资料，即不要说出自己的真实姓名和地址、电话号码、学校名称，不要谈及亲友、同学等信息；不要随意答应网友的要求，比如，有的网友刚刚认识就会提出见面、借钱、借物等要求，对此定学会甄别、学会说"不"；不要轻易约见网友。"一要"：要提高警惕、小心防范。"一忠告"：匿名交友网上多，切莫单独去赴约。网上人品难区分，小心谨慎没有错。中国人有句古语"害人之心不可有，防人之心不可无"，这句话用在网络交友中是非常合适的。与此同时，要时时提醒自己不要忽略了在现实生活中与教师、同学、朋友的交流，要获得他人的尊重与信任。

（四）主动求助他人及心理咨询机构，摆脱网络诱惑

网络成瘾综合征与其他成瘾行为类似，是一种自适应的问题行为，通常患者客观上并无太多不适，患者在上网时体验到的满足感使之倾向于过度上网而导致的身心危害，除非极端状态严重影响个人生活。所以，有网瘾倾向的大学生一般习惯于独自承受心理压力，大多敏感、退缩，往往不愿主动寻求他人或心理咨询机构的帮助。其实，网络成瘾的大学生取得他人，特别是心理咨询机构的帮助是克服网络成瘾的有效途径。教师、家人和朋友会让他感受到家庭和社会的温暖，会采取各种办法把他从网络的虚拟世界中拉回到现实中来；心理咨询人员会根据他们的成瘾程度，从专业角度对成瘾行为采取必要的心理干预和治疗，比如，目前用于网络成瘾的心理咨询与心理治疗的主要方法有认知行为疗法、厌恶疗法、森田疗法等。这对他们恢复健康的身心是极有帮助的。因此，网络成瘾的大学生不要逃避现实，要敢于正视自己面临的问题，在自己努力尝试摆脱网瘾之外，积极寻求必要的帮助，加快回归现实的步伐。

第十二章　大学生职业生涯规划

第一节　职业生涯规划概述

一、生涯的解读

人的生命有两个端点：出生与死亡。生涯，简单地讲就是过一辈子。美国学者舒伯认为，生涯就是终其一生，不同时期、不同角色的组合。生涯，纵向而言，所关注的范围从幼儿园到退休甚至死亡，也就是人一生中的各个阶段；就横向而言，其范围不只局限于职业选择和职业活动，而是覆盖到个体生活的方方面面。

生涯具有以下特征。

（一）终身性

生涯发展是连续不断、循序渐进的动态过程，是一个需要终身学习、终身发展的过程。

（二）独特性

生涯是个人依据其人生规划与人生目标，为自我实现而开展的独特的生命历程，不同的个体具有不同的生涯历程。

（三）发展性

生涯是动态变化与发展着的，不同发展阶段有着不同的生涯规划与生涯发展任务。

（四）可预测性

生涯发展是一个有次序、具有固定形态的过程，因此每个阶段的发展都是可预测的。

（五）综合性

生涯以个体发展为中心，包含了各个层面的社会角色。

二、职业生涯

职业生涯伴随着人的成长，伴随着人的心理发展。一个人一生所从事的职业，按先后顺序可分为早期生涯、中期生涯和晚期生涯三个发展阶段。在这三个时期中，我们依据舒伯的划分，又可以将一个人的职业生涯分为五个阶段：成长、探索、建立、维持和衰退。

（一）成长阶段（从出生至14岁）

这一阶段主要根据儿童自我概念形成的特点，发展儿童的自我形象，发展他们对工作意义的认识及对工作的正确态度。此阶段分为幻想期、兴趣期、能力期。

1.幻想期（4—10岁）

以"需要"为主要因素，在幻想中扮演自己喜爱的角色。

2.兴趣期（11—12岁）

对某一职业的兴趣是个体抱负和活动的主要决定因素。

3.能力期（13—14岁）

以"能力"为主要因素，发展个体能力逐渐成为儿童活动的推动力。

（二）探索阶段（15—24岁）

这一阶段青少年经过学校生活和社会实践，对自我能力及角色、职业进行探索。这个阶段可以划分为试探期、过渡期和承诺期三个时期。

1.试探期（15—17岁）

考虑需要、兴趣、能力和机会，可能会做暂时决定，并在讨论、学业和工作中尝试。

2.过渡期（18—21岁）

开始对就业进行专业训练，更重视现实，并力图实现自我观念，将一般性职业选择变为特定的职业选择。

3.承诺期（22—24岁）

青年进行生涯初步确定并验证其成长为长期职业的可能性，如果不合适则重新对各时期进行调整。

（三）建立阶段（25—44岁）

这一阶段的任务是根据个人的职业实践，协助进行自我与职业的整合，促进职业的稳定并力求上进。大致可以分为两个时期。

1.稳定期（25—30岁）

个体开始寻找安定的工作，如果工作不满意则力求调整，开始有稳定的工作。

2.建立期（31—44岁）

个体致力于工作上的稳固，大部分人处于富有创造性的时期，开始进入职业的高峰期。

（四）维持阶段（45—65岁）

一般不会有大的职业变动，这一阶段的主要任务是维持现有的成就和地位，一部分人也可能取得新的工作成就。

（五）衰退阶段（65岁以上）

这一阶段的任务是根据个体心理与生理机能的日益衰老，逐渐离开工作岗位，协助个体发展新的角色，寻求新的生活方式来满足个人发展的需求。

第二节　大学生职业生涯规划的困惑

目前，大学生职业生涯规划的重要性引起了社会各界的高度重视，关于职业生涯规划理论研究的文章有很多，大学生自己也认识到职业生涯规划对未来发展的重要性。但是，当许多学生在真正着手规划自己的未来时，遇到了许多难题。心里有很多困惑，对于职业生涯规划显得不知所措。面对大学生对职业生涯规划的强烈需求与实践严重滞后之间矛盾突出，为此，下文将立足大学生的实际情况，深入分析大学生目前思想、学习、生活等方面存在的问题，针对典型进行探索研究，以期提出切实可行的意见。

一、对准职业人角色认识不到位

我们把大学生划分为大一、大二的低年级学生，大三、大四的高年级学生，却很少将之冠以"准职业人"的称号。低年级的学生总觉得求业、就业是高年级学生的事，与己无关。特别是大学生由于在高中时经常听老师讲："你们现在要好好学习，等考上大学就轻松了。"仿佛考入大学就上了人间天堂一样，部分学生思想松懈，更别说进行职业生涯规划，学生连好好学习都做不到，更有少数学生逃课成了家常便饭，以致期末考试一半以上的科目不及格。当然，大多数学生通过教育能够较为及时地醒悟过来，从此奋发图强。但也有极少数学生或抱着"船到桥头自然直"，或"破罐子破摔"的心态。当一天和尚撞一天钟，照样我行我素，对未来一片茫然。所以临近毕业常会看到有些学生不仅找不到工作，而且还要补考课程，甚至面临着拿不到学位证、毕业证的危险，此时他们才意识到及时进行职业生涯规划的重要性，后悔当初在思想上没有把自己定位在生涯高度，没有付诸实际行动。

二、职业价值观尚处于探索阶段

大学生在进行职业生涯规划时，其职业价值观容易受外界环境干扰，这让有的学生感到困惑、迷茫。如果不能理性、客观地评价自己，分析外在环境，大学生现有的择业观念很可能影响其生涯的规划及职业生涯的顺利发展。

三、专业与兴趣不符

随着国家大中专毕业生统一分配政策的取消，学校把专业选择权交给了学生及其家长。然而由于对专业的不了解或误解，学生选择专业时具有很大的盲目性，为其在校学习和今后就业埋下了隐患。据笔者对本校学生的一次随机抽样调查得知，超过30%的同学对目前所学专业没有兴趣，这部分学生对于学习，就业持三种态度：

第一种，20%的学生仍然尽力学，争取考研究生转专业。

第二种，70%的学生勉强学下去，60分万岁。

第三种，10%的学生不喜欢现学专业就干脆不学，经常旷课，期末考试超过1/2甚至2/3的科目不及格。专业与兴趣的矛盾冲突是大学生在职业生涯方面影响较大的问题，它直接关系到学生在校期间的学习动机和毕业后的就业走向。如果处理不好这对关系，容易使学生消极应对，从而缺少职业生涯规划，无法成功完成学业，严重者甚至会对心理健康产生不良影响。

四、对所学专业认识不足

说起职业规划，首先得联系到专业，科学地分析所学专业是对自己未来所要从事的职业的初始判断，对自己未来职业生涯的发展具有重大影响。目前对所学专业认识不足，尤其是对专业优势及就业前景认识不足，是大学生中普遍存在的问题。据笔者调查的数学与应用数学专业中，在 250 名学生中就有 50% 以上的学生对自己现在所学专业不满意，主要原因有如下两点。

第一，专业性太强，就业面太窄，对于志不在当老师的学生而言，不好就业。

第二，数学专业涉及数学分析、高等代数、概率论、数理统计、数值分析、数学模型等课程，理论性太强，难度较大，学着枯燥乏味，容易产生厌学情绪。面对学生中存在的这种情况，如果不能及时认识到本专业的优势及就业前景，不能客观、理性地分析自身及外界环境等综合因素，那么要想制定出科学的职业生涯规划是不可能的，学生也很可能因此失去奋斗方向，而且这对于学校所提供的软、硬件资源都是极大的浪费。

第三节　大学生择业心理偏差和调适

一、大学生择业的特点

（一）择业意识增强

当代大学生面临着越来越严峻的就业形势，开始学会把握机会，主动就业，在就业前注重夯实择业基础，一部分学生毕业时基于日后能有一个更高的起点，往往在就业前主动参加一些相关的就业指导与培训、考取相关行业的执业资格，为自身拓宽了职业选择的道路。[①]

（二）择业观念务实

当代大学生在没有更丰富的社会实践经验之前，采取"先就业、后择业"的方法是切合实际的。择业观念是随着理想、理性趋于理智而变化发展的，想要在短期内找到一份称心如意的工作并非易事，所以刚毕业的大学生首先要投入到社会中进行实践，淡化"专业对口"的观念，以便积累一定的工作经验，获得较好的市场附加值，再实现第二次"就业（择业）"，从而找到理想的工作。

---

① 唐敏，吕芳芳，苗培周 . 大学生心理健康教育 [M]. 杭州：浙江工商大学出版社 .2016：221.

（三）择业标准务实

当前，我国正在进行全方位的结构调整，企事业单位和机关都在实行减员增效，原先接纳毕业生的一些单位，现在却关起了大门，需求量大大降低，与此相反，很多边远地区、艰苦行业急需人才，在国家号召毕业生到基层去的大环境下，很多毕业生选择了去西部，从基层做起，择业的标准更加务实，为自己成就辉煌的事业做好了准备。

（四）择业渠道多元化

在信息高速发展的今天，互联网已成为人们生活的重要组成部分，同样的，大学生找工作也从最初的学校提供信息、报刊、招聘会发展到网络求职，这一便利化条件的改变为广大毕业生提供了更为广阔的择业平台，毕业生可以在第一时间了解千里之外的就业信息，为毕业生的择业节省了大量时间。

（五）自主创业热情高涨

随着教育体制改革的深入、素质教育的推进和社会鼓励大学生创业的影响，有一部分创业意识较强的大学生毕业时，利用自身掌握的专业知识和技能优势，或者通过网络提供的便捷条件，又或者通过社会融资、与他人合作、自立门户等途径艰苦创业。选择自主创业的大学生，往往怀着一种替别人打工不如自己做老板的心态。这种自主创业的模式，既适合当今社会对大学生毕业后通过创业来增加劳动就业机会的期望，又有助于大学生成才成长。

（六）择业心理矛盾突出

1.焦虑心理

在择业心理压力下，大学生会产生一种不踏实感、失落感甚至危机感，通常表现为焦躁、忧虑、困惑、恐慌、紧张等。据相关研究表明，引起毕业生产生焦虑心理主要表现为：自己的理想能否实现，自己的专业是否受重视，自己能否被用人单位选中，万一被用人单位拒绝了该怎么办，即使获得了职位却又不能胜任怎么办，等等。尤其是一些来自边远地区，或性格内向，或有生理缺陷，或专业不精的大学生及部分女大学生，表现得更为焦虑。这种焦虑使大学生毕业时精神负担沉重，容易出现紧张烦躁、焦虑不安、萎靡不振的状况，甚至有些学生在屡遭挫折后，对择业产生了恐惧感，一提择业就紧张。但是，并不是所有的焦虑都是坏事，适度的焦虑可以催人奋进，促使我们为自己前途做出更为全面的规划。

2.攀高心理

有的大学生在择业时名利心过重，对金钱、名利的看法出现了偏差，在面临择业时出现了"三高"现象，把目光锁定在"起点高、薪水高、职位高"的工作上；同时在选择职业时提出"六个一点"的条件：单位名声好一点，牌子响一点，收入高一点，工作闲一点，离家近一点，要求松一点。这种既无视国家和社会的利益，又置自己所学专业于不顾，把不劳而获视为自己的人生追求，会导致丧失许多有利的就业和发展机会。

3.盲从、冲动心理

部分大学生既缺乏对社会的认识，又缺乏对自我的认识，不能客观地分析社会的需要，对自己的竞争能力缺乏信心。因而在就业时会产生随大流的盲从心理。由于刚毕业的大学生阅历浅薄，在求职择业时，缺乏信心，瞻前顾后，没有主见。甚至有的大学生在择业时，出现较为极端的情绪反应，在面对现实处境时，缺乏应有的冷静和自控能力，心情急躁，盲目攀比，满腹牢骚。在求职时，缺乏计划性，有冲动情绪。在面试时，一味强调自我意愿，不善于控制自己的情绪，结果给用人单位留下了极差的印象，丧失了就业的机会。

4.依赖心理

现在有很多大学生在找工作时，把希望完全寄托在他人身上，一味地依靠学校、父母、亲戚朋友，自己既没有主见，又懒于找工作，即使找到了工作也不能全身心地投入，最终使自己陷入被动的局面。

二、大学生择业心理偏差和调适

（一）过度焦虑及其调适

焦虑是由心理冲突或心理挫折引起的，是一种复杂的情绪反应，主要表现为恐惧、不安、忧虑等。轻度的焦虑，人皆有之，是正常的；适度的焦虑，使人产生一种压力感，有利于提高工作效率；过度的焦虑，则会干扰人们的正常生活，影响工作效率，易导致较严重的心理障碍或疾病。

大学生择业过程中产生过度焦虑心理的主要原因有：自己的理想是否能够实现？选择单位失误，造成"千古恨"怎么办？经过努力也找不到合适的单位怎么办？等等。这些想法使大学生在择业时精神负担沉重、紧张烦躁、心神不宁、萎靡不振，学习上得过且过、穷于应付，生活上意志消沉、长吁短叹、食不甘味、卧不安席。有些学生在择业遭受挫折后甚至产生恐惧感，信心大减，一提择业就心情紧张。

克服过度焦虑心理的办法主要有以下几种。

1.增强自信心

在择业过程中，不要把招聘者看得过于神秘。从心理学角度讲，求职者在择业时处于劣势，往往把招聘者看得过高，好像他们能洞悉自己内心的一切似的。其实，并不是每个招聘者都是学识渊博、难以对付的，他们同我们一样，都是普通人，有些人恐怕还不一定具有求职者所拥有的知识，了解了这些就不会再有恐惧感了。其次，要常想着自己的优势和特长，即使有缺点，对这一工作岗位来说也不一定是缺点。通过这些心理活动，可以增加自信心，消除过度焦虑。

2.不要把一次择业看得过于重要

如果总是担心择业失败而失去工作机会，就会加重心理负担，导致焦虑过度。记住这样一句话：即使一次择业失败你也没有失去什么，却得到了择业的经验，还会有更好的择业机会在等待你。胜败乃兵家常事，我们有必要把择业与结果区分开来，择业时不要老想着自己会被淘汰，自己就会感到轻松了。

3.积极的生理疗法

从生理上看，焦虑与肌肉的紧张相关联。如果我们使自己的肌肉放松，就有可能使精神也随之放松，焦虑便无立足之地了。其具体程序为：第一步，头部下缩，双眼微合，双肩上耸。感到肌肉紧张后，放松头部与双肩，然后将头慢慢按逆时针转动八圈，再按顺时针转动八圈。做完这些动作后，须静卧在床上；第二步，将右脚绷直高抬，脚尖绷直至不能坚持，然后完全放松，让脚落在床上，接着左脚重复练习。练习中要将自己的全部注意力都集中到紧绷的那条腿上；第三步，右手上举，紧握拳头，绷紧手臂肌肉，当感到累时，让手完全放松地落在床上，然后再做左手练习；第四步，将左臂放下后，双眼仍闭合，想象头顶的天花板上有个圆圈，直径为四米左右。想象着视线按顺时针方向绕圆圈慢慢地转动八圈，再逆时针转八圈。完成后再想象一个正方形，同样旋转。完成上述步骤后，什么也不要想，静静地躺着，体会运动过后的松弛和宁静的感觉。

（二）消极自卑及其调适

心理学家认为，自卑心理实际上是一种心理保护机制，来源于心理上一种消极的自我暗示。有自卑感的大学生，在择业中往往缺乏勇气，不敢竞争，这种现象多见于自我意识发展不健全的学生、部分女生、性格内向或有生理缺陷的学生。特别是在遭受失败或挫折之后，一些大学生容易产生强烈的自卑心理，胆小、畏缩，觉得自己水平不行、低人一等。

自卑是一种缺乏自信心、自尊心的表现，自卑常和怯懦依赖等心理交织在一起。自卑使一些大学生悲观失望、忧郁孤僻、不思进取。过度自卑还会产生精神不振、消极厌世、沮丧、失望、脆弱等心理现象。

大学生的自卑心理一旦形成，必然影响其择业成功。特别是当他们的某种能力缺陷或失败经历被周围人轻视、嘲笑或侮辱时，这种自卑心理会大大加强，甚至以嫉妒、暴怒、自欺欺人等方式表现出来，给自己、他人和社会造成一定的危害和损失。

自卑心理调适的其方法主要有以下几种。

1. 树立自信心

要全面、辩证地看待自己，正确地认识和评价自己，不仅要如实地看到自己的短处，更要如实地看到自己的长处，切不可因为自己的某些不如人之处而看不起自己，要相信天生我才必有用。只有客观地评价自己和他人，与他人进行正确的比较，才有助于肯定自己，才可能克服自卑感。

在我们干一番事情之前，要有勇气，要坚信自己能干好。但在具体施行时，应考虑可能遇到的困难，这样即使你失败了，也会由于事先在心理上做了准备而不致造成心理上的大起大落，导致心理失调。

2. 积极参加活动，增加活动成功的体验

自卑的学生总是把自己孤立起来，避开与人的交往，而越不与人交往，就越怯于交往，就越自卑。自卑的同学应积极参加社交活动，主动与陌生人进行交往，去增强交往成功的概率，去享受哪怕是很小的成功。对自卑者来说，小成功也能给自己以鼓舞，因为它毕竟是零的突破，是再次成功的希望，是大有潜力的先兆。所以应经常回忆因自己努力而成功了的事，或合理想象将要取得的成功，以此激发自信心。

3. 利用补偿心理增强自信心

补偿，其实就是一种"移位"，即为克服自己生理上的缺陷或心理上的自卑，而发展自己其他方面的长处和优势的一种心理适应机制。解放黑奴的美国总统林肯，不仅是私生子，出生微贱，并且相貌丑陋，言谈举止缺乏风度，他对自己的这些缺陷十分敏感。为了补偿这些缺陷，他力求从教育方面来吸取力量，拼命自修以达到将自己的知识水平提升到足以与缺陷相互平衡的地步，从而最终达到了增强自信的目的。

参考文献

[1] 汤志宇.大学生心理健康教学实效性的实践研究 [J].科学咨询（教育科研），2020（11）：54.

[2] 侯晓乐.新时期大学生心理健康教育的探索 [J].科学咨询（教育科研），2020（11）：70-71.

[3] 张铮.EAP 服务模式在大学生心理健康教育中的探索与应用 [J].山西能源学院学报，2020（05）：42-44.

[4] 韩倩，徐萍，张宇，李洋洋.新时期高校学前教育专业大学生心理健康状况调查报告 [A].中共沈阳市委、沈阳市人民政府.第十七届沈阳科学学术年会论文集 [C].中共沈阳市委、沈阳市人民政府：沈阳市科学技术协会，2020：7.

[5] 杨凤娟.大学生思想政治教育中心理健康教育的研究 [J].国际公关，2020（12）：166-167.

[6] 金倩.构建大学生心理健康教育模式的理论 [J].国际公关，2020（12）：184-185.

[7] 王雯.表达性艺术治疗在大学生心理健康教育中作用 [J].国际公关，2020（12）：353-354.

[8] 王诗彧，孙仪.新媒体背景下大学生心理教育途径探究 [J].中国报业，2020（20）：91-93.

[9] 李晨.互联网时代大学生心理健康教育的突出问题与改进路径 [J].科教文汇（中旬刊），2020（10）：155-156.

[10] 刘磊，陈四国，桂婉莹，张慧汝，赵亿安.在校大学生心理健康认知度调查与干预研究 [J].人才资源开发，2020（20）：38-40.

[11] 朱娟娟.大学生心理健康问题的不良影响和预防教育 [J].国际公关，2020（11）：137-138.

[12] 周国军.互联网时代下大学生心理健康教育策略探讨 [J].发明与创新（职业教育），2020（10）：110-111.

[13] 刘伟伟 . 高校大学生心理弹性现状及其教育对策 [J]. 食品研究与开发，2020（20）：226.

[14] 赖珊，郭霞，何宇涵，李爽，李雄鹰 . 大学生心理健康教育模式的案例研究 [J]. 心理月刊，2020（19）：22–25.

[15] 智永婷 . 高校大学生积极社会心态培育 [J]. 沈阳大学学报（社会科学版），2020（05）：621–625.

[16] 赖珊，郭霞，何宇涵，李爽，李雄鹰 . 大学生心理健康教育模式的案例研究 [J]. 心理月刊，2020（19）：22–25.

[17] 濮志俊 . 高校体育教育对大学生心理健康教育的促进作用 [J]. 现代职业教育，2020（40）：1–3.

[18] 梁月影，袁芳，张健 . 基于数据挖掘的中外大学生健康教育研究热点分析 [J]. 中国多媒体与网络教学学报（上旬刊），2020（10）：46–48.

[19] 张莉，陆海霞 . 大学生心理健康教育本验式教学模式的理论与实践——评《大学生心理素质训练》[J]. 教育与职业，2020（19）：113.

[20] 李厚仪 . 大学生积极心理品质培育路径探索 [J]. 产业与科技论坛，2020（19）：122–124.

[21] 汪琛 . 网络对大学生心理健康教育的影响及其对策 [J]. 现代交际，2020（18）：133–135.

[22] 陈墨 . 新媒体环境下大学生心理健康教育研究 [J]. 农家参谋，2020（19）：294.

[23] 王福臣 . 积极教育视域下大学生心理健康教育课中教学案例的实践路向 [J]. 淄博师专论丛，2020（03）：32–35.

[24] 林东慧，王倩，彭飞 . 提升大学生未来取向的心理健康教育活动探索 [J]. 教育教学论坛，2020（43）：87–88.

[25] 赵婷 . 大学生心理健康教育的实践与思考 [J]. 心理月刊，2020（18）：91–92.

[26] 郭霞，邱美玲 . 积极心理学在大学生心理健康教育课程中的运用实践研究 [J]. 品位经典，2020（09）：100–101.

[27] 张颖 . 大学生心理健康教育与健康问题探究——评《大学生心理健康教育》[J]. 中国学校卫生，2020（09）：1276.

[28] 庞邦君，韦俞伽，唐清华 . 表达性艺术治疗在我国高校大学生心理健康教育中的应用 [J]. 科教导刊（下旬刊），2020（09）：171–172.

[29] 周瑜 . 互联网社交影响下大学生心理健康教育问题与开展途径 [J]. 长江丛刊，2020（27）：24，44.

[30] 陶芳渊 . 大学生心理健康教育工作模式研究 [J]. 作家天地，2020（18）：99–100.

[31] 冯秀云 . 大学生心理健康教育中体验式教学的应用与推广 [J]. 黑河学刊，2020（05）：104–106.

[32] 崔映斌，赵慧芳，宋睿 . 浅析通过思想政治教育促进大学生心理健康发展 [J]. 科教文汇（中旬刊），2020（09）：47–48.

[33] 徐晓炜 . 多学科视角下大学生心理健康教育课程研究 [J]. 科技风，2020（26）：53–54.

[34] 窦刚，雷玉菊 . 构建大学生心理健康教育模式的研究——评《大学生心理健康教育》[J]. 新闻爱好者，2020（09）：97–98.

[35] 章小慧 . 高校有效开展大学生心理健康教育工作探索 [J]. 开封文化艺术职业学院学报，2020（09）：150–151.

[36] 刘丰林，杜睿，刘义 . 大学生心理健康与心理发展教育机制探赜 [J]. 学校党建与思想教育，2020（18）：20–22.

[37] 郭威 . 大学生心理健康教育存在问题及改进策略 [J]. 现代农村科技，2020（09）：114.

[38] 汤媛 . 高校大学生心理健康问题及其对策分析 [J]. 教书育人（高教论坛），2020（27）：41–43.

[39] 冯涛 .《大学生心理健康教育》理实一体化教学模式改革与实践 [J]. 黑龙江教师发展学院学报，2020（09）：51–53.

[40] 刘艳华 . 大学生常见异常心理及应对研究 [J]. 吉林广播电视大学学报，2020（09）：142–143+146.

[41] 魏颖 . 大学生心理健康教育的伦理困境及应对措施——评《高校心理健康教育理论与实践》[J]. 中国高校科技，2020（09）：100.

[42] 李曙光 . 心理健康教育对大学生活的重要作用——评《新时期大学生心理健康教育实效性研究》[J]. 中国高校科技，2020（09）：101.

[43] 林丽华，曾爱华 . 心理健康教育课程体验式教学模式应用研究 [J]. 福建医科大学学报（社会科学版），2020（03）：52–55，65.

[44] 李雅婷 . 大数据背景下高校心理健康教育模式探究 [J]. 现代交际，2020（17）：163–165.

[45] 谢鑫，陈俊，蒋君梅，杨再福，王勇，任明见.大学生心理健康教学现状及对策[J].教育教学论坛，2020（39）：81-82.

[46] 马燕.大学生心理健康教育课程教学模式探新[J].文化创新比较研究，2020（26）：68-70.

[47] 高彬.浅谈大学生心理健康教育与思想政治教育的融合[J].决策探索（下），2020（09）：47-48.

[48] 高馨.大学生常见心理问题及心理健康教育对策[J].黄河科技学院学报，2020（09）：97-100.

[49] 赵嘉路，安哲锋.以学生为中心理念下心理健康教育课程体系的构建[J].教育教学论坛，2020（37）：9-12.

[50] 吴雨琛.大学生心理健康教育与民办高校思想政治教育的结合研究[J].发明与创新（职业教育），2020（09）：5-6.

[51] 蒲晶晶.大学生心理健康教育与思想政治教育的统一[J].作家天地，2020（17）：142+144.

[52] 魏信平，张俊华.基于"互联网+"形势的大学生心理健康教育工作的途径[J].山西青年，2020（17）：85-86.

[53] 郭鑫，冯二伟.思想政治教育心理功能对大学生心理健康的作用探析[J].山西青年，2020（18）：156-157.

[54] 夏静.网络环境背景下的大学生心理健康教育模式探究[J].山西青年，2020（17）：153-154.

[55] 杨梅.关于心理健康教育与大学生健全人格的培养[J].山西青年，2020（17）：155-156.

[56] 李雅婷，张姝.积极心理学视角下的大学生心理健康教育探究[J].科教导刊（上旬刊），2020（09）：170-171.

[57] 陆冠成.大学生心理健康教育问题及应对方式解析[J].长江丛刊，2020（25）：119+121.

[58] 栗波.大学生心理健康教育工作的立体框架建设[J].教育教学论坛，2020（36）：120-121.

[59] 杜妍.新时期高校大学生心理健康教育的现状及改善路径[J].科学咨询（科技·管理），2020（09）：105.

[60] 曲慧东，潘俊丽 . 大学生心理健康教育中的人格培养对策研究 [J]. 中国实用内科杂志，2020（09）：793.

[61] 张清扬 . 关于在新时期大学生网络思政教育工作中加强心理健康教育的思考 [J]. 科教文汇（下旬刊），2020（08）：43-44.

[62] 袁书杰，汪立 . 基于"双主体互动"模式大学生心理健康教育课程教学研究 [J]. 上饶师范学院学报，2020（04）：111-115.

[63] 回宇 . 加强大学生心理健康教育的基本策略探索 [J]. 湖北开放职业学院学报，2020（16）：37-38.

[64] 周兰兰，柯青青 . 德育学分制下高职院校大学生心理健康教育模式创新探索 [J]. 新课程教学（电子版），2020（16）：92-93.

[65] 刘畅 . 网络时代大学生心理健康教育的路径探索与创新 [J]. 食品研究与开发，2020（17）：231.

[66] 吴颖，王若霖，张玉平，李鹏飞 ."互联网 +"背景下大学生性心理健康教育体系建构 [J]. 牡丹江师范学院学报（社会科学版），2020（04）：133-144.

[67] 陈婷，门瑞雪，李旭 . 大学生性心理健康现状的调查及应对策略研究 [J]. 开封文化艺术职业学院学报，2020（08）：165-166.

[68] 孙霞 . 大学生心理健康教育与生命教育融合的实现途径 [J]. 延边教育学院学报，2020（04）：7-9.

[69] 景鹏 . 大学生心理健康教育工作的系统化思考 [J]. 系统科学学报，2021（01）：104-106.

[70] 平莉 . 美术治疗在大学生心理健康教育中的应用 [J]. 学校党建与思想教育，2020（16）：34-35，53.

[71] 王琪，薛笑然，孙慧敏，于小艳 . 浅议新媒体时代大学生心理健康教育工作 [J]. 济南职业学院学报，2020（04）：82-84.

[72] 陈玲，张雷 . 积极心理学对大学生心理健康教育的影响研究 [J]. 锦州医科大学学报（社会科学版），2020（04）：70-74.

[73] 王曼琳 . 高校大学生心理健康教育策略研究 [J]. 花炮科技与市场，2020（03）：47.

[74] 冀录，张岩，李振宇，艾明珠 . 高校大学生心理健康与核心价值观教育的创新思考 [J]. 辽宁工业大学学报（社会科学版），2020（04）：117-119+139.

[75] 钟真群. 大学生心理健康教育课程中翻转课堂教学模式的应用 [J]. 广西教育，2020（31）：154-155.

[76] 唐桂梅. 大学生心理健康教育课程混合式教学设计探讨——以"大学生压力管理与挫折应对"为例 [J]. 广西教育，2020（31）：156-158.

[77] 崔文娟. 提升大学生心理健康教育教学效果的研究 [J]. 文化创新比较研究，2020（23）：49-51.

[78] 基艳. 大学生"心理健康教育"课程改革浅析 [J]. 科教文汇（上旬刊），2020（08）：155-156.

[79] 于丹丹，赵海楠. 自媒体背景下心理健康教育对大学生就业创业的影响 [J]. 创新创业理论研究与实践，2020（15）：143-144.

[80] 孙丽艳. 高校心理健康教育模式的创新性路径探究 [J]. 现代职业教育，2020（32）：12-13.

[81] 鲁梅. 试论危机干预在大学生心理健康教育中的应用 [J]. 现代职业教育，2020（32）：226-227.

[82] 吴苑. 新时代高校大学生心理健康教育的实践探索 [J]. 佳木斯职业学院学报，2020（08）：147-148.

[83] 张伟俊. 大学生心理自助能力培养策略研究 [J]. 佳木斯职业学院学报，2020（08）：77-78.

[84] 于慧慧. "四位一体"教学模式在大学生心理健康教育教学中的应用研究 [J]. 教育教学论坛，2020（32）：331-333.

[85] 康纯佳. 全媒体背景下积极心理学教育模式创新研究 [J]. 科技资讯，2020（22）：208-210.

[86] 葛亮. 大学生心理健康教育模式的创新 [J]. 心理月刊，2020（16）：42.

[87] 兰海洁. 大学生心理健康教育管理问题的新解析 [J]. 科教文汇（下旬刊），2020（07）：171-172.

[88] 张艳梅. 大学生心理健康干预的问题与对策 [J]. 国际公关，2020（08）：194-195.

[89] 史国普，郜佳慧. 新时代大学生的心理健康教育研究 [J]. 创新创业理论研究与实践，2020（14）：162-163.

[90] 周民凤. 新时代 00 后大学生情绪管理的教育研究 [J]. 教育教学论坛，2020（30）：90-91.

[91] 杜炳銮，张莹. 新形势下大学生心理健康教育策略浅谈 [J]. 当代教育实践与教学研究，2020（14）：221-222.

[92] 张鹏. 新形势下大学生心理健康教育的思考 [J]. 当代教育实践与教学研究，2020（14）：239-240.

[93] 许静. 论心理健康教育对本科生职业生涯规划的积极作用 [J]. 黑龙江教师发展学院学报，2020（07）：115-117.

[94] 张万钰，孔读云. 大学生生涯规划与心理健康教育的相关性研究 [J]. 科教文汇（上旬刊），2020（07）：174-176.

[95] 李惠贤. 大学生心理健康教育"一学二玩三实践"体验式教学模式的探索 [J]. 现代职业教育，2020（28）：186-187.

[96] 娄鹏宇，任瑞，李敏，王佳彤，王琳，蒋云. 当代大学生心理健康问题分析 [J]. 中外企业家，2020（19）：203.